1 MONTH OF
FREE
READING

at
www.ForgottenBooks.com

By purchasing this book you are eligible for one month membership to ForgottenBooks.com, giving you unlimited access to our entire collection of over 1,000,000 titles via our web site and mobile apps.

To claim your free month visit:
www.forgottenbooks.com/free388334

ISBN 978-0-266-33743-0
PIBN 10388334

This book is a reproduction of an important historical work. Forgotten Books uses
state-of-the-art technology to digitally reconstruct the work, preserving the original format
whilst repairing imperfections present in the aged copy. In rare cases, an imperfection in
the original, such as a blemish or missing page, may be replicated in our edition. We do,
however, repair the vast majority of imperfections successfully; any imperfections that
remain are intentionally left to preserve the state of such historical works.

à Monsieur [...]

hommage de l'aut[eur]

HISTOIRE

DE LA

MOCRATIE ATHÉNIENNE

Imprimerie de Ch. Lahure (ancienne maison Crapelet)
rue de Vaugirard, 9, près de l'Odéon.

HISTOIRE

DE LA

DÉMOCRATIE ATHÉNIENNE

PAR

A. FILON

PROFESSEUR D'HISTOIRE AU LYCÉE NAPOLÉON
ANCIEN MAÎTRE DE CONFÉRENCES A L'ÉCOLE NORMALE

———————

PARIS

AUGUSTE DURAND, LIBRAIRE

RUE DES GRÈS, 5

1854

JC 79
A 8 I 5

Je n'ai pas voulu refaire ici l'histoire grecque, si souvent traitée, ni même toute l'histoire d'Athènes. J'ai laissé de côté toutes les guerres extérieures, et ces héroïques récits de combats que nous savons mieux que notre propre histoire. Je ne me suis même occupé des guerres entre les États grecs qu'autant que ces guerres ont exercé quelque influence sur le gouvernement athénien. C'est l'histoire intérieure d'Athènes que je me suis proposé d'étudier.

L'histoire de la démocratie athénienne n'est pas tout entière dans Thucydide et dans Xénophon : elle est aussi dans les orateurs, qui nous font connaître, sinon l'exacte vérité des faits, du moins la lutte ardente des passions et les prétentions des partis ; elle est dans les poëtes comiques, qui accusent, en les exagérant, les vices des institutions et les travers des individus. Les philosophes eux-mêmes ne

sont pas inutiles à consulter, soit qu'embras-
sant la réalité d'un coup d'œil ferme et assuré,
ils posent, comme Aristote, les bases éternelles de la constitution des empires; soit que
tout en rêvant, comme Platon, une république impossible, ils nous fassent toucher au
doigt les plaies de leur temps et de leur pays.
C'est en puisant à toutes ces sources que j'ai
essayé de reconstruire la cité athénienne, et
de suivre, dans toutes ses vicissitudes, cette
démocratie glorieuse et turbulente, qui a été
donnée comme un enseignement à l'antiquité,
et dont l'histoire nous semble contenir plus
d'une leçon utile aux États modernes.

Paris, 12 octobre 1853.

HISTOIRE

DE LA

DÉMOCRATIE ATHÉNIENNE.

CHAPITRE PREMIER.

Origines de la démocratie athénienne. — Institutions de Solon
Gouvernement tempéré.

La démocratie athénienne faisait remonter ses
titres jusque dans la nuit des temps fabuleux. Pausanias, décrivant les fresques du portique royal, à
Athènes, dit qu'on y voyait représentés, à côté de
Thésée, la démocratie et le peuple. Cette peinture
signifie, ajoute Pausanias, que ce fut Thésée qui établit à Athènes un gouvernement fondé sur l'égalité
des citoyens[1]. En effet, la tradition athénienne voulait que Thésée eût remis au peuple la direction des
affaires, et que le gouvernement démocratique eût
subsisté sans interruption jusqu'à l'usurpation de
Pisistrate. Rien n'est moins historique qu'une telle
opinion, et Pausanias, qui nous l'a transmise, la
rejette avec raison.

---

1. Pausanias, *Attique*, chap. 3.

Ce qui est certain, c'est que l'Attique n'a point été
le théâtre de ces invasions étrangères qui, dans
d'autres parties de la Grèce, ont renouvelé violemment la population, et fondé sur la différence des
races la plus dure aristocratie. Elle a dû ce privilége
au peu de fertilité d'une grande partie de son territoire. Comme elle tentait moins les conquérants,
elle a conservé son indépendance et sa population
primitive[1]. Thucydide la regarde comme un lieu
d'asile où venaient se réfugier, de toutes les parties
de la Grèce, ceux qui avaient été vaincus dans la
guerre étrangère ou dans la guerre civile; ils étaient
sûrs d'y trouver un abri inviolable, et, devenus simples citoyens, ils contribuaient, pour leur part, à la
grandeur de l'État. Là, peu à peu, toutes les popu-
lations se fondirent en une seule, où l'élément primitif, la race pélasgique, paraît avoir toujours dominé.

Mais ce serait se tromper gravement, et retomber
dans l'opinion populaire rapportée par Pausanias,
que de croire qu'il y avait une égalité parfaite parmi
les anciens habitants de l'Attique. Quand la vieille
cité pélasgique devint une ville ionienne, la population fut divisée en quatre tribus : les *Hoplites*, les
Ergadéens, les *Géléontes* et les *Ægicores*. Hérodote
a cru retrouver, dans les noms de ces tribus, les
noms des quatre fils d'Ion[2]. Mais Plutarque croit que
ces dénominations exprimaient les professions diverses auxquelles se livrait primitivement chaque

1. Thucydide, livre I, chap. 2.
2. Hérodote, V, 66.

tribu : les guerriers, les artisans, les laboureurs et
les pasteurs[1]. Si l'on adopte cette interprétation, qui
nous paraît la plus vraisemblable, on sera porté à
croire que, dans le principe, ces tribus n'étaient pas
égales entre elles, et que les guerriers et les laboureurs marchaient avant les pasteurs et les artisans.
Quelques auteurs, réunissant dans la même tribu les
laboureurs et les pasteurs, ont admis l'existence d'une
caste sacerdotale, qui dominait les guerriers ou partageait le pouvoir avec eux. Il y eut sans doute une
époque où la distinction des professions et des rangs
se transmettait héréditairement dans les mêmes familles; mais jamais les tribus attiques ne formèrent
une rigoureuse hiérarchie, comme les castes de
l'Inde ou de l'ancienne Égypte. Le génie grec répu-
gnait à cette immobilité absolue, que la religion
avait consacrée en Orient. Il est à croire, au contraire, comme le dit un savant étranger, M. Thirlwall,
que ces quatre tribus s'unirent de bonne heure
en un seul corps, et qu'en multipliant leurs relations, elles firent tomber en désuétude les distinctions primitives auxquelles elles devaient leurs
noms[2]. Chaque tribu renfermait trois *phratries*, mot
analogue à la curie romaine. Chaque phratrie était
subdivisée en trente sections, qui correspondaient
aux *gentes* des Romains. C'étaient, comme les clans
d'Écosse ou d'Irlande, des agrégations de familles,
réunies sous le nom et sous la protection d'une mai-

1. Plutarque, *Solon.* — Strabon, VIII, 8.
2. M. Thirlwall, *History of Greece*, chap. 11.

son dominante. Chaque groupe (γένος) se composait de trente gennètes ou chefs de famille; ce qui élevait à dix mille huit cents le nombre total des membres de la communauté[1].

Indépendamment de ces distinctions primitives, il se forma en Attique une véritable aristocratie, au commencement du xii° siècle avant l'ère chrétienne. Quand le Péloponèse eût été conquis par les Doriens, les Éoliens et les Ioniens, chassés de l'ouest et du nord de la presqu'île, vinrent chercher un asile à Athènes. Là ils ne formèrent point, comme les Doriens à Sparte, une nation souveraine au milieu d'un peuple d'esclaves : ils furent incorporés dans les tribus attiques. Ils ne réduisirent point l'ancienne population à la servitude de la glèbe ; cependant, ce qui prouve qu'il y eut alors une sorte de conquête que la tradition athénienne paraît avoir dissimulée, c'est que les nouveaux venus se trouvèrent bientôt propriétaires des meilleures terres et maîtres des plaines, tandis que les indigènes étaient relégués soit vers le rivage, soit vers les montagnes. Telle est l'origine des trois partis qui plus tard ont divisé l'Attique. Ces émigrés du Péloponèse sont les souches de ces grandes familles qui tinrent si longtemps le premier rang dans Athènes, telles que les Alcmæonides et les Pæonides. Maîtres du pouvoir comme de la terre, ils déléguèrent l'autorité souveraine à l'un d'entre eux, à Mélanthus, qui la transmit à son fils. Ils ne conservèrent des rois que pendant deux géné-

---

1. Pollux, VIII.—Wachsmuth, *Hellen. Alterthumskunde*, III.

rations, tant qu'ils eurent besoin d'un pouvoir fort, pour se défendre soit contre les indigènes, soit contre les attaques du dehors.

Après Codrus, le pouvoir suprême fut modifié dans sa forme, mais sans sortir de la maison régnante. Le peuple athénien, dit Pausanias, ôta aux descendants de Mélanthus la plus grande partie de leur autorité. Par peuple, il faut entendre ici l'ensemble de la population athénienne, mais surtout les descendants des Éoliens et des Ioniens, ces riches propriétaires de la plaine, qui s'étaient eux-mêmes constitués caste dominante sous le nom d'*Eupatrides*. Ils changèrent la royauté en une magistrature responsable. Ce dernier mot caractérise la révolution qui s'accomplit alors dans le gouvernement athénien : la royauté, tout en restant héréditaire, devint responsable sous le nom d'archontat[1].

Ce n'était point assez pour les nobles d'avoir soumis à leur contrôle l'exercice du pouvoir souverain : ils travaillèrent à en restreindre la durée. Perpétuel sous les Médontides pendant près de quatre cents ans, l'archontat devint décennal au milieu du viiie siècle avant l'ère chrétienne, et les quatre premiers archontes décennaux furent encore choisis dans la race de Codrus. Enfin, à dater de 684, l'archontat ne fut plus qu'annuel, et au lieu d'un archonte il y en eut neuf, qui se partagèrent les principaux attributs du gouvernement. Ce fut alors que les Eupatrides entrèrent vraiment en possession de

---

1. Pausanias, *Messénie*, chap. 6.

la souveraineté, comme à Rome, après la chute des Tarquins, les familles patriciennes se partagèrent les dépouilles de la royauté.

Non-seulement les Eupatrides régnaient tour à tour sous le nom d'*archontes;* mais ils formaient le grand conseil et le tribunal suprême du pays, l'*Aréopage,* dont l'existence paraît remonter aux premiers jours d'Athènes. Il résulte des paroles d'Aristote, que déjà avant Solon ce corps prenait une part considérable au gouvernement. Il se recrutait sans doute alors parmi les chefs des principales familles de la plaine, qui venaient y siéger par droit de naissance : c'était la citadelle de l'oligarchie. Les Eupatrides exerçaient aussi une grande influence dans les tribus, par les fonctions de *prytanes des naucrares,* qui leur étaient exclusivement dévolues. Outre la division dont nous avons parlé, en phratries et en familles, la tribu se divisait en trois sections ou *trittyes,* et chaque trittye comprenait quatre *naucraries.* La naucrarie se composait des principaux propriétaires, sur lesquels pesaient les contributions publiques et l'obligation du service militaire. Chaque naucrarie devait à l'État deux cavaliers et sans doute aussi un certain nombre de fantassins ; on y joignit plus tard l'obligation de fournir un vaisseau. En compensation de ces charges, les chefs des naucraries, désignés sous le nom de *prytanes,* avaient une large part de la puissance publique : c'était eux qui réglaient les dépenses. Quand le précurseur de Pisistrate, Cylon, osa aspirer à la tyrannie, les prytanes des naucrares, qui étaient alors les maîtres d'Athènes, dit Hérodote, s'opposèrent à cette entreprise, et sauvèrent la liberté; mais la liberté n'était encore que le privilége de quelques familles.

Aristote, qui avait si profondément étudié l'histoire et la constitution des États grecs, dit qu'avant Solon, Athènes était la proie d'une oligarchie qui ne connaissait aucun frein[1]. Plutarque, développant les paroles d'Aristote, dit que le menu peuple était comme esclave des Eupatrides : les uns, réduits à la condition de colons tributaires, cultivaient les terres des riches, et devaient aux propriétaires la sixième partie des fruits; les autres livraient leur personne comme gage de leurs dettes, et devenaient la propriété de leurs créanciers; un grand nombre étaient réduits à vendre leurs enfants, ou à abandonner leur patrie pour échapper à la rigueur des usuriers[2].

Dracon, archonte en 624, ne tenta aucune révolution politique; il réforma la législation pénale, et la rendit plus sévère. Avant lui, les lois des Athéniens n'étaient point écrites. L'innovation de Dracon devait avoir pour résultat de limiter l'autorité des nobles, pour qui le droit coutumier, dont ils avaient été jusque-là les seuls interprètes, était un instrument commode. Il y a donc lieu de croire que ce changement ne fut point un acte spontané de la part des Eupatrides, mais qu'il leur fut imposé par les réclamations populaires. D'un autre côté, en

1. Aristote, *Politique*, II, 9. — Voy. l'excellente traduction et les savants commentaires que nous devons à M. Barthélemy Saint-Hilaire.

2. Plutarque, *Solon*.

rédigeant son code, Dracon n'avait certainement
pas trahi les intérêts de la classe puissante à laquelle
il appartenait; on peut donc supposer que la rigueur
excessive de ses lois était destinée à contenir l'opposition du peuple [1]. Le législateur introduisit quelques changements dans la juridiction criminelle : il
confia à des magistrats appelés *éphètes* les causes de
meurtre involontaire qui étaient auparavant du
ressort des archontes. Les *éphètes* étaient choisis
parmi les principaux citoyens âgés au moins de cinquante ans. C'était donc, comme l'Aréopage, une
magistrature aristocratique.

Quelques années après l'archontat de Dracon, le
Crétois Épiménide modifia quelques cérémonies
religieuses; mais l'ancienne oligarchie subsistait
toujours. Ce fut Solon qui affranchit le peuple, et
constitua la démocratie au commencement du
VIᵉ siècle (594).

Le législateur commença par proclamer inviolable la liberté du citoyen ; il défendit de réduire le
débiteur en esclavage, et débarrassa les terres des
hypothèques dont elles étaient grevées. Il était dû à
Solon sept talents sur la succession de son père : il
renonça à cette créance, et engagea ses concitoyens
à imiter son exemple [2]. Quelques auteurs ont prétendu qu'il avait aboli toutes les dettes; mais une
telle mesure, qui aurait froissé tant d'intérêts, n'é-
tait point d'un esprit aussi prudent et aussi mesuré

1. M. Thirlwall, *History of Greece*, chap. 11.
2. Diogène de Laërte, *Solon*.

que celui de Solon. Il vaut mieux croire, avec un certain Androtion, cité par Plutarque, que la loi nouvelle avait seulement pour objet d'alléger le poids des dettes anciennes. Solon haussa la valeur des monnaies, et par là même facilita les payements : ainsi la mine, qui auparavant ne valait que soixante-treize drachmes, en valut désormais cent; de telle sorte que, tout en rendant un égal nombre de pièces, le débiteur payait en réalité un peu moins qu'il n'avait reçu. C'était encore assez pour faire crier les créanciers, qui n'auraient rien voulu rabattre de leurs droits; mais Solon ne pouvait aller plus loin, et il dut se garder d'abolir les dettes, aussi bien que de mettre les héritages en commun, comme l'avaient déjà rêvé quelques meneurs populaires [1].

Le problème que Solon s'était posé, et que tout législateur doit résoudre, était de concilier le droit individuel avec le droit social. Jusqu'à cette époque, il n'avait point été permis aux Athéniens de donner leurs biens par testament; si l'un d'entre eux venait à mourir sans enfants, sa fortune faisait retour à l'agrégation de familles, au *genos* dont il était membre : Solon leur rendit la libre disposition de leurs biens. Les lois nouvelles tendaient à dégager l'individu des liens des anciennes communautés. Dans sa constitution, le système de Solon était de substituer la fortune à la naissance comme garantie politique. Sans rien changer aux noms des anciennes tribus,

1. Plutarque, *Solon*.

il divisa le peuple en quatre classes, d'après le revenu des propriétés. La première était composée
des citoyens qui possédaient cinq cents médimnes
de revenu [1]; la seconde, celle des *chevaliers*, comprenait ceux qui avaient un revenu de trois cents
médimnes; les membres de la troisième classe, désignés sous le nom de *zeugites*, en possédaient deux
cents [2]; enfin, tous ceux qui avaient un revenu infé-
rieur à ce dernier chiffre, étaient confondus dans la
quatrième classe, sous le nom de *thètes*, c'est-à-dire
mercenaires, vivant non du produit de leurs propriétés, mais du travail de leurs mains.

Cette dernière classe, qui formait la plus grande
partie du peuple, n'avait aucun accès aux fonctions
publiques. Les archontes ne pouvaient être choisis
que parmi les *pentacosiomédimnes*. Mais tous les citoyens avaient le droit d'élire les magistrats et de
leur faire rendre des comptes; tous votaient dans
l'assemblée du peuple et jugeaient dans les tribunaux.
C'est ce dernier droit surtout, le droit de rendre la
justice, qui constitue la démocratie telle que Solon
l'a fondée. C'est là vraiment ce qui appartient en
propre au législateur. En effet, comme le dit Aristote, il avait trouvé établis le Sénat de l'Aréopage et
le principe d'élection pour les magistrats. Comment

1. Au temps de Solon, le médimne (51 litres, 84) de blé valait une drachme (96 centimes). — Voy. Bœckh, *Économie politique des Athéniens*, livre IV, chap. 5.

2. Plutarque et les autres auteurs classent les Athéniens dans
l'ordre que nous avons indiqué. Aristote seul met les zeugites
au second rang, et les chevaliers au troisième.

a-t-il constitué le peuple? En lui donnant la puissance judiciaire.

Le droit de juger, en d'autres termes, le droit de
décider de la vie et de la fortune des citoyens, est
un des principaux attributs de la souveraineté. Dans
les monarchies, ce droit est délégué par le prince
aux magistrats qui rendent la justice en son nom.
Dans les gouvernements aristocratiques, les classes
dominantes se réservent le droit de juger comme le
plus précieux de leurs priviléges. Aussi les partisans
de la démocratie pure prétendent-ils que, sous cette
forme de gouvernement, les fonctions judiciaires
doivent être électives, temporaires, et accessibles à
tous les citoyens. C'est ce que Solon avait établi dans
la vieille Athènes. De là les reproches qu'on lui fait,
dit Aristote, d'avoir énervé la puissance du sénat et
celle des magistrats élus, en rendant la judicature désignée par le sort souveraine maîtresse de l'État[1].

Les Athéniens ne comprirent pas d'abord toute la
portée de cette innovation. Ce droit de juger, dit
Plutarque, semblait au commencement n'être rien;
mais on s'aperçut bientôt que c'était une très-grande
chose. En effet, toutes les affaires, tous les différends
qui s'élevaient entre les citoyens, étaient jugés sans
appel par le peuple, qui devint ainsi l'arbitre souverain des fortunes particulières, comme de la fortune
publique. Quand le texte des lois paraissait obscur
ou équivoque, c'était aux juges qu'on s'adressait
pour en éclaircir le sens, et le peuple se trouvait

---

1. Aristote, *Politique*, II, 9.

ainsi supérieur aux lois elles-mêmes, par le droit qu'il avait de les interpréter à son gré[1].

Cependant le législateur athénien s'efforça d'opposer des contre-poids à la puissance populaire. Il avait maintenu le prytanée des naucrares, et ce fut lui probablement qui imposa à chaque naucrarie l'obligation d'équiper une galère. Il conserva aussi l'Aréopage, mais en retirant aux Eupatrides le privilége d'en faire partie par droit de naissance. Solon composa l'Aréopage des archontes qui étaient sortis de charge et qui avaient rendu leurs comptes; ils y siégeaient le reste de leur vie, à moins qu'ils n'en fussent exclus par suite de quelque grave délit.

Solon laissa à l'Aréopage la haute juridiction dont il était investi, la connaissance des meurtres commis avec préméditation, des blessures graves faites volontairement, des empoisonnements et des incendies. Cette haute cour jugeait aussi tous les crimes contre la religion, comme les sacriléges, les tentatives pour introduire de nouvelles divinités, la profanation des mystères ou la violation du secret imposé aux initiés. L'archonte-roi, qui avait hérité des attributions religieuses de la royauté, traduisait les prévenus devant l'Aréopage, et siégeait lui-même parmi les juges, mais après avoir déposé la couronne, emblème de son autorité[2].

Aux anciennes attributions judiciaires de l'Aréopage, Solon avait ajouté de nouvelles prérogatives

1. Plutarque, *Solon.*
2. Pollux, VIII.

politiques. Il lui avait confié une surveillance générale, qui s'étendait à toutes les parties du gouvernement. Les aréopagites étaient chargés de veiller au
maintien et à l'exécution des lois. C'est à ce titre
qu'ils annulèrent quelquefois les décisions du peuple,
comme on en voit des exemples même à l'époque de
Démosthène. Ils exerçaient une sorte de censure sur
les mœurs et de patronage sur les familles; ils veillaient sur l'éducation des enfants, et nommaient des
tuteurs aux orphelins[1]. C'étaient eux qui demandaient
compte à chaque citoyen de ses moyens d'existence,
et qui notaient d'infamie ceux qui, n'ayant ni revenu
ni état, ne pouvaient subvenir à leurs besoins que
par des moyens illégitimes.

L'Aréopage ne paraissant pas suffire à Solon pour
réprimer les écarts du peuple et le contenir dans de
justes limites, le législateur institua un sénat composé
de quatre cents membres. Aristote dit que, sous toute
espèce de gouvernement, il doit exister un certain
nombre de conseillers chargés de préparer les décrets.
Telles étaient les fonctions du sénat athénien. Il discutait d'avance toutes les lois, toutes les affaires qui
devaient être portées à l'assemblée générale. Il ne
décidait rien sans appel, mais il préparait toutes les
décisions : c'était le conseil d'État du peuple souverain.

Le sénat était renouvelé tous les ans; chacune des
quatre tribus nommait cinquante sénateurs. Mais
c'est une question de savoir si, dans les premiers

1. Isocrate, *Aréopagitique*.

temps, ces sénateurs étaient élus par les citoyens ou désignés par le sort. Plusieurs auteurs modernes, s'appuyant sur cette expression souvent répétée par les anciens ; *le sénat de la fève*, ont avancé que, dans tous les temps, c'était le sort qui avait désigné les sénateurs aussi bien que les archontes. Mais cette opinion, peu vraisemblable en elle-même, est démentie par plusieurs textes anciens. On voit, par un passage d'Hésychius, que les poëtes dramatiques avaient supposé l'usage de nommer les magistrats par la voie du sort beaucoup plus vieux qu'il ne l'était réellement[1]. La meilleure autorité sur ce point est Aristote, qui dit formellement que, d'après les lois de Solon, les juges étaient désignés par le sort, mais que les magistrats étaient élus. Au témoignage d'Aristote on peut joindre celui d'Isocrate. L'orateur, dans son *Aréopagitique*, exhorte le peuple d'Athènes à revenir à son ancien gouvernement, au gouvernement de Solon et de Clisthène. « Alors, dit-il, les Athéniens ne distribuaient point les places par la voie du sort; mais ils choisissaient pour chaque emploi les citoyens les plus honnêtes et les plus capables. Ils regardaient ce mode d'élection comme plus populaire. En effet, le sort peut favoriser des partisans de l'oligarchie, tandis que le peuple est toujours maître de ne faire tomber ses suffrages que sur ceux dont il connaît le dévouement éprouvé à la forme démocratique[2]. » Il est donc évident que dans l'origine les

1. Hésychius, au mot Κύαμος.
2. Isocrate, *Aréopagitique.*

sénateurs étaient élus, aussi bien que les archontes.
Mais ceux-ci ne pouvaient être choisis que dans la
première classe; les sénateurs l'étaient dans les trois
premières.

La démocratie athénienne, à son origine, avait,
comme on le voit, une certaine analogie avec ce que
nous appelons aujourd'hui les gouvernements tem-
pérés. L'Aréopage et le Sénat étaient, dit Plutarque,
comme deux ancres qui empêchaient le navire d'être
le jouet des vents et des flots[1]. Aristote dit que l'honneur de Solon est d'avoir fondé un gouvernement
mixte[2]. Expressions remarquables, qui prouvent, avec
les traditions pythagoriciennes et les fragments d'Ar-
chytas, que l'équilibre des pouvoirs n'était pas une
idée inconnue à l'antiquité grecque!

C'est ainsi que Cicéron, dans sa *République*, préfère à la monarchie, à l'aristocratie et à la démocratie pure, un gouvernement qui participe jusqu'à
un certain point à ces trois formes politiques. Il faut,
dit-il, qu'il y ait dans l'État une autorité dominante,
et Cicéron réclame, non le titre de roi, suspect aux
Romains, mais quelque chose d'équivalent. Une juste
part doit être faite à l'influence des principaux citoyens. Enfin, certaines choses, mais non pas toutes,
doivent être réservées aux suffrages et à la volonté
de la multitude. Ce gouvernement peut seul assurer, continue Cicéron, cette grande et véritable
égalité, nécessaire à des êtres libres. C'est la seule

1. Plutarque, *Solon*.
2. Μίξαντα καλῶς τὴν πολιτείαν (Aristote, *Politique*, II, 9).

constitution qui ait des chances de durée; car, s'il n'y
a qu'un roi, ce sera bientôt un tyran; s'il n'y a que
des grands, ils se diviseront en factions rivales; s'il
n'y a que le peuple, ce sera le trouble et le chaos.
Et ces gouvernements se succéderont tour à tour,
par des révolutions perpétuelles. Au contraire, celui
qui est heureusement formé des éléments divers ne
peut être renversé, à moins que les chefs de l'État
n'aient commis de grandes fautes; car il n'y a plus
de causes de révolution là où chacun est fortement
établi à la place qui lui appartient[1].

1. Cicéron, *République*, I, 45.

CHAPITRE II.

La constitution de Solon était une transaction offerte à tous les partis. Mais, comme le dit Solon lui-même dans un distique que Plutarque nous a conservé : « Le plus difficile, en pareille matière, c'est de contenter tout le monde [1]. » Chacun voulait interpréter les lois nouvelles selon ses passions et ses intérêts. Pendant l'absence du législateur, qui avait cru rendre son œuvre plus sacrée en s'éloignant de son pays, les anciens partis se reformèrent. La *Plaine*, le *Rivage* et la *Montagne* étaient en présence, tout prêts à recommencer le combat. La Plaine, dont le chef était un certain Lycurgue, était le parti des *Eupatrides*, dont Solon avait bien restreint les priviléges. La Montagne, dont Pisistrate était le chef, c'étaient les pauvres, les *thètes* exclus des magistratures, mais maîtres, par leur nombre, des élections et des jugements ; ils accusaient Solon d'avoir constitué l'aristocratie en paraissant la réduire. Le Rivage ou les *Paraliens*, dirigés par Mégaclès, de la race des Alcmæonides, formèrent un parti intermédiaire, une sorte de bourgeoisie athénienne. C'étaient eux qui avaient accepté avec le plus de confiance les lois

1. Plutarque, *Solon.*

conciliatrices de Solon. Quant aux deux partis extrêmes, ils regrettaient amèrement ce qu'ils avaient
sacrifié de leurs prétentions, et ils s'imaginaient que,
après une lutte nouvelle, ils obtiendraient des conditions plus favorables.

Quand Solon revint à Athènes, il fut reçu partout
avec honneur et respect ; mais il s'aperçut avec douleur qu'une révolution était imminente. Plus de trente
ans s'étaient écoulés depuis son archontat, et il ne
se sentait plus la force d'affronter les orages, de la
place publique. Il essaya, par des entretiens particuliers, de rapprocher les chefs des différents partis ;
mais tous ses efforts échouèrent. Les Montagnards
firent à Athènes ce qu'avait fait la populace dans un
grand nombre de villes grecques : pour humilier l'a-
ristocratie, ils se donnèrent un tyran. « Presque tous
les tyrans, dit Aristote, sont d'anciens démagogues,
qui ont gagné la confiance du peuple en attaquant
les principaux citoyens[1]. »

On sait comment Pisistrate se fit donner des
gardes, et s'empara de l'Acropole (564). Les riches
avaient pris la fuite ; Mégaclès lui-même avait quitté
la ville. Les modérés, privés de leur chef, avaient
perdu tout courage ; Solon essaya de les ranimer.
Tout vieux qu'il était, il se traîna sur la place publique ; il parla aux citoyens qui s'y trouvaient, leur
reprochant leur folie, leur lâcheté, et les engageant
à ne pas laisser périr leur liberté. « Sans doute, dit-
il, il aurait été plus facile de prévenir la révolution ;

1. Aristote, *Politique*, V, 9.

mais puisque la tyrannie est établie, il vous sera plus glorieux de l'anéantir. » Ces paroles ne trouvant pas d'échos et personne n'étant prêt à agir, Solon rentra dans sa maison; il prit ses armes, et les jetant devant sa porte : « Pour moi, dit-il, j'ai fait tout ce qui était en mon pouvoir pour défendre les lois et la liberté de mon pays[1]. » Depuis ce moment, Solon vécut dans la retraite, et ne se mêla plus du gouvernement.

Pisistrate n'était point un tyran vulgaire : c'était un homme d'une habileté et d'une prudence consommées. Il avait de grandes qualités, et savait se donner l'apparence de celles qu'il n'avait pas. Il affectait surtout le désintéressement et un profond amour du peuple. Il avait, dit Plutarque, la parole douce et aimable; il se montrait secourable envers les pauvres, et modéré même envers ses ennemis. Loin de faire un crime à Solon de son opposition, il l'entoura de toutes sortes d'honneurs, et le consulta même sur plusieurs affaires importantes. Il avait d'ailleurs maintenu les lois de Solon, et il affectait de les observer exactement. Cité un jour devant l'Aréopage pour cause de meurtre, il se présenta, comme un simple citoyen, pour répondre aux charges portées contre lui; mais l'accusateur abandonna la poursuite[2]. Pisistrate fit aussi rendre quelques lois nouvelles, entre autres celle qui ordonnait que tout citoyen mutilé à la guerre fût entretenu aux frais de l'État. Il paraît

1. Plutarque, *Solon.*
2. Plutarque, *ibid.*

que Solon avait déjà fait adopter uue mesure pareille au profit d'un certain Thersippe ; Pisistrate fit une loi générale de ce qui n'avait été jusque-là qu'une faveur particulière.

La tyrannie de Pisistrate fut, comme le remarque Aristote, une des plus longues dont l'histoire grecque ait fait mention ; mais elle ne fut point continue. Pisistrate fut forcé de prendre deux fois la fuite, et, en trente-trois ans, il n'en régna réellement que dix-sept. Ce fut le chef des Paraliens, Mégaclès, qui fut le principal auteur de ces révolutions successives. En prêtant son appui tantôt à la Plaine, tantôt à la Montagne, il renversa, rétablit et renversa de nouveau Pisistrate. Mais celui-ci, après dix ans d'exil dans l'île d'Eubée, parvint à rentrer dans Athènes sans le secours de Mégaclès, et, cette fois, il établit son pouvoir sùr une base plus solide. Il fit venir des troupes étrangères de plusieurs pays voisins, et principalement de la Thrace. Il se fit livrer en otage les enfants de ceux de ses principaux adversaires qui n'avaient pas pris la fuite, et il les envoya dans l'île de Naxos. Il désarma les Athéniens, non par la force, mais par la ruse, et il fit déposer les armes dans le temple d'Aglaure [1].

Si l'on en croit Théophraste, ce fut Pisistrate, et non Solon, qui renouvela la loi de Dracon contre les oisifs [2]. Il obligea ceux qui n'avaient point de profession dans la ville à aller demeurer à la campagne

---

1. Hérodote, 1, 64. — Polyen, I, 21.
2. Plutarque, *Solon.*

pour y travailler, et il leur donna un vêtement particulier qu'ils ne devaient jamais quitter. Il exigea que
ceux qui possédaient des terres allassent les habiter
et les cultiver eux-mêmes. Lorsqu'il en rencontrait
d'oisifs sur la place publique, il leur demandait pour
quoi ils restaient ainsi à ne rien faire; s'ils manquaient de semences, il leur permettait d'en prendre
dans ses greniers[1]. Le sol de l'Attique était aride et
pierreux : Pisistrate encouragea, par toute sorte de
moyens, la plantation des arbres et surtout celle des
oliviers, qui devinrent plus tard une des richesses
du pays. Il y avait à Athènes une loi dont parle Démosthène, et qui défendait aux particuliers d'arracher plus de deux oliviers par an sur leurs terres[2].
Les historiens anciens ne nous ont point dit à quelle
époque fut rendue cette loi; mais il est très-pro-
bable, comme l'a conjecturé un critique moderne[3],
qu'elle datait du temps de Pisistrate.

Les guerres qui ont eu lieu pendant cette période
eurent pour résultat de débarrasser Athènes d'une
population surabondante, et d'établir dans les pays
conquis des colonies en faveur des pauvres. Tel fut
l'objet de la conquête de Sigée, dans la Troade. Pisistrate s'en était emparé dès le commencement de
son premier règne, et il y avait établi pour tyran son
fils naturel, Hégésistrate[4]. Plus tard, il reprit Sala-

---

1. Ælien, *Histoires diverses*, IX, 25.
2. Démosthène, *Discours contre Macartatos.*
3. Clavier, *Histoire des premiers temps de la Grèce*, t. II,
p. 403.
4. Hérodote, V, 94.

mine, que les Athéniens avaient perdue au milieu de
leurs querelles politiques. Il se rendit maître de
Délos, qu'il purifia suivant l'ordre des oracles, en
faisant exhumer tous les corps qu'on avait enterrés
dans les environs du temple. Il soumit aussi l'île
de Naxos, où il aida Lygdamis à détruire une oligarchie oppressive [1]. Ce fut à la même époque que
Miltiade, fils de Cypsélus, s'empara de la Chersonèse de Thrace. Diogène de Laërte attribue à Solon
la première idée de cette conquête [2]. C'était, en
effet, un pays qui convenait beaucoup aux Athéniens, parce qu'il leur ouvrait la Propontide et le
Pont-Euxin, et parce qu'il leur fournissait en abondance les grains dont ils avaient besoin.

Quelques reproches qu'on puisse faire à Pisistrate
quant à l'origine de son pouvoir, on ne peut nier
que la plupart de ses actes n'aient été marqués au
coin de l'intérêt populaire, et qu'il n'ait été, suivant
l'expression attribuée par Diogène de Laërte à Solon
lui-même, le meilleur de tous les tyrans. Les auteurs anciens citent de lui plusieurs traits remarquables de clémence et de générosité. Ses jardins
étaient ouverts à tous les citoyens, et chacun pouvait y cueillir ce qu'il voulait : exemple d'hospitalité
suivi plus tard par les chefs du parti aristocratique.
Ælien et Suidas disent que ce fut Pisistrate qui ras-
sembla le premier les poésies d'Homère, et qui les
fit mettre dans l'ordre où elles nous ont été trans-

1. Hérodote, I, 64.
2. Diogène de Laërte, *Solon*.

mises [1]. Il fonda à Athènes la première bibliothèque
dont il soit fait mention dans l'histoire de la
Grèce [2]. Il dota la ville de plusieurs monuments publics, tels que le Lycée, la fontaine Ennéacrounos,
et le temple d'Apollon Pythien [3].

Après la mort de Pisistrate (528), ses enfants hé-
ritèrent de la tyrannie; mais les anciens n'étaient pas
d'accord sur celui qui lui succéda. Thucydide dit que
ce ne fut point Hipparque, comme la plupart le pensent, mais Hippias, fils aîné de Pisistrate, qui s'empara
du commandement [4]. Hérodote ne contredit point
cette opinion; car, en parlant du meurtre d'Hipparque, il dit que c'était le frère du tyran Hippias.
Cependant Hippias ne faisait rien sans consulter ses
frères, particulièrement Hipparque, qui eut toute sa
vie une grande influence sur le gouvernement. Thucydide lui-même n'en disconvient pas; car il dit
qu'Hipparque ne voulait pas que sa puissance eût
rien de blessant pour le peuple, et qu'il gouvernait
sans exciter la haine. « Ces tyrans, continue l'historien, affectèrent longtemps la sagesse et la vertu.
Contents de lever sur les Athéniens le vingtième des
revenus, ils embellissaient la ville, dirigeaient la
guerre, et présidaient aux sacrifices. Du reste, la
république conservait ses lois anciennes; seulement
la famille de Pisistrate avait soin de placer quelqu'un

1. Ælien, XIII, 14. — Suidas, au mot Ὅμηρος.
2. Athénée, *Banquet*, livre I. — Aulu-Gelle, *Nuits Attiques*,
VI, 17.
3. Pausanias, *Attique*, 14.
4. Thucydide, VI, 54.

des siens dans les charges. » Ce passage confirme ce
que nous avons dit plus haut, que les magistratures
étaient électives à cette époque ; car si le sort en eût
disposé, les tyrans n'auraient pas pu réserver certaines places pour leur famille. Un fils d'Hippias,
qui portait le nom de son aïeul Pisistrate, éleva,
pendant qu'il était archonte, l'autel des douze dieux
dans l'*Agora*, et celui d'Apollon dans l'enceinte
d'Apollon Pythien. Dans la suite, quand le peuple
eut remplacé, par un plus grand autel, celui qui
était dans l'*Agora*, l'inscription disparut; mais celle
de l'autel d'Apollon subsistait encore au temps de
Thucydide, quoique les caractères en fussent presque
effacés.

Hipparque laissait à son frère aîné les principaux
soins du gouvernement. Il paraissait surtout préoccupé de continuer l'œuvre paternelle en ce qui concernait la civilisation athénienne. Ce fut lui qui
établit l'usage de chanter les vers d'Homère aux
Panathénées. Il envoya vers Anacréon de Téos un
navire à cinquante rames, qui ramena le poëte à
Athènes. Il avait toujours auprès de lui Simonide
de Céos, qu'il comblait d'honneurs et de présents.
Il s'efforça de répandre parmi les Athéniens le goût
des lettres, et, pour propager l'instruction jusque
dans les derniers rangs du peuple, il fit placer, dans
les principales rues d'Athènes et même dans les
bourgs, des colonnes en forme d'hermès, sur lesquelles il fit graver des sentences que Platon nous a
conservées. Sur l'une on lisait : *Marche toujours
dans la voie de la justice;* sur l'autre : *Sois fidèle à*

l'amitié[1]. Le disciple de Socrate, enclin par la nature de son génie à idéaliser comme un poëte, va jusqu'à dire que cette période de tyrannie fut l'âge d'or des Athéniens, et peut être comparée au règne de Saturne.

Mais, dans un pays accoutumé à la liberté, le bien même que produit le despotisme ne suffit point pour le faire absoudre. Après un règne de dix-huit ans, les Pisistratides furent renversés. L'assassinat d'Hipparque, par Harmodius et Aristogiton, est antérieur de deux ans à la chute d'Hippias. Thucydide, qui avait approfondi avec beaucoup de soin cette partie de l'histoire athénienne, ne voit, dans cet attentat, qu'une querelle particulière, dont le motif était honteux[2]. La tradition populaire attribua plus tard à l'enthousiasme de la liberté ce qui était l'effet d'une vengeance personnelle. Les meurtriers d'Hipparque furent transformés en héros, fondateurs de l'*isonomie*. Mais ce qui prouve, selon Thucydide, qu'Harmodius et Aristogiton n'avaient voulu frapper qu'un seul homme, c'est qu'Hippias a continué de régner après la mort de son frère. Jusque-là doux et modéré, il devint cruel et soupçonneux. Il fit mourir un grand nombre de citoyens; il se livra à toutes sortes d'exactions, spécula indignement sur la monnaie, et établit de nouveaux impôts.

La tyrannie devenait tous les jours plus pesante : mais les Athéniens étaient impuissants à s'en affran-

1. Platon, *Hipparque*.
2. Thucydide, VI, 54 et suiv.

obir. Les Alcmæonides et les autres bannis avaient
fait de vains efforts pour rentrer dans leur patrie en
lui rendant la liberté. Ils s'étaient emparés de Lipsy-
drion, petite place de l'Attique, au-dessus de Pæo-
nia; mais ils n'avaient pu s'y maintenir et ils s'étaient
retirés à Delphes. Là ils firent avec les Amphictyons
un marché par lequel ils s'engagèrent à reconstruire
le temple, qui avait été brûlé quelques années auparavant. La Pythie, cédant à leurs conseils, ou plutôt
à leurs présents, si l'on en croit Hérodote, engagea
les Lacédémoniens à rétablir la liberté athénienne[1].
Les Doriens de Sparte, qui avaient constitué chez
eux une si forte aristocratie, ne voulaient pas laisser
s'organiser au dehors des tyrannies qui favorisaient
le menu peuple aux dépens des grands; ils avaient
donc intérêt à combattre les Pisistratides. La première expédition lacédémonienne ne réussit point :
Hippias fut vainqueur, grâce à un renfort de mille
cavaliers que lui avait envoyé un tyran de Thessalie,
nommé Cinéas. Mais les Spartiates firent une seconde
expédition sous le commandement de Cléomène, l'un
de leurs rois, et, cette fois, ils furent vainqueurs. La
cavalerie thessalienne, qui avait perdu plus de quarante hommes, se retira dans son pays. Cléomène
arriva dans la ville avec ceux des Athéniens qui voulaient la liberté, et il assiégea l'Acropole, où Hippias
s'était renfermé.

Hérodote croit qu'il aurait été absolument impossible aux Lacédémoniens de chasser les Pisistratides

1. Hérodote, V, 63.

de cette forteresse, bâtie par les Pélasges. « Aussi, dit-il, ne songeaient-ils pas à rester longtemps devant la place, qui était abondamment pourvue de vivres, et, après l'avoir tenue assiégée pendant quelques jours, ils seraient retournés à Sparte, s'il n'était survenu un incident qui leur donna l'avantage. » Les Pisistratides rendirent la citadelle pour sauver leurs enfants, qui étaient tombés aux mains de leurs ennemis. Ils s'engagèrent à sortir de l'Attique dans le délai de cinq jours, et ils se retirèrent à Sigée, où Pisistrate avait fondé une colonie athénienne, et de là à Lampsaque, dont le tyran était gendre d'Hippias [1]. Plus tard, ils se rendirent à la cour du roi de Perse, qu'ils excitèrent contre la Grèce.

C'étaient donc les Spartiates, aidés de quelques bannis, qui avaient détruit la tyrannie à Athènes (510). Mais quand un peuple intervient dans les affaires de ses voisins, c'est pour tourner à son profit la révolution qu'il a fait triompher. Les Doriens de Sparte auraient voulu établir à Athènes une aristocratie qui leur servît d'instrument. Ils soutenaient Isagoras, chef du parti oligarchique. Hérodote dit qu'Isagoras était d'une famille illustre, dans laquelle on offrait des sacrifices à Jupiter Carien ; ce qui semble prouver qu'il était originaire de cette partie de l'Asie Mineure où dominaient les Doriens. Mais l'esprit des Athéniens était contraire à l'oligarchie ; les lois de Solon s'y opposaient. Il y avait à Athènes un parti démocratique qui voulait organiser la victoire

---

1. Hérodote, V, 64 et 65.

à son profit ; et , par ces mots de parti démocratique, il ne faut pas entendre ici la classe infime qui
avait soutenu la tyrannie, mais les Paraliens, la classe
moyenne. La noblesse intelligente se ralliait à ce
parti ; Clisthène, de la race des Alcmæonides, en
était le chef. Il capitula avec les partisans des Pisistratides, en élargissant la base de la démocratie de
Solon.

Clisthène augmenta le nombre des tribus et celui
des citoyens. Il porta le nombre des tribus de quatre
à dix. Aux anciens noms ioniens, qui semblaient rappeler des castes diverses, il substitua des noms nouveaux, qui appartenaient à des héros, soit athéniens,
soit étrangers. Il y avait huit noms athéniens : Cécrops, Érecthée, Pandion , Ægée, OEnée, Acamas ,
Hippothoüs et Leos. Les deux noms étrangers étaient
Ajax de Salamine, dont les descendants s'étaient établis dans l'Attique, et Antiochus, l'un des fils d'Hercule, qui, selon la tradition, avait habité quelque
temps Marathon [1]. C'était donc une réaction qui s'o-
pérait en faveur de l'ancienne race, antérieure à la
conquête des Éoliens et des Ioniens; ou plutôt c'é-
tait une fusion complète entre les races anciennes
comme entre les partis nouveaux. Clisthène répartit
dans les tribus les bourgs ou *dèmes* de l'Attique, qui
en avaient été exclus jusqu'à cette époque. Hérodote
dit qu'il n'y eut d'abord que cent dèmes, dix par
tribu ; mais un auteur cité par Strabon porte le nombre de ces dèmes à cent soixante-dix ; d'autres disent

1. Hérodote, V, 66. — Pausanias , *Attique* , 5.

cent-soixante-quatorze[1]. Clisthène paraît avoir conservé les anciennes phratries ; mais elles furent désormais isolées par l'abolition des tribus auxquelles
elles se rattachaient ; elles perdirent leur importance
politique, et ne servirent plus qu'à constater la des-
cendance légitime de leurs membres. C'était le dernier coup porté à l'ancienne organisation. Le *dème*,
circonscription territoriale, avait remplacé les antiques agrégations de familles. « C'est, dit Aristote, l'un
des secrets des fondateurs de démocraties : créer de
nouvelles tribus, de nouvelles phratries ; substituer
aux sacrifices domestiques des fêtes communes, confondre autant que possible les relations des citoyens
entre eux, en rompant toutes les associations anté-
rieures[2]. »

Le nombre des citoyens s'accrut en même temps
que celui des tribus. « Pour constituer la démocratie,
les chefs du peuple, dit encore Aristote, ont soin
d'inscrire au rôle civique le plus de gens qu'ils peuvent ; ils n'hésitent point à comprendre au nombre
des citoyens, non-seulement ceux qui méritent ce
titre par la légitimité de leur naissance, mais jusqu'aux bâtards et aux étrangers. Tout leur est bon
pour former la masse qu'ils dirigent à leur profit. » Ce
fut ainsi que Clisthène introduisit en foule dans les
tribus des étrangers domiciliés, ce qu'on appelait des
métèques, et même des esclaves. Par suite de ces
changements, le nombre des sénateurs, qui n'était

1. Strabon, *Géographie*, IX, 1.
2. Aristote, *Politique*, VI, 2.

que de quatre cents sous Solon, fut porté à cinq
cents : chaque tribu dut en nommer cinquante. En
vain Isagoras recourut de nouveau au patronage des
Lacédémoniens. Il parvint quelque temps à dominer
Athènes; il bannit Clisthène et ses amis, et substitua
au sénat un conseil aristocratique de trois cents
membres; mais Clisthène rentra bientôt dans la ville
avec ses partisans, et la démocratie athénienne fut
définitivement constituée[1].

1. Hérodote, V, 72. — Wachsmuth, *Hellenische Alterthumskunde*, III, 3.

CHAPITRE III.

Aristote avertit judicieusement le législateur qui veut fonder un gouvernement démocratique, que le plus difficile, ce n'est pas d'établir ce gouvernement, c'est de le faire durer. Le philosophe craint surtout pour cette forme extrême de la démocratie où l'universalité des citoyens prend part au gouvernement. « Tout État, dit-il, n'est pas fait pour la supporter, et son existence est nécessairement précaire, à moins que les mœurs et les lois ne s'accordent à la maintenir[1]. » La démocratie athénienne, telle qu'elle sortit des mains de son second fondateur, redoutait surtout les ambitieux qui seraient tentés de suivre l'exemple de Pisistrate, et ce fut contre eux qu'elle inventa l'ostracisme. Nous n'avons pas besoin de discuter la tradition qui faisait remonter cette institution jusqu'à Thésée. Héraclide de Pont l'a attribuée à Hippias sans aucune vraisemblance. Nous préférons croire, avec Diodore de Sicile, que l'ostracisme s'établit à Athènes, immédiatement après la chute des Pisistratides[2]. Ælien désigne Clisthène comme l'auteur de cette loi[3] : ce qui nous paraît, en effet, très-

1. Aristote, *Politique*, VI, 2.
2. Diodore de Sicile, XI, 55.
3. Ælien, XIII, 24.

probable. Un certain Hipparque, proche parent des Pisistratides, fut, selon Plutarque, la première victime de l'ostracisme.

L'ostracisme n'était point une peine destinée à punir un crime ou un délit quelconque. Il n'y avait là ni jugement, ni procédure : c'était un acte arbitraire par lequel on se débarrassait des personnages réputés menaçants pour la république. L'assemblée était convoquée ; chaque citoyen se munissait d'une coquille sur laquelle il écrivait le nom de celui qu'il voulait bannir ; il venait ensuite déposer son arrêt dans une partie de l'*Agora* entourée de barrières, et à laquelle on arrivait par dix entrées distinctes pour chacune des dix tribus. Les archontes étaient chargés de compter les votes : s'il n'y en avait pas au moins six mille, l'ostracisme était nul. Si ce nombre était atteint, celui dont le nom s'était trouvé inscrit sur le plus grand nombre de coquilles, était banni pour dix ans. On lui laissait la jouissance de ses biens[1].

Un des passages les plus curieux de la *Politique* d'Aristote, est celui où le philosophe examine l'utilité politique et la valeur morale de l'ostracisme. « Si, dans l'État, un ou plusieurs individus ont une telle supériorité de mérite, que le mérite de tous les autres citoyens ne puisse entrer en balance, de pareils hommes ne peuvent être compris dans la cité.... Telle est, dit Aristote, l'origine de l'ostracisme dans les États démocratiques qui veulent l'égalité avant tout. Dès qu'un citoyen semblait s'élever au-dessus

1. Plutarque, *Aristide*, *Thémistocle*, *Nicias*.

de tous les autres par ses richesses, par le nombre
de ses partisans ou par tout autre avantage politique,
l'ostracisme l'éloignait de la cité pour un temps dé-
terminé. » Aristote ajoute que, dans la tradition
mythologique, les Argonautes n'ont point d'autres
motifs pour abandonner Hercule. Le vaisseau merveilleux, Argo, prend la parole, et déclare qu'il ne
peut plus porter Hercule, parce que le héros pèse
beaucoup plus que le reste des passagers. A ce souvenir fabuleux, Aristote joint des comparaisons em-
pruntées aux arts libéraux et aux arts mécaniques :
« Le peintre ne laissera point dans son tableau un
pied qui dépasserait les proportions, ce pied fût-il
plus beau que tout le reste ; le constructeur de navire ne recevrait pas davantage une proue, ou telle
autre pièce du bâtiment qui ne serait point propor-
tionnée aux autres parties ; le maître du chœur
n'admettrait pas dans un concert une voix supérieure
en force et en beauté, qui ne serait point à l'unisson
des autres voix. » La conclusion du philosophe est
qu'il y a dans le principe de l'ostracisme, appliqué
aux supériorités reconnues, une sorte d'équité politique[1].

Cette théorie sur l'ostracisme est mêlée, chez
Aristote, d'une certaine teinte d'ironie ; car, à côté
des arguments que nous venons de reproduire, il
rappelle l'apologue d'Antisthène sur l'égalité des
animaux. L'assemblée des lièvres avait proclamé le
principe ; les lions leur répondirent : « C'est avec

---

1. Δίκαιον τι πολιτικόν (Aristote, *Politique*, III , 8).

des ongles et des dents comme les nôtres qu'il faudrait soutenir de pareils décrets. » Les lièvres d'Athènes suppléèrent à la force par le nombre, et les lions furent annulés par l'ostracisme. Aristote laisse voir sa véritable pensée, quand il dit : « Il serait infiniment préférable que, dans le principe, le législateur eût constitué la République de telle sorte qu'elle pût se passer d'un pareil remède. » Dans la cité parfaite, telle qu'il la rêve, ce ne serait pas une sentence d'exil qu'il faudrait rendre à propos du citoyen supérieur en génie et en vertu, ce serait bien plutôt la souveraineté et le commandement suprême qu'il faudrait lui décerner. Aristote n'absout l'ostracisme qu'au point de vue d'un état politique que le législateur n'a pas la puissance de réformer, et qui sacrifie tout à la poursuite de l'égalité absolue. Encore fait-il observer que dans les États grecs qui se sont armés de l'ostracisme contre les grands citoyens, on ne s'en est jamais servi dans l'intérêt véritable de la république; on n'en a fait qu'une affaire de parti et de vengeance personnelle. Aristote ajoute que l'ostracisme a été quelquefois appliqué à des États, à des peuples entiers, et il cite comme exemple la conduite des Athéniens à l'égard des habitants de Lesbos, de Samos et de Chio [1].

Tout gouvernement a deux espèces d'ennemis à combattre, ceux qui veulent le détruire pour lui substituer un gouvernement opposé, et ceux qui le

1. Aristote, *Politique*, III, 8.

poussent à sa ruine par l'exagération même de son principe. Athènes, après la chute des Pisistratides, n'avait pas seulement à prévenir la tyrannie ; elle avait à organiser la démocratie, et à la préserver de ses excès. Ce gouvernement a toujours été plus facile à établir dans un petit État que dans un vaste territoire. Il convenait donc particulièrement aux Athéniens, et à toutes ces tribus helléniques qui occupaient à peine l'espace d'un de nos plus petits départements. Le territoire de l'Attique, en y comprenant les îles de Salamine et d'Hélène, ne s'élevait pas à plus de quatre cents kilomètres carrés [1]. La population, resserrée dans ces étroites limites, se divisait, comme on sait, en trois classes : 1° les Athéniens proprement dits, les citoyens, qui seuls participaient au gouvernement ; 2° les *métèques*, ou étrangers domiciliés à Athènes avec leurs familles ; 3° les esclaves, les uns d'origine grecque, les autres d'origine étrangère [2]. Nous n'avons pas à rechercher ici à quel chiffre s'élevaient les deux dernières classes, qui étaient exclues des droits politiques : il s'agit de déterminer le nombre des citoyens à l'époque où Clisthène acheva de constituer la démocratie.

Nous ne nous arrêterons pas à l'allégation de Philochore, qui comptait vingt mille citoyens sous

---

1. *Carte générale de la Grèce*, par Barbié du Bocage, Paris, 1811.

2. Sainte-Croix, *Recherches sur la population de l'Attique*, dans les Mémoires de l'ancienne Académie des Inscriptions, t. XLVIII, p. 147. — Letronne, *Mémoire sur le même sujet*,

le règne de Cécrops [1] : comme l'a très-bien dit
M. Bœckh, c'est évidemment une fable, calquée sur
le nombre qui exista plus tard [2]. Pollux dit que les
quatre tribus anciennes comprenaient trois cent
soixante familles, et que chacune de ces familles se
composait de trente hommes ; ce qui ferait monter
le nombre des citoyens à dix mille huit cents [3]. En
supposant que ce nombre ait existé réellement à une
certaine époque, il a dû s'augmenter plus tard, surtout au moment où Clisthène porta le nombre des
tribus à dix, et y fit entrer des étrangers et des
esclaves. A une époque voisine de Clisthène, au
commencement de la guerre médique, Hérodote
parle de trente mille Athéniens qu'Aristagoras de
Milet implore en faveur des Ioniens [4]. Ce nombre
est évidemment exagéré, et c'est entre le chiffre de
Pollux et celui d'Hérodote qu'il faut chercher la
vérité. A une époque postérieure, sous l'archontat
de Lysimachide, qui correspond à l'année 444 avant
Jésus-Christ, on fit une révision sévère du registre
des citoyens. Suivant Philochore, il ne se trouva que
quatorze mille deux cent quarante Athéniens en
possession légitime de leur titre ; quatre mille sept
cent soixante furent vendus comme esclaves, pour

dans les Mémoires de l'Institut, Académie des Inscriptions,
t. VI, p. 165.
   1. Philochore, dans le Scholiaste de Pindare, *Olymp.* IX,
V. 68.
   2. A. Bœckh, *Économie politique des Athéniens*, 1, 7.
   3. Pollux, VIII.
   4. Hérodote, V, 97.

avoir usurpé un titre qui ne leur appartenait point [1].
Plutarque, rappelant le même fait, porte à quatorze
mille quarante ceux qui furent maintenus sur les
registres civiques, et à près de cinq mille ceux qui
furent éliminés [2]. Du témoignage de ces deux auteurs, il résulte qu'avant l'épuration, le nombre des
citoyens était de dix-neuf mille. Par conséquent
nous sommes autorisés à croire qu'à l'époque de
Clisthène, il pouvait être de douze à treize mille.

Pour empêcher la démocratie d'aboutir au désordre et à la confusion, le premier soin des Athéniens
devait être de s'opposer rigoureusement à toute usurpation du droit de cité. Il y avait dans chaque phratrie un registre public sur lequel les enfants étaient
inscrits à leur naissance. Ceux qui présentaient l'enfant devaient jurer qu'il était légitimement né de parents athéniens, ou qu'il avait été adopté dans les
formes prescrites par la loi. Les jeunes gens parvenus
à l'âge de dix-huit ans étaient inscrits de nouveau
et désignés sous le nom d'*éphèbes;* leur chevelure
tombait sous le fer, et était offerte en hommage aux
dieux du pays. Deux ans après, ils étaient enregistrés
pour la troisième fois, à l'époque de la fête des Panathénées. C'était alors qu'ils étaient comptés parmi
les hommes, et que, inscrits dans un dème, ils étaient
membres de la cité [3].

Le premier acte du jeune citoyen était de prêter

1. Philochore, dans le Scholiaste d'Aristophane, *Guêpes*,
v. 716.
2. Plutarque, *Périclès.*
3. Pollux, VIII.

un serment qui lui rappelait tous ses devoirs. Plutarque et l'orateur Lycurgue parlent de ce serment[1];
Stobée nous en a conservé le texte : « Je ne désho-
norerai point les armes que la patrie m'a confiées ;
je n'abandonnerai ni mon poste, ni mes compagnons.
Je ne transmettrai point à mes enfants la patrie moins
florissante que je ne l'aurai reçue de mes ancêtres ;
je m'efforcerai, au contraire, d'ajouter à sa prospérité. Je me soumettrai aux jugements des tribunaux.
J'obéirai aux lois qui sont maintenant en vigueur, et
à celles que le peuple établira à l'avenir. Seul ou
avec tous les autres, je défendrai la religion transmise par nos pères. Je prends les dieux à témoin de
de ce serment[2]. »

Les étrangers ne pouvaient devenir citoyens qu'en
vertu d'un décret de l'assemblée du peuple, et une
seule décision n'était pas jugée suffisante : il fallait
que l'admission fût confirmée dans une seconde assemblée, composée au moins de six mille votants.
Il y avait au Cynosarge, hors de la ville, un tribunal chargé de juger ceux qui avaient pris sans droit
le titre de citoyen. Plus tard, les lois les plus sévères furent rendues sur ce genre de délit. Tel est
le premier devoir d'une démocratie bien ordonnée :
plus grand est le nombre de ceux qui participent
au gouvernement, plus il faut prendre garde que
ce droit ne soit usurpé, plus la loi doit veiller à ce

1. Lycurgue, *Discours contre Léocrate.* — Plutarque, *Alci-*
biade.
2. Stobée, *Florilegium*, XLI.

qu'aucun intrus ne se glisse dans ces assemblées dépositaires de la souveraineté.

Ces douze ou treize mille citoyens qui régnaient en commun dans Athènes, appartenaient à des professions différentes. Les uns vivaient à la campagne de la culture de leurs terres ou du produit de leurs troupeaux ; les autres exerçaient dans la ville les professions industrielles, qu'ils partageaient avec les métèques et avec les esclaves. La population agricole paraît à Aristote un élément démocratique très-supérieur à la population industrielle des grandes villes. Il est même très-sévère à l'égard de cette dernière classe : il ne voit rien de commun entre la vertu et les occupations habituelles des artisans et des marchands ; il ne leur trouve d'autre mérite que de tourbillonner sans cesse dans les rues, sur les places, et d'être toujours prêts à se réunir en assemblée publique. Les laboureurs, au contraire, disséminés dans les champs, se rencontrent plus rarement, et n'éprouvent pas au même degré le besoin de s'assembler. « Si l'on veut, dit Aristote, établir une excellente démocratie, une démocratie durable, un véritable gouvernement, il faut décider que, quel que soit le nombre des marchands réunis dans l'*Agora*, ils ne pourront constituer une assemblée légale sans la présence des habitants de la campagne[1]. » Ce fut là précisément ce qui maintint quelque temps dans un heureux équilibre le gouvernement de Clisthène. La ville d'Athènes était alors bien moins grande et bien moins

1. Aristote, *Politique*, VI, 2.

peuplée qu'elle ne le fut dans la suite. Les dèmes
de l'Attique exerçaient une salutaire influence sur
l'assemblée, comme, à Rome, la sagesse des tribus
rustiques tempéra souvent l'ardeur des tribus ur-
baines.

Tant que la démocratie athénienne sut se contenir elle-même, la fortune publique fit chaque jour
de nouveaux progrès. Après avoir triomphé des Spartiates, qui s'étaient alliés aux Béotiens et aux Chalcidiens de l'Eubée, Athènes porta à son tour la guerre
au dehors, et s'enrichit par ses conquêtes. L'Eubée
fut envahie; un grand nombre de Chalcidiens furent
faits prisonniers; on les relâcha ensuite moyennant
deux mines (191 fr. 66 cent.) par tête. Les Athéniens
laissèrent dans l'Eubée une colonie de quatre mille
citoyens, entre lesquels ils partagèrent les terres des
Hippobotes, c'est-à-dire des gros propriétaires de l'île,
qui étaient partisans de l'aristocratie et toujours prêts
à faire cause commune avec les Eupatrides d'Athènes [1]. Jusque-là, les Athéniens n'avaient eu qu'un
très-petit nombre de cavaliers; les pâturages de
l'Eubée leur permirent de se livrer avec succès à
l'éducation des chevaux et des bœufs, auxquels ne
suffisait point la stérilité de l'Attique.

La rivalité d'Athènes et d'Égine commença vers
la même époque. Égine était une île puissante par le
commerce et par la marine. Elle dépendait autrefois
de l'Argolide, et l'Argolide étant à peu près assujettie
aux Spartiates, l'île d'Égine était dans le parti lacé-

---

1. Hérodote, V, 77.

démonien. Les Éginètes avaient pris part à la dernière guerre, comme alliés des Béotiens[1]. Ils avaient même enlevé, à Sunium, la galère sacrée qui tous les ans portait à Delphes les présents de la république. Athènes voulut s'en venger, mais elle échoua dans son entreprise. Cet oracle dont parle Hérodote et qui ordonnait aux Athéniens de suspendre le châtiment des Éginètes pendant trente ans, ne prouve qu'une chose, c'est qu'Athènes n'avait point encore de marine organisée : elle était réduite à louer des navires aux Corinthiens, qui, les premiers, eurent des vaisseaux pontés.

Quoique Athènes ne fût pas encore une grande puissance maritime, la Chersonèse de Thrace était devenue sa conquête. Dès le temps de Pisistrate, Miltiade l'Ancien s'était emparé de ce pays, et en était devenu le tyran. Il avait fermé l'isthme par un mur, depuis la ville de Cardia jusqu'à celle de Pactye. L'isthme, dit Hérodote, a trente-six stades[2] en cet endroit, et la longueur de la presqu'île entière, à partir de l'isthme, est de quatre cent vingt stades. Mais la Chersonèse était moins une possession athénienne qu'une propriété particulière dans la famille de Miltiade. On lit, en effet, dans Hérodote, que le conquérant, étant mort sans enfants, laissa son pouvoir et ses richesses à son neveu Stésagoras, fils de Cimon, son frère utérin. Les habitants de la Chersonèse offrirent

1. Hérodote, V, 81. — C. O. Müller, *Ægineticorum liber.*
2. Le stade vaut 184m,8.

des sacrifices à la mémoire de Miltiade, comme
c'était l'usage d'en offrir à un fondateur, et ils in-
stituèrent en son honneur des courses de char et des
jeux gymniques. Stésagoras ayant été assassiné, les
Pisistratides envoyèrent à sa place son frère Miltiade,
qui prit possession de la Chersonèse comme de son
domaine. En arrivant, il s'enferma dans son palais,
sous prétexte d'honorer la mémoire de son frère;
les principaux habitants de toutes les villes vinrent
le trouver pour prendre part à sa douleur; il les fit
arrêter. Il s'entoura d'une garde de cinq cents
hommes, et devint le maître absolu du pays. Il
s'allia même à un roi de Thrace, Olorus, dont il
épousa la fille[1]. Plus tard, il s'empara de l'île de
Lemnos, qui reconnut aussi la domination athénienne.

La guerre médique, à laquelle Miltiade prit une
si noble part, porta au plus haut point la gloire et
l'influence des Athéniens. Hérodote leur a rendu ce
témoignage « qu'ils ont été, après les dieux, les sauveurs de la Grèce[2]. » Mais au moment où Athènes
triomphait de l'étranger, les partis étaient aux prises
dans l'intérieur de la ville. Le vainqueur de Marathon
devint suspect à ses concitoyens pour avoir échoué
dans une expédition contre Paros. Accusé de trahison, il ne put comparaître en personne devant le
peuple, parce qu'il souffrait des blessures qu'il avait
reçues en combattant. Ce fut son frère Tisagoras qui

1. Hérodote, **VI**, 36 et suiv.
2. Hérodote, VII, 139.

plaida sa cause. Il fut condamné à une amende de cinquante talents, et, n'ayant pu la payer, il mourut en prison. Platon dit que le peuple l'avait condamné à mort, et que sans l'opposition du premier prytane, il aurait été jeté dans le Barathre [1]. L'expédition de Paros ne fut qu'un prétexte, selon le témoignage d'un ancien [2]. Depuis la récente usurpation de Pisistrate, les Athéniens croyaient voir dans tout citoyen puissant un aspirant à la tyrannie. Miltiade, qui avait passé sa vie dans les commandements militaires et dans les plus hautes magistratures, ne paraissait pas pouvoir rester simple particulier. On l'accusait d'avoir rapporté de la Chersonèse l'habitude du pouvoir absolu. Ses qualités mêmes, son humanité, sa douceur, ses manières affables, le crédit dont il jouissait au dehors, son génie militaire, la gloire attachée à son nom, tels étaient ses crimes aux yeux du plus grand nombre ; telles furent les vraies causes de l'arrêt dont il fut frappé.

1. Platon , *Gorgias*.
2. Cornélius Népos , *Miltiade*.

CHAPITRE IV.

Après la première guerre médique, les plus grands noms de l'antiquité sont à la tête des partis dans l'*Agora* : c'est Thémistocle, c'est Aristide. Le premier appartenait par sa naissance, autant que par son caractère, au parti démocratique. Son père, Nicoclès, était un des citoyens les moins considérables d'Athènes. Du côté maternel, il était bâtard; car sa mère était étrangère. Son ambition se révéla de bonne heure par un trait que Plutarque nous a transmis : exclu, par le vice de sa naissance, des gymnases de l'intérieur de la ville, il attirait adroitement au Cynosarge les jeunes gens des meilleures familles, et là, il leur persuadait de s'exercer avec lui [1]; ne pouvant s'élever jusqu'à eux, il les abaissait jusqu'à lui. Il lui fallut plus tard un décret du peuple pour être admis au nombre des citoyens.

Aristide, au contraire, sortait d'une famille illustre; il avait été archonte, charge qui ne pouvait encore appartenir qu'aux citoyens de la première classe. Un auteur cité par Plutarque, Idoménée, dit qu'il ne fut point désigné par le sort, mais qu'il fut élu par le peuple [2]. Nous croyons que ce ne fut point

---

1. Plutarque, *Thémistocle*.
2. Plutarque, *Aristide*.

une exception motivée par la vertu d'Aristide, mais que c'était encore l'usage d'élire les archontes. Aristide avait été très-lié avec Clisthène, le fondateur de la démocratie athénienne; mais il n'en était pas moins admirateur de Lycurgue et partisan de l'aristocratie. Il eut Thémistocle pour antagoniste, et jamais caractères ne furent plus opposés : l'un souple et audacieux, prêt à tout concevoir et à tout oser, ardent aux innovations, voulant le succès à tout prix et sacrifiant tout à l'intérêt; l'autre réfléchi, scrupuleux, désintéressé, ayant horreur du mensonge et des vaines paroles, attaché aux anciennes maximes, toujours d'accord avec lui-même, et subordonnant tout à la justice, même la gloire et la grandeur de son pays.

Mais si Thémistocle paraissait manquer du sentiment moral, s'il représentait surtout la politique des intérêts et des passions, il faut convenir qu'il était doué d'une intelligence supérieure et d'une activité infatigable. Il s'était particulièrement appliqué, dit Plutarque, à cette étude qu'on appelait alors sagesse, et qui n'était autre chose que la science capable d'agir avec vigueur : c'était la philosophie pratique de Solon. Personne ne comprit mieux que Thémistocle la situation de la Grèce, et celle d'Athènes en particulier. Dès le commencement de sa carrière politique, il tourna vers la mer toutes les pensées et tous les efforts de ses concitoyens. C'était l'usage de partager entre les Athéniens le produit des mines d'argent de Laurium, qui étaient une propriété nationale. On allait faire cette distribution, et, selon l'estimation d'Hérodote, chacun aurait reçu pour sa part dix drachmes, lorsque Thémistocle parut à la tribune, et persuada à l'assemblée de réserver cet argent pour construire des vaisseaux de guerre[1]. Cent galères furent construites immédiatement, selon Plutarque; deux cents, selon Hérodote. Un peu plus tard, une loi dont parle Diodore de Sicile, et que Thémistocle avait proposée, ordonna de construire vingt vaisseaux par an[2].

Athènes étant devenue une puissance essentiellement maritime, il s'opéra, dans son système militaire, un changement radical qui devait amener de graves conséquences politiques. Plutarque dit que Miltiade, à la fin de sa carrière, avait combattu la première idée de ce changement. Il est probable qu'Aristide ne s'y montra pas favorable; car il était, en général, contraire aux innovations, et, se voyant sans cesse contredit par Thémistocle, il le combattait lui-même systématiquement, estimant, dit Plutarque, « qu'il valait mieux empêcher quelque mesure utile à l'État, que de permettre à son rival d'arriver au pouvoir absolu, en lui laissant tout emporter de haute lutte. » On reprochait à Thémistocle d'avoir arraché aux Athéniens la lance et le bouclier pour les réduire au banc et à la rame. Platon s'est fait l'écho de ces reproches, dans son traité des *Lois* : « Les Athéniens, dit-il, étaient jadis de bons soldats, pesamment armés, qui attendaient de pied ferme

1. Hérodote, VII, 144. — Plutarque, *Thémistocle*.
2. Diodore de Sicile, XI, 43.

le choc de l'ennemi; on en a fait des matelots agiles, tout prêts, à la moindre alarme, à s'enfuir sur leurs vaisseaux[1]. » Mais Thémistocle, bravant les reproches de ses ennemis, resta ferme dans ses desseins. Il se débarrassa de son principal adversaire, d'Aristide, par l'ostracisme, et il continua de donner tous ses soins à la marine, persuadé que là étaient à la fois le salut de la Grèce et la grandeur d'Athènes. La bataille de Salamine et tous les triomphes qui ont suivi lui ont donné raison.

Les Athéniens avaient rappelé Aristide un peu avant la bataille de Salamine, trois ans après l'avoir banni. Il y eut alors, en présence du danger public, et plus tard sous les auspices de la victoire, comme une trêve entre les partis. Non-seulement Aristide soutint Thémistocle de toutes ses forces dans la guerre contre les barbares; mais il voulut encore lutter de popularité avec les chefs du parti qu'il avait combattu. Il fit adopter une loi que Thémistocle dut lui envier, et qui, en faisant faire un pas à la démocratie, était une véritable révolution dans l'État. Clisthène n'avait pas fait tomber toutes les barrières qui séparaient encore les différentes classes de citoyens. Les plus riches pouvaient seuls s'élever jusqu'à l'archontat : or, cette inégalité commençait à peser à un peuple qui avait la conscience de sa force. Après les immortelles journées de Platée et de Mycale (479), Aristide pensa que les Athéniens méritaient une récompense pour le courage qu'ils avaient déployé dans

1. Platon, *Lois*, livre IV

les batailles. « En même temps, dit Plutarque, il voyait bien qu'il ne serait pas facile de contenir par la force ce peuple qui avait les armes à la main, et dont l'orgueil était exalté par ses victoires. Il proposa donc un décret portant que le gouvernement appartiendrait désormais en commun à tous les citoyens, et que les archontes seraient pris indifféremment parmi tous les Athéniens, sans aucune condition de cens[1]. »

Ce changement avait été préparé, plus qu'on ne le croit généralement, par l'accroissement progressif de la valeur des propriétés depuis l'époque de Solon. Au commencement du ve siècle, un revenu de cinq cents médimnes ne représentait plus une fortune considérable, et l'archontat était devenu par conséquent accessible à un plus grand nombre de citoyens : Aristide avait été archonte, et sa fortune était fort modique. Cependant le principe subsistait toujours : c'était le cens qui était la condition des honneurs, et le gouvernement d'Athènes était ce qu'Aristote a appelé une *timocratie*. La loi d'Aristide posa un principe nouveau : elle reconnut à tout Athénien libre le droit d'aspirer à toutes les fonctions publiques, quand elles n'étaient pas de nature à exiger une responsabilité pécuniaire, comme le maniement des deniers de l'État. Ce fut alors que l'*isonomie* fut véritablement établie.

Ce fut sans doute à cette époque que s'introduisit l'usage de faire désigner par le sort les archontes et

---

1. Plutarque, *Aristide*.

les sénateurs. Autrefois le peuple entier avait le droit d'élire ces fonctionnaires; mais il ne pouvait choisir que les riches. Depuis que la loi d'Aristide avait rendu tous les Athéniens éligibles, les principaux citoyens pouvaient craindre que le mérite ne fût écrasé par le nombre, et que l'élection ne perpétuât au pouvoir les hommes des dernières classes. D'un autre côté, les pauvres pouvaient concevoir la crainte opposée : les riches conservant leur crédit et tant de moyens d'influence, ne pouvait-il pas arriver que le peuple continuât de les choisir, comme il le faisait encore, au siècle suivant, pour les charges qui étaient restées électives[1]? Le tirage au sort fut adopté comme une transaction qui garantissait aux classes diverses des chances égales de succès. On fit pour les fonctions publiques ce que Solon avait fait pour les tribunaux : le hasard fut proclamé grand électeur. Par là on avait conquis l'égalité ; mais à quel prix? au risque de voir arriver au gouvernement les plus incapables. Quoique, à tout prendre, le sort ait été, certains jours, plus clairvoyant dans ses choix que la multitude, nous ne pouvons que souscrire au jugement de Socrate et de Cicéron sur ce mode de nomination : il assure le salut des États, comme on assurerait le salut d'un vaisseau, en tirant au sort celui des passagers qui devrait tenir le gouvernail[2].

1. Xénophon, *Politique athénienne*, chap. 1.
2. « Si fortuito id faciet, tam cito evertetur civitas, quam navis, « si e vectoribus sorte ductus ad gubernacula accesserit. » (Cicéron, *République*, I, 34).

Les Athéniens eux-mêmes comprenaient si bien tout ce qu'il y avait de péril dans ce système, qu'ils ne l'appliquèrent jamais à toutes les fonctions publiques. Les commandements militaires restèrent électifs. Dans un temps où Athènes était si souvent engagée dans de lointaines expéditions, les fonctions de *stratége* devenaient chaque jour plus délicates et plus compliquées. Quelquefois même on ajoutait à la dignité de stratége le titre d'*autocratór* (αὐτο-κράτωρ), c'est-à-dire qu'on donnait au général une autoritéabsolue. Les archontes, au contraire, avaient beaucoup perdu de leur ancienne importance. Dépouillés de leurs attributions politiques et militaires, ils étaient réduits à des fonctions purement civiles et administratives. Encore leur pouvoir était-il sans cesse restreint par la création de quelque nouvelle magistrature : c'étaient les *astynomes* et les *agoranomes*, qui maintenaient la police des rues et des marchés ; les *métronomes*, qui veillaient sur les poids et mesures ; les *sitophylaques*, qui étaient chargés des approvisionnements et qui réglaient le prix des subsistances [1].

La prospérité d'Athènes augmentait sans cesse le nombre des citoyens. Les dèmes de la campagne étaient devenus impuissants à balancer la population de la ville, qui avait pris un accroissement extraordinaire. On sait comment Thémistocle releva les murs d'Athènes, malgré l'opposition lacédémonienne, et combien il agrandit la ville en la joignant

---

1. M. Grote, *History of Greece*, t. V.

au Pirée. Ce fut Thémistocle qui fut vraiment le créateur du Pirée : il le fit bâtir, sur un plan symétrique, par l'architecte Hippodamus. Il y établit des magasins et des arsenaux. Il y attira des ouvriers étrangers, en leur accordant toute sorte de priviléges et d'immunités. Il s'en glissa même un grand nombre parmi les citoyens. Dès lors il se forma dans les ports une ville nouvelle, plus agitée que l'ancienne. Au Pirée, dit Aristote, on est plus démocrate que dans la cité[1]. Les plus modestes citoyens d'Athènes allaient devenir à leur tour une sorte d'aristocratie. L'influence échappait aux Eupatrides et aux propriétaires. C'étaient les matelots, les marchands, les ouvriers qui dominaient dans l'*Agora*, à la place de ces laboureurs qui paraissaient à Aristote les plus fidèles gardiens d'une démocratie régulière. La tribune aux harangues, tournée vers la mer, signifiait, dit un ancien, que là étaient désormais la vie et la puissance d'Athènes[2].

Mais ce qui sauvait la démocratie athénienne, ce qui l'arrêtait encore sur la pente glissante où elle s'était engagée, c'est qu'elle avait des chefs intelligents, qui savaient la contenir et la régler. L'Aréopage exerçait toujours sa haute surveillance sur toutes les parties du gouvernement. Composée d'hommes vieillis dans les affaires, cette assemblée réunissait toutes les illustrations de la république : on y voyait siéger, à côté des anciens archontes,

1. Aristote, *Politique*, V, 2.
2. Plutarque, *Thémistocle*.

les citoyens les plus remarquables par leur naissance, leurs richesses et leurs vertus. Le nombre des aréopagites ne pouvait dépasser cinquante et un[1]. Le sénat *d'en haut*[2] représentait donc le principe aristocratique; mais il avait su se rendre populaire en transigeant avec les besoins nouveaux. Il avait soutenu Thémistocle dans sa lutte maritime contre les Perses : pour décider le peuple à monter sur les vaisseaux, il avait voté une indemnité de huit drachmes pour tous ceux qui s'embarqueraient. Il ne s'était point opposé à la loi d'Aristide qui avait supprimé la distinction des classes; mais il veillait religieusement à ce que le progrès des institutions démocratiques ne portât aucun trouble dans l'État.

Il y avait aussi, à cette époque, des magistrats chargés spécialement de défendre les lois établies contre toute innovation téméraire ou prématurée : je veux parler des *nomothètes*, qui présidaient à la révision des lois. Ici, il faut distinguer la loi proprement dite ($\nu\acute{o}\mu o\varsigma$), et le simple décret ($\psi\acute{\eta}\varphi\iota\sigma\mu\alpha$). Quand il ne s'agissait que d'un décret, l'assemblée du peuple pouvait, sur l'avis du sénat, adopter ou rejeter toute proposition nouvelle. Mais quand il s'agissait d'une loi, l'opération était plus compliquée. La première assemblée ordinaire de l'année recevait les propositions des citoyens qui demandaient quelque

1. Fragment du IIIe livre de Philochore, cité par saint Maxime, dans *la Préface des OEuvres attribuées à saint Denis l'Aréopagite.*
2. L'Aréopage, ou le *sénat d'en haut* ($\dot{\eta}$ $\check{\alpha}\nu\omega$ $\beta o\upsilon\lambda\acute{\eta}$), était ainsi appelé, parce qu'il siégeait sur une colline consacrée au dieu Mars.

réforme dans les lois. Si ces demandes paraissaient assez fondées pour mériter un plus ample examen, la troisième assemblée ordinaire nommait des nomothètes, ou plutôt les tirait au sort parmi les six mille citoyens qui devaient remplir les fonctions de juges. Ces nomothètes, dont le nombre s'élevait quelquefois jusqu'à cinq cents et même jusqu'à mille, devaient comparer les avantages relatifs de l'ancienne loi et de celle qu'on proposait d'y substituer. On choisissait cinq avocats ou *syndics*, pour défendre l'ancienne loi, et la majorité prononçait[1]. Mais lors même que la loi nouvelle avait été adoptée, celui qui l'avait proposée en demeurait responsable : il pouvait être, pendant un an, poursuivi et condamné, s'il était reconnu que sa proposition avait troublé l'économie des lois en vigueur, ou avait amené des résultats contraires à l'intérêt public.

C'étaient là certainement des garanties sérieuses, propres à sauver le peuple de ses propres caprices, et à préserver Athènes d'un des plus grands périls de la démocratie, de la perpétuelle instabilité des lois. L'institution salutaire des nomothètes est incontestable à Athènes ; mais l'époque où ces fonctions ont été établies, n'ayant point été déterminée par les auteurs anciens, est un problème pour la critique moderne. M Thirlwall, à qui l'Angleterre doit une savante histoire de la Grèce, a cru devoir attribuer à Solon l'établissement des nomothètes[2].

---

1. Pollux, VIII.
2. M. Thirlwall, *History of Greece*, chap. 11.

Un des compatriotes de M. Thirlwall, qui a publié plus
récemment encore un ouvrage remarquable sur l'histoire grecque, M. Grote, ne pense pas qu'il faille rapporter au législateur athénien la procédure relative à
la réforme des lois. Solon était bien plus préoccupé
de l'idée de consolider sa législation, de la rendre
inviolable, que d'en régler d'avance la révision[1]. Sur
ce point, nous sommes d'accord avec M. Grote ;
mais nous ne saurions partager son opinion quand
il attribue à Périclès l'institution des nomothètes :
c'était, selon M. Grote, un moyen de remplacer
l'Aréopage, quand ce haut sénat eut été dépouillé
de ses attributions politiques. Au temps de Périclès,
comme nous le verrons tout à l'heure, on abaissait
les anciennes barrières, on ne songeait guère à en
élever de nouvelles. La création de cette magistrature conservatrice ne nous paraît ni aussi ancienne
que le croit M. Thirlwall, ni aussi récente que le
suppose M. Grote : elle nous semble bien plutôt se
rapporter au temps d'Aristide, à cette époque intermédiaire, où l'on faisait au peuple de justes conces-
sions, mais en réglant son pouvoir et en réprimant
ses excès.

C'est la période la plus brillante et la plus pure de
l'histoire d'Athènes. Au dedans, point de luttes ardentes entre les partis : le peuple, satisfait de l'*isonomie* complétée par la loi d'Aristide, ne songe point
encore à humilier les grands et à dépouiller les riches.
Au dehors, l'activité des Athéniens est occupée par

---

1. M. Grote, *History of Greece*, t. V, p. 498.

de glorieuses entreprises. Pour se défendre contre les Perses, les États grecs avaient formé une confédération dont le commandement avait été donné à Sparte. Quand la trahison de Pausanias eut compromis la suprématie lacédémonienne, les alliés tournèrent les yeux vers Athènes, et lui décernèrent ce qu'on appelait l'*hégémonie*, c'est-à-dire le commandement de la confédération. L'orgueil et le despotisme de Pausanias avaient fait détester la domination de Sparte; la justice d'Aristide et la douceur de Cimon firent d'abord aimer celle d'Athènes. Aristide, revêtu des fonctions nouvelles d'*hellénotame*, détermina, avec la plus rigoureuse équité, ce que chaque peuple devait payer, selon ses ressources, pour la défense commune. Le chiffre total s'éleva, dans le principe, à quatre cent soixante talents. L'argent fut déposé à Délos, et les assemblées se tenaient dans le temple. A cette époque, les alliés traitaient avec les Athéniens sur le pied d'égalité; ils conservaient l'*autonomie* et délibéraient ensemble; la majorité faisait la loi [1].

Pendant qu'Aristide présidait aux finances, Cimon se dirigea vers la Thrace avec les forces de la confédération. Il prit d'assaut Éion, sur le Strymon, place qui était occupée par les Mèdes, et il réduisit les habitants en servitude. Il fit ensuite éprouver le même sort à l'île de Scyros, et il y fonda une colonie. Les Athéniens trouvèrent à Scyros les ossements de Thésée, qu'ils rapportèrent en grande pompe dans leur

---

1. Thucydide, I, 96 et 97. — Plutarque, *Aristide*.

ville. Il y eut à Athènes, en mémoire de cet événement, un concours de poésie dramatique, qui prouve
que le progrès des lettres coïncidait avec celui de la
puissance athénienne. Le vieil Eschyle et Sophocle,
encore au début de sa carrière, se trouvèrent en
présence. Les généraux eux-mêmes remplirent les
fonctions de juges, et donnèrent le prix à Sophocle.
Eschyle découragé se retira en Sicile, où il mourut[1].
C'était le temps où Pindare chantait les victoires que
les tyrans de Syracuse et d'Agrigente avaient remportées dans les jeux ouverts à tous les Grecs.

Après la prise de Scyros, les alliés allèrent combattre les Carystiens, dans l'Eubée; mais cette guerre
se termina par un traité. Les Athéniens soumirent
ensuite les habitants de Naxos, qui s'étaient détachés
de l'alliance commune. C'est la première ville alliée,
dit Thucydide, qui ait été réduite à la condition de
sujette, et l'historien explique parfaitement comment
l'état des confédérés se modifia peu à peu. Ils commençaient à se lasser d'une guerre qui leur imposait
de si grands sacrifices. D'ailleurs Athènes, tout en les
admettant, dans le temple de Délos, à la délibération
commune, avait pris sur eux un grand ascendant.
Elle exigeait impérieusement qu'on remplît toutes
les conditions de l'alliance. Les Athéniens ne commandaient plus avec la même douceur; ce n'étaient
plus des égaux[2] : c'étaient des maîtres auxquels il fallait obéir. Thucydide attribue ce résultat bien moins

1. Plutarque, *Cimon.*
2. Thucydide, I, 99.

à l'ambition des Athéniens qu'à la mollesse des alliés. La plupart rentrèrent dans leurs foyers, et, pour se dispenser du service personnel, payèrent une contribution beaucoup plus forte. Ainsi les alliés se réduisirent eux-mêmes à la condition de tributaires, et les citoyens d'Athènes devinrent, depuis le premier jusqu'au dernier, une sorte de noblesse hellénique.

Quand la double victoire du fleuve Eurymédon eut assuré l'affranchissement des Grecs de l'Asie Mineure (472), Cimon acheva la conquête de la Chersonèse, et combattit les habitants de Thasos, qui avaient rompu l'alliance. Le motif de cette rupture était certains différends avec Athènes au sujet de leurs mines d'or et des comptoirs qu'ils possédaient sur les côtes de Thrace. Après trois ans de siége, les Thasiens se rendirent : ils reconnurent la domination athénienne, consentirent à détruire leurs murailles, à livrer leurs vaisseaux et à payer tribut; ils s'engagèrent aussi à céder leurs mines et tout ce qu'ils possédaient sur le continent. Ces mines, qui avaient été autrefois exploitées par les Phéniciens, et qu'Hérodote a visitées, rapportaient annuellement deux cents à trois cents talents[1].

Vers le même temps, les Athéniens avaient poussé leurs conquêtes dans la Thrace jusqu'aux frontières de la Macédoine; ils avaient bâti un fort et fondé une colonie sur les bords du Strymon, à l'endroit que l'on appelait alors *les Neuf Voies*, et qui depuis fut appelé *Amphipolis*. Un peu plus tard, ils enle-

1. Hérodote, VI, 46 et 47.

vèrent à l'alliance lacédémonienne la ville de Mégare
et la bourgade de Pègues, qui en dépendait. Ils
construisirent les longues murailles qui joignaient
Mégare au port de Nisée, et ils se chargèrent de les
garder. En même temps, ils forçaient les Éginètes à
reconnaître leur suprématie maritime; ils occupaient
l'île de Cypre, et ils aidaient l'Égypte à se soulever
contre les Perses[1].

Sparte voyait avec envie le progrès continu de la
puissance athénienne, et elle s'y serait opposée avec
ardeur si elle n'eût été paralysée par des dissensions
intestines. Vers 466, avait éclaté un événement de
sinistre augure : les éboulements du Taygète avaient
détruit un quartier de Sparte, et vingt mille hommes
avaient péri, dit-on, sous les décombres. Plutarque
dit que les hilotes se soulevèrent, pour achever ceux
que le tremblement de terre avait épargnés. Ce qui
restait encore des Messéniens, et même quelques po-
pulations voisines de la ville prirent les armes. Lacédémone, dit Thucydide, se préparait à soutenir
Thasos contre les Athéniens; mais la révolte devint
formidable; les insurgés se retranchèrent à Ithôme,
et les Spartiates furent réduits à implorer le secours
des Athéniens, auxquels ils voulaient naguère arracher leurs conquêtes. Cimon n'hésita point : il conseilla à ses concitoyens d'accorder le secours demandé. « Il ne faut pas, disait-il, que la Grèce soit
boiteuse[2]. » Ce qu'il rêvait, ce n'était ni la tyrannie

---

1. Thucydide, I, 100 et suiv.
2. Plutarque, Cimon.

d'Athènes, ni l'abaissement de Sparte : il voulait que la Grèce fût une confédération de peuples libres, pour rester invincible contre les Perses. Il partit donc pour le Péloponèse avec des troupes nombreuses. Mais la bonne intelligence ne subsista pas longtemps entre les Athéniens et les Spartiates, et Thucydide regarde cette expédition comme une des premières causes de la guerre du Péloponèse. L'historien explique très-bien pourquoi Sparte, tout en appelant les Athéniens à son aide, redoutait leur présence sur son territoire. Elle craignait ce qu'il y avait en eux d'audacieux et de novateur[1]; elle les regardait comme des étrangers, et croyait que, au lieu de combattre les insurgés d'Ithôme, ils pourraient bien s'entendre avec eux et les aider à faire une révolution. Aussi s'empressa-t-on de congédier ces dangereux alliés, sous prétexte qu'on n'avait plus besoin de leur secours. C'était un mensonge; car Ithôme était toujours au pouvoir des révoltés, et y resta encore dix ans. Quand la place se rendit, les insurgés obtinrent de sortir du Péloponèse, sous la foi publique, avec leurs femmes et leurs enfants. Les Athéniens recueillirent ces malheureux, et les établirent à Naupacte, qu'ils venaient de prendre sur les Locriens-Ozoles.

Mais les partis commençaient à se réveiller dans Athènes. Les citoyens qui avaient pris part à l'expédition du Péloponèse, en avaient rapporté un vif res-

---

1. Δείσαντες τῶν Ἀθηναίων τὸ τολμηρὸν καὶ τὴν νεωτεροποιίαν (Thucydide, I, 102).

sentiment contre les Spartiates. Athènes avait conclu
un traité avec les Argiens, ennemis de Lacédémone.
Cimon, qui combattait cette politique, était devenu
suspect; son crédit baissait chaque jour; Aristide
était mort, et le peuple se ralliait autour d'un nouveau chef, qui devait porter au plus haut point la
puissance de son parti et la gloire du nom athénien.

CHAPITRE V.

Périclès sortait d'une famille illustre, de la race des Alcmæonides. Sa mère, Agarista, était nièce de Clisthène. Son père, Xantippe, avait eu la plus grande part à la bataille de Mycale et aux victoires que les Grecs avaient remportées sur les bords de l'Hellespont. Périclès avait, dit-on, toute la beauté que les artistes donnaient aux têtes de Bacchus. Il reçut une éducation digne de sa naissance : il fut disciple de Zénon d'Élée, dont un poëte a dit qu'il connaissait l'univers comme s'il l'avait arrangé lui-même [1]. Mais il étudia surtout sous Anaxagore de Clazomène, que l'on surnommait l'esprit ou l'intelligence, parce qu'il enseignait que le principe de l'univers n'était ni une aveugle nécessité, ni le hasard plus aveugle encore, mais une intelligence pure et non composée de parties. Anaxagore avait commencé son principal ouvrage par ces belles paroles que Diogène de Laërte nous a conservées : « Tout n'était autrefois qu'une masse informe, lorsque l'esprit survint et mit toute chose en ordre [2]. » Ce philosophe n'avait pas négligé la physique ; il possédait même tout ce qu'on pouvait alors savoir d'anato-

---

1. Timon le Phliasien, cité par Plutarque, *Periclès*.
2. Diogène de Laërte, *Anaxagore*.

mie, comme le prouve la dissection d'une tête de
bélier, racontée par Plutarque; mais il subordonnait
la science des choses matérielles à l'étude de l'intelligence.

Cette doctrine, grave et féconde, contribua à développer en Périclès un esprit ferme et libre, qui se
manifestait tantôt par la puissance de la parole,
tantôt par l'énergie de l'action. Socrate dit dans un
des dialogues de Platon : « Le plus parfait des orateurs, selon moi, ce fut Périclès. — Pourquoi? dit un
des interlocuteurs. — Tous les grands arts ont besoin
de spéculations subtiles et transcendantes sur la
nature; c'est de là que viennent, si je ne me trompe,
l'habitude de considérer les choses de haut, et l'habileté qui se fait un jeu du reste. À son génie
Périclès ajouta ces études : de là sa toute-puissance
oratoire[1]. »

Dans sa jeunesse, Périclès avait beaucoup redouté
le peuple et l'ostracisme. Il avait avec Pisistrate une
grande ressemblance, pour le visage et pour l'éloquence; ce qui ne rassurait pas les plus vieux de la
ville. Aussi commença-t-il par ne point se mêler des
affaires publiques. Il ne servit d'abord son pays que
dans la guerre, où il déployait beaucoup de courage, et où il cherchait les plus grands périls. Mais
plus tard, voyant Aristide mort, Thémistocle banni
et Cimon presque toujours occupé au dehors, il se
livra à la politique intérieure. Son caractère, fort
peu démocratique, selon Plutarque, l'aurait peut-

1. Platon, *Phèdre*.

être porté à la tête des nobles et des riches ; mais la
place était prise : Cimon était depuis longtemps le
chef de ce parti. Périclès se jeta du côté opposé, et
se voua à la défense du grand nombre et des pauvres. Il comprit dès lors la nécessité de réformer sa
manière de vivre : il renonça tout d'un coup aux
festins, aux assemblées et à tous les plaisirs qu'il se
permettait auparavant. Il ne paraissait plus dans les
rues que pour aller soit à l'*Agora*, soit au sénat [1].

Les deux partis qui divisaient Athènes avaient
alors, malgré leur opposition, des vues nobles et
hautes, qu'on pouvait avouer des deux côtés. Cimon
rêvait une aristocratie active et modérée, méritant
ses priviléges par ses services et par son désintéressement. Périclès voulait communiquer le pouvoir au
plus grand nombre ; il voulait la démocratie, mais
une démocratie glorieuse et bien ordonnée, délibé-
rant et agissant comme un seul homme, sous l'impulsion de l'éloquence et de la raison. Au dehors,
Cimon voulait l'équilibre entre les États grecs et la
guerre aux barbares ; Périclès voulait la prépondérance exclusive d'Athènes et la guerre contre Sparte.

Cimon était à Athènes comme un de ces grands
seigneurs des États modernes, qui savent faire de
leur immense fortune un emploi vraiment populaire. Tous les jours, il appelait à sa table les plus
pauvres d'entre les citoyens. Il donnait des vêtements à ceux qui n'en avaient point. Sa bourse était
ouverte à tous ; il faisait ôter les haies et les clôtures

1. Plutarque, *Périclès*.

de ses jardins et de ses domaines, afin qu'on pût non pas seulement s'y promener, mais y cueillir des fruits. Périclès, à qui sa fortune ne permettait point de soutenir une telle lutte avec Cimon, employait d'autres armes pour le combattre : il donnait au peuple des droits nouveaux. Il voulait que tous eussent de l'argent et des terres, non par les largesses volontaires de tel ou tel citoyen riche, mais en vertu de lois votées par tous dans l'*Agora*. De là les décrets qui accordaient une solde aux Athéniens qui prenaient part aux expéditions militaires, un salaire à ceux qui siégeaient dans les tribunaux ou qui assistaient aux assemblées.

Le salaire des juges fut établi par Périclès, avant le bannissement de Cimon [1]. Ce salaire n'était dans l'origine que d'une obole (16 centimes). Dans les *Nuées* d'Aristophane, Strepsiade dit qu'il a employé la première obole de son salaire d'héliaste à acheter un chariot pour son petit garçon [2]. Cette indemnité fut élevée plus tard à trois oboles. Chacun de ceux qui venaient siéger dans un tribunal recevait en entrant, avec le bâton de juge, une petite tablette, qu'il remettait au prytane en sortant, et l'argent lui était donné en échange. Quant au salaire de l'assemblée du peuple, il ne paraît pas avoir existé dans les premiers temps de Périclès. On lit dans l'*Assemblée des femmes* : « Sous l'archontat du vaillant Myronide, personne n'aurait osé rece-

---

1. Aristote, *Politique*, II, 9.
2. Aristophane, *Nuées*, v. 861.

voir de l'argent pour gouverner l'État[1]. » Or Myronide était archonte l'an 457 avant l'ère chrétienne.
La rétribution d'une obole, pour droit de présence
à l'assemblée, fut établie à une époque qui ne peut
être déterminée avec précision; mais il est certain
que ce fut longtemps avant la représentation de
l'Assemblée des femmes, qui eut lieu la 4ᵉ année de
la 96ᵉ Olympiade (393 avant J. C.). Le salaire d'une
obole ne fut pas suffisant pour attirer les Athéniens
à l'*Agora*. « Autrefois, dit Aristophane, quand ils ne
recevaient qu'une obole à l'assemblée, on pouvait
s'y asseoir et causer tout à l'aise; maintenant on y
est étouffé par la foule. » Le salaire avait été triplé.
« Aujourd'hui, continue le poëte comique, quand
on fait quelque chose pour la patrie, on demande
trois oboles, comme le maçon qui a fini sa journée[2]. » Les sénateurs recevaient aussi leur indemnité, qui était fixée à une drachme pour chaque
jour d'assemblée.

Une autre dépense publique qui paraît remonter à
la même époque, c'est l'établissement du *théorique*.
Dans les premiers temps, l'entrée au théâtre était
gratuite; le peuple s'y portait en foule, et il en ré-
sultait souvent des désordres et de fâcheux accidents.
Pour prévenir ces inconvénients, on établit un droit
d'entrée de deux oboles par personne; et plus tard,
afin de ne pas exclure les pauvres, on leur donna
cette somme, qui fut désignée sous le nom de *théo-*

1. Aristophane, *l'Assemblée des femmes*, v. 303 et suiv.
2. Aristophane, *ibid.*, v. 308 et suiv.

rique. On croit que le droit d'entrée fut établi vers la 70ᵉ olympiade (de 499 à 496 avant J. C.); mais ce fut Périclès qui, le premier, fit payer le théorique par la caisse de l'État[1]. Pour avoir droit à cette indemnité, il fallait être inscrit sur le rôle des citoyens; la distribution se faisait par tribus et par têtes. Le théorique reçut bientôt une plus grande extension : on fit des distributions d'argent sans qu'il y eût de représentations théâtrales, mais toujours à l'occasion des fêtes, où l'on voyait des jeux publics et des processions religieuses[2].

Ce fut sous les auspices de Périclès, et au commencement de son administration, qu'Éphialte porta les premiers coups à l'Aréopage. On répétait depuis longtemps que l'autorité de l'Aréopage avait donné trop de force au gouvernement. Aussi le sénat *d'en haut* était-il devenu odieux à ce qu'Aristote appelle la tourbe des gens de mer[3], qui dominait dans la cité. On ne pouvait rien faire de plus agréable au peuple que d'abaisser cette antique magistrature, qui faisait obstacle au développement illimité de la démocratie. Tel fut l'objet du décret qu'Éphialte fit adopter par le peuple, la 1ʳᵉ année de la 80ᵉ olympiade (460 avant l'ère chrétienne).

Les critiques modernes qui ont le plus étudié les institutions de la Grèce, sont très-vagues sur cet abaissement de l'Aréopage. Il est vrai que les auteurs

1. Ulpien sur Démosthène, *Olynth.*, I. — Plutarque, *Périclès*.

2. Bœckh, *Économie politique des Athéniens*, II, 13.

3 'Ο ναυτικὸς ὄχλος. (Aristote, *Politique*, V, 3.)

anciens ne nous ont point expliqué avec précision
en quoi consistait la loi présentée par Éphialte. Aristote se contente de dire qu'elle mutilait les attributions de l'Aréopage [1]. Diodore dit qu'elle diminuait
la puissance de cette assemblée [2]. Plutarque dit qu'elle
lui enlevait la connaissance de la plupart des affaires [3].
Pour déterminer exactement ce que perdit l'Aréopage
et ce qui lui fut laissé, il faut surtout consulter les
orateurs : Lysias, Dinarque, Eschine et Démosthène
contiennent, à cet égard, de précieuses indica-
tions.

L'Aréopage fut dépouillé, par la loi d'Éphialte, de
ses attributions politiques ; il conserva sa juridiction
criminelle, dans les causes de meurtre, d'empoison-
nement et d'incendie. Ce tribunal, dit Démosthène,
est le seul que toutes nos révolutions aient respecté,
que tous les gouvernements par lesquels nous avons
passé n'aient point osé dépouiller du droit de juger les meurtriers [4]. Lysias dit que le droit de connaître de l'homicide avait été rendu à l'Aréopage [5] ;
ce qui suppose que ce droit lui avait été retiré. Il est
possible, en effet, que la juridiction de l'Aréopage ait
été, sinon abolie, du moins restreinte sous Périclès.
Peut-être est-ce à dater de cette époque que les membres de ce tribunal sont devenus responsables,
comme tous les fonctionnaires athéniens, et ont été

1. Aristote, *Politique*, II, 9.
2. Diodore de Sicile, **XI**, 77.
3. Plutarque, *Périclès*.
4. Démosthène, *Discours contre Aristocrate*.
5. Lysias, *Discours sur le meurtre d'Ératosthène*.

obligés de rendre compte de la sévérité de leurs arrêts [1]. Ils paraissent aussi avoir conservé l'instruction
des causes qui se rapportaient à la religion. Dans
certaines affaires qui intéressaient l'État, l'Aréopage
était chargé de faire une enquête, et d'examiner si le
fait avait eu lieu : c'était au peuple à juger la cause
au fond, et à prononcer sur la moralité du fait.
Dinarque, qui accusa Démosthène d'avoir reçu de
l'argent d'Harpalus, dit dans son plaidoyer : « L'Aréopage, se renfermant dans les limites de ses attributions, a prononcé seulement sur le fait, tandis que
le tribunal populaire s'est posé cette question : Le fait
est-il excusable [2]? »

La garde des lois ayant été enlevée à l'Aréopage,
il fallait la confier à une magistrature spéciale, et ce
fut alors que les *nomophylaques* furent établis. Ils
étaient au nombre de sept, et siégeaient, dans les
assemblées publiques, en face des *archontes* et à
côté des *proèdres* ou présidents. Ils devaient intervenir toutes les fois qu'il était fait une proposition
contraire aux lois existantes ; ils étaient même autorisés à forcer les magistrats de conformer leurs
actes aux prescriptions de la loi [3]. C'étaient eux qui
dirigeaient les poursuites contre les auteurs de mesures illégales.

En abaissant l'Aréopage, Éphialte avait frappé au
cœur l'aristocratie athénienne. Quelque temps après

1. Eschine, *Discours contre Ctésiphon*.
2. Dinarque, *Discours contre Démosthène*.
3. Fragment du VIIe livre de Philochore, dans la *Bibliothèque
de Photius*.

il périt assassiné ; ce meurtre fut attribué à un certain Aristodicus de Tanagre. Cimon était incapable de tremper dans une pareille vengeance. On ne sait pas jusqu'à quel point il s'opposa aux empiétements du parti démocratique, dirigé par Périclès. La lutte entre ces deux personnages vint d'un dissentiment sur la politique extérieure. On répétait sans cesse contre Cimon le mot fatal de *philolacón* (φιλολάκων). Il y a toujours, sous toute espèce de gouvernement, mais surtout sous le gouvernement populaire, un mot dont on flétrit ceux qu'on veut perdre. Périclès fit bannir Cimon, par l'ostracisme, comme ennemi du peuple et comme ami des Lacédémoniens.

Le fils de Miltiade partit sans murmure ; mais quelque temps après, les Spartiates ayant envahi le territoire de Tanagre en Béotie (456), les Athéniens s'avancèrent pour les combattre ; Cimon crut alors pouvoir rompre son ban ; il se rendit, avec ses armes, dans la tribu OEneïde, dont il faisait partie, et il réclama sa place de bataille. Ou ce grand homme devait mourir en combattant, et sa patrie aurait fait grâce à ses cendres ; ou le sort l'aurait épargné, et le soir même il aurait repris le chemin de l'exil ; il ne demandait qu'à combattre parmi ses concitoyens : cette douceur lui fut refusée. Périclès et ses amis soulevèrent le conseil des cinq cents : ils osèrent soutenir que Cimon n'avait pas le droit d'offrir son sang à sa patrie. On prétendait d'ailleurs qu'il n'était venu que pour jeter le désordre dans l'armée, et pour ouvrir Athènes aux Spartiates. Voyant que les rangs lui étaient fermés, il se résigna à partir ; mais avant de se retirer, il s'adressa à Euthippe et à quelques autres de ses compagnons, comme lui suspects de trahison ; il les conjura de confondre leurs ennemis communs à force de courage et de dévouement. Ici l'histoire semble un fragment d'épopée : ces braves gens, qui étaient au nombre de cent, demandent au héros son armure complète, qu'ils placent au milieu de leur bataillon ; ils attendent de pied ferme le choc ennemi, et ces hommes, qu'on accusait d'être vendus aux Lacédémoniens, meurent tous à leur poste en les combattant[1].

Athènes fut punie de son ingratitude : elle fut vaincue à la bataille de Tanagre. Les Lacédémoniens s'ouvrirent un chemin à travers la Mégaride, et retournèrent chez eux par l'isthme. Soixante-deux jours après la bataille de Tanagre, les Athéniens, commandés par Myronide, marchèrent contre les Béotiens, les battirent à OEnophytes, se rendirent maîtres de la Béotie et de la Phocide, et prirent en otage les cent plus riches citoyens entre les Locriens d'Oponte. Ce fut alors, dit Thucydide, que furent terminées *les longues murailles* qui s'étendaient d'Athènes jusqu'à la mer, l'une gagnant Phalère, et l'autre le Pirée. Égine consentit enfin à capituler : elle rasa ses fortifications, livra ses vaisseaux, et se soumit au tribut. Les Athéniens cherchèrent même à étendre leur influence jusque dans la Thessalie,

1. Plutarque, *Cimon.*

sous prétexte de rétablir à Pharsale un tyran nommé Oreste. Ils échouèrent dans cette entreprise comme dans l'expédition d'Égypte, qui s'était tristement prolongée jusqu'à cette époque. Mais l'infatigable Périclès dirigea une flotte et une armée contre Sicyone. Les Athéniens débarquèrent au nord du Péloponèse, et vainquirent ceux des Sicyoniens qui osèrent leur résister ; puis, prenant avec eux les Achéens, ils traversèrent le golfe de Corinthe, et allèrent jusque sur les côtes de l'Acarnanie assiéger la ville d'OEniades, dont ils ne purent s'emparer [1].

Toutes ces guerres entre les Grecs pouvaient rendre l'avantage aux barbares ; le peuple athénien comprit la nécessité de la paix, soit au dedans, soit au dehors. Périclès lui-même avait proposé un décret qui rappelait Cimon de l'exil. On dit qu'un traité secret avait été négocié entre les chefs des deux partis, par l'entremise de la sœur de Cimon, Elpinice, dont le nom est mêlé à tant d'intrigues. Ils avaient constitué entre eux une sorte de *duumvirat* : Cimon devait faire la guerre aux barbares, et abandonner Athènes à Périclès [2]. Trois ans après le siége d'OEniades, l'an 450 avant J. C., les Athéniens conclurent une trêve de cinq ans avec les Péloponésiens [3]. Après avoir négocié ce traité, si conforme à sa politique, Cimon tourna contre les

1. Thucydide, I, 108 et suiv.
2. Plutarque, *Cimon*.
3. Thucydide, I, 112.

Perses toutes les forces d'Athènes et de ses alliés. Il arma deux cents galères ; et, tandis que soixante de ces bâtiments allaient soutenir l'Égypte révoltée, il se dirigea vers l'île de Cypre avec le reste de la flotte.

Les événements et les résultats de cette guerre ont été diversement racontés par les historiens. Thucydide se contente de dire que Cimon mourut sous les murs de Citium, que les Athéniens furent obligés par la famine d'abandonner le siége, et qu'ensuite, parvenus à la hauteur de Salamine en Cypre, ils vainquirent deux fois, dans un combat de mer et dans un combat de terre, les Phéniciens, les Cypriotes et les Ciliciens réunis. Diodore de Sicile prétend que Cimon s'empara de Citium et de Malos, que ce fut lui qui triompha dans les batailles, et qu'il imposa aux Perses le glorieux traité auquel son nom est resté attaché [*]. Plutarque attribue les victoires à Cimon, mais ne parle pas du traité[2]. Ces témoignages contradictoires ont autorisé plusieurs critiques modernes à nier l'authenticité de ce qu'on est convenu d'appeler *la paix de Cimon*. Nous croyons que cette convention est vraiment historique, mais qu'elle n'a été conclue qu'après la mort de Cimon. Sans discuter ici les détails, que la tradition athénienne paraît avoir embellis, nous pensons qu'on a pu légitimement attribuer au fils de Miltiade la gloire des résultats qu'il avait, sinon accomplis, du moins prévus et

1. Diodore de Sicile, XII, 4.
2. Plutarque, *Cimon.*

préparés. Ce qui est certain, c'est que, peu de temps après la mort de Cimon, la cause de la Grèce était gagnée (449). Les Perses étaient refoulés dans l'intérieur de l'Asie ; les Grecs asiatiques étaient déclarés libres. Les satrapes devaient se tenir à trois jours de marche des côtes de l'Asie Mineure ; les vaisseaux de guerre des Perses ne pouvaient naviguer depuis Phaselis, en Pamphylie, jusqu'aux îles Cyanées, à l'entrée du Pont-Euxin. Toute cette partie de la Méditerranée appartenait désormais à la confédération hellénique, dont les Athéniens étaient les chefs. Cimon mourant avait laissé une position admirable à Athènes et à Périclès.

CHAPITRE VI.

La mort de Cimon laissait le champ libre à son rival. Périclès régnait désormais dans Athènes ; mais à quel titre ? On sait qu'il ne fut jamais archonte ; il ne fut pas non plus membre de l'Aréopage, qui se recrutait principalement parmi les anciens archontes. D'un autre côté, Périclès n'avait point de gardes ; il n'était point eu possession de la citadelle ; il n'était point tyran, à la manière de Pisistrate, quoi qu'en aient dit les poëtes comiques, qui appelaient ses amis les nouveaux *Pisistratides*. L'influence de Périclès était donc toute personnelle, et en même temps renfermée dans les limites légales. Il venait sur la place publique, entouré de ses amis, qui étaient nombreux ; il proposait des résolutions conformes à l'intérêt du plus grand nombre ; il les soutenait avec une éloquence admirable, et ces propositions devenaient des lois. Souvent même il était chargé d'exécuter ce qu'il avait conseillé. Les suffrages du peuple lui confiaient des missions temporaires, comme celle de commander les armées. Ce qui ajoutait à son influence, c'était sa fortune qu'il administrait avec une stricte économie, et son caractère qu'on savait inaccessible à la corruption. Pendant près de quarante ans de domination, il n'augmenta pas d'une drachme l'héritage qu'il avait reçu de son père.

Thucydide explique l'influence de Périclès dans quelques lignes excellentes, qui n'ont pas toujours été bien comprises, et que nous essayons de reproduire exactement : « Il était puissant par sa valeur personnelle, par sa raison, par son caractère d'une intégrité reconnue. Il contenait le peuple sans porter atteinte à la liberté, et il ne se laissait pas plus mener par lui qu'il ne le menait lui-même. Il ne devait son ascendant à aucun moyen illégitime. Il ne parlait point pour flatter le peuple, mais pour lui dire ce qui était convenable, et il osait au besoin résister à la passion dominante. Quand il voyait les Athéniens s'abandonner mal à propos à l'orgueil et à l'insolence, sa parole les frappait d'une terreur salutaire ; lorsque, au contraire, il les voyait craindre sans motif, il combattait leur faiblesse et ranimait leur courage. La démocratie subsistait encore de nom ; mais, en réalité, c'était le commandement du premier citoyen[1]. »

Un poëte comique, Téléclide, décrit ainsi la confiance sans bornes que les Athéniens avaient en Périclès : « Ils lui avaient abandonné les revenus de leurs villes pour en disposer, et les villes mêmes pour les lier ou les délier à son gré ; ils lui avaient donné le pouvoir d'abattre ou de rebâtir leurs murailles. Enfin la paix, la guerre, la puissance, la richesse, le bonheur, ils avaient tout mis entre ses mains. » Et

---

1. Thucydide, II, 65.

ce ne fut pas, comme dit Plutarque, la faveur d'un moment : l'influence de Périclès dura quarante ans[1].

Cette influence, qui avait commencé à poindre après la mort d'Aristide, grandit beaucoup après la mort de Cimon (449). Le parti aristocratique fit alors un dernier effort pour se rallier sous les auspices d'un nouveau chef. Ce chef était Thucydide, non pas l'historien, mais le beau-frère de Cimon, homme d'une sagesse éprouvée, moins guerrier que Cimon, mais plus fin politique et plus propre aux combats de l'*Agora*. Il ne laissa point les nobles disperser leurs forces et se mêler au peuple, comme ils le faisaient auparavant ; mais, les séparant de la foule, il en fit un corps distinct, et les mena contre l'ennemi. Ce fut alors que, pour résister à l'attaque, Périclès lâcha la bride au peuple, selon l'expression de Plutarque. Tous les jours il inventait quelque spectacle, quelque banquet, quelque fête, cherchant à entretenir la ville dans des plaisirs honnêtes, dont les Muses avaient leur part.

Mais Périclès ne se bornait point à des fêtes : il fondait des établissements utiles. Tous les ans, il faisait partir soixante vaisseaux, sur lesquels un grand nombre de citoyens pauvres, payés par l'État, s'exerçaient huit mois de l'année aux travaux maritimes. Il fonda plusieurs colonies : il établit mille Athéniens en Chersonèse, cinq cents à Naxos, deux cent cinquante à Andros, mille en Thrace, dans la Bisaltie. Il fonda une ville athénienne en Italie, *Thourioi*, sur

---

1. Plutarque, *Périclès*.

les ruines de l'ancienne colonie achéenne de Sybaris. Ainsi Athènes était purgée d'une multitude oisive et turbulente. Périclès étendit le commerce et les établissements athéniens jusque sur les côtes du Pont-Euxin. La Tauride lui fournissait les blés nécessaires à la subsistance de l'Attique. Il se montra lui-même sur les bords du Pont ; il laissa treize vaisseaux aux habitants de Sinope, sous le commandement de Lamachus, pour détruire un tyran qui s'y était établi. Un décret fut rendu, qui autorisait six cents Athéniens à aller s'établir à Sinope, et à se partager les biens du tyran.

Enflés par ces succès, les Athéniens ne mettaient point de bornes à leur ambition. Les uns parlaient de faire une nouvelle expédition en Égypte, et d'attaquer les provinces maritimes du grand roi. D'autres étaient déjà enflammés de cette fatale passion pour la Sicile que les amis d'Alcibiade ont rallumée plus tard. Il y en avait dont les rêves embrassaient la conquête de l'Étrurie et jusqu'à celle de Carthage. Mais Périclès se gardait bien de toutes ces chimères : il ne voulait que ce qui était possible. Son principal but était de réprimer les Lacédémoniens, et de conserver à Athènes l'empire de la Grèce. Peu de temps après la mort de Cimon, les Lacédémoniens avaient envahi la Phocide ; et, s'étant emparés du temple, ils en avaient donné l'intendance aux Delphiens. Ils firent graver sur le front du loup sacré[1] la prérogative

---

1. Pausanias a raconté comment les Delphiens avaient consacré à leur Dieu un loup en bronze (*Phocide*, 14).

que ce peuple leur avait accordée de consulter l'oracle
les premiers. Mais à peine eurent-ils quitté le pays,
que Périclès y vint à son tour avec une armée, et,
après avoir rétabli les Phocéens, il fit donner à
Athènes le privilége que les Delphiens avaient accordé
à Sparte. Ainsi Apollon lui-même était désormais du
parti des Athéniens.

Cependant Athènes fut forcée de reconnaître l'indépendance de la Béotie, qu'elle avait voulu dominer. L'Eubée s'étant révoltée, Périclès se disposait
à la réduire. A peine y est-il passé avec ses troupes,
qu'il apprend que Mégare s'est soulevée, qu'elle a pour
alliées les villes de Corinthe, de Sicyone et d'Épidaure; que les Péloponésiens se préparent à envahir
l'Attique. C'était déjà le prélude de sa guerre du
Péloponèse. Périclès revient en toute hâte de
l'Eubée, avec son armée. Les Péloponésiens entrent,
en effet, dans l'Attique, et viennent ravager jusqu'à
la plaine de Thria, près d'Éleusis. Périclès les force
à rentrer chez eux, et ramène ses troupes dans
l'Eubée; il la soumet tout entière, et remplace par
des colons athéniens les plus riches habitants de
Chalcis et d'Histiée, restes des *Hippobotes* [1]. Au
retour de l'expédition d'Eubée, une trève de trente
ans fut conclue entre Sparte et Athènes. Les Athéniens rendaient tout ce qu'ils avaient conquis sur
les Péloponésiens, c'est-à-dire Nisée, l'Achaïe, Pègues
et Trézène (445).

C'est à partir de cette époque que Périclès, plus

---

1. Thucydide, I, 114. — Plutarque, *Périclès*.

libre à l'intérieur, commença ces embellissements d'Athènes auxquels son nom est attaché. Lui-même, dans un discours que Plutarque nous a conservé, nous donne une idée du mouvement de l'industrie athénienne. Il énumère les matériaux qui étaient à la disposition des ouvriers : le bois, la pierre, le - marbre, le fer, l'argent, l'or et l'ivoire ; et les artisans prêts à mettre en œuvre ces matériaux divers : charpentiers, maçons, forgerons, orfèvres, peintres, sculpteurs, brodeurs, tourneurs ; et tous ces ouvriers qui concouraient, soit à extraire du sein de la terre, soit à transporter d'un lieu dans un autre, les matières premières ou les objets manufacturés : pilotes, matelots, voituriers, charrons, carriers, mineurs. Chacun de ces métiers formait une armée de travailleurs, que Périclès animait aux utiles labeurs de la paix, comme il savait conduire aux travaux de la guerre les hoplites et les cavaliers. Il veillait religieusement à ce qu'aucun Athénien ne fût oisif. Pendant que les citoyens aisés servaient dans les flottes ou dans les armées, il voulait que la classe inférieure, ce qu'on appelait les thètes ou artisans, fût constamment occupée. Et à tous ces travaux il donnait un but digne d'Athènes, un but utile dans le présent et glorieux dans l'avenir.

Phidias, l'ami de Périclès, était chargé de réaliser ses pensées. C'était lui qui avait l'intendance des travaux, et qui commandait à cette multitude d'ouvriers. Alors commencèrent à s'élever ces édifices qui ont fait d'Athènes la merveille du monde ancien : le Parthénon, ouvrage de Callicrate et d'Icti-

nus, les Propylées bâties par Mnésiclès, et l'Odéon,
ce théâtre consacré à la musique, construit, dit
Plutarque, sur le modèle du pavillon de Xerxès[1].

Tous les arts étaient appelés à orner et à embellir
ces chefs-d'œuvre de l'architecture athénienne. Le
frère de Phidias, Panænos, peignit dans un portique
la bataille de Marathon. Autant il avait surpassé ses
devanciers, autant il fut lui-même effacé par Poly-
gnote, Apollodore, Zeuxis et Parrhasius. Plusieurs
statues de Minerve, de la main de Phidias, décoraient l'Acropole. L'une en ivoire et en or brillait
dans le Parthénon. Une autre en bronze, dite Minerve *Promachos*, était placée entre les Propylées et
le Parthénon : elle était d'une grandeur colossale,
et le navigateur qui s'approchait du Pirée la reconnaissait de loin, comme la protectrice de la cité [2].
Périclès fit voter à l'assemblée du peuple un concours de musique, qui devait avoir lieu dans
l'Odéon, aux Panathénées ; et lui-même, habile
musicien, régla toutes les conditions du concours.

Nous n'avons point à insister ici sur le mouvement littéraire et philosophique, qui signala cette
grande époque. Socrate était né en 469, au moment
où Périclès paraissait sur la scène politique; il mû-
rissait en silence pour la mission qu'il devait remplir : Anaxagore lui avait préparé les voies. Sophocle composait ses tragédies, et le génie de

1. Plutarque, *Périclès*.
2. Pausanias, *Attique*, 24 et 28. — O. Müller, *Vie de Phidias*.

Thucydide n'attendàit pour éclore que la guerre du Péloponèse.

Les sciences'ne florissaient pas moins que les lettres dans la patrie de Périclès. Hippocrate fondait la médecine sur l'observation. La géométrie était cultivée à Athènes avec autant de succès que dans les villes grecques de l'Asie Mineure ou de l'Italie méridionale. Les astronomes Méton et Euctémon réformèrent le calendrier athénien, par la découverte du cycle métonien ou *nombre d'or*. Depuis Solon, on comptait par espaces de huit ans ou *octaétérides*. Cette période, inventée par Cléostrate de Ténédos, était destinée à mettre d'accord l'année lunaire, qui était l'année civile chez les Athéniens, avec l'année solaire et la marche des saisons. Le cycle de Méton, cherché dans le même but, comprenait dix-neuf ans, dont douze étaient composés de douze lunaisons, et les sept autres de treize. A l'expiration de ce cycle, les saisons se retrouvaient à peu près au point où elles étaient au commencement[1].

Jamais Athènes n'avait été plus riche, ni plus glorieuse, que depuis qu'elle s'était donnée tout entière à Périclès. Mais, pour exécuter de si grandes choses, il ne suffisait point d'une nation ingénieuse et de quelques hommes d'élite : il fallait beaucoup

1. Le cycle de Méton fut mis en usage le 16 juillet 433. Un siècle après (331), un autre astronome athénien, Callipe, proposa un nouveau cycle de soixante-seize ans : il retranchait un jour sur quatre cycles de Méton. Par là on était plus près de la vérité, mais on ne l'avait pas encore atteinte.

d'argent. Périclès puisait à pleines mains dans le
trésor des alliés, transporté de Délos à Athènes.
C'était là, pour l'opposition aristocratique dont
Thucydide était le chef, un texte inépuisable de
récriminations. « De quel droit Athènes employait-
elle l'argent de la Grèce, dans un intérêt purement
personnel, à construire des temples, à payer des
tableaux et des statues? » Périclès répondait que les
Athéniens n'étaient pas obligés de rendre compte
aux alliés de l'argent qu'ils en avaient reçu; qu'ils
n'étaient tenus qu'à les défendre contre les barbares. Or, la ville étant bien pourvue de tout ce
qui était nécessaire pour la guerre, ne fallait-il
pas consacrer le superflu de ses richesses à des travaux qui devaient lui procurer une gloire immortelle ?

Le parti de Thucydide accusait Périclès, non-seulement de disposer de l'argent des alliés, mais de dissiper tous les revenus de la république et de porter
le trouble dans les finances. Périclès demanda au
peuple assemblé s'il trouvait qu'il eût trop dépensé,
et le peuple ayant répondu tout d'une voix : « Beaucoup trop. — Eh bien, repartit Périclès, ce sera
donc à mes dépens et non pas aux vôtres; mais j'in-
scrirai mon nom seul sur les monuments que l'on
m'accuse d'avoir élevés. » A ces paroles, le peuple,
soit qu'il admirât la générosité de son chef, soit que
lui-même, saisi d'une noble émulation, ne voulût
point céder à Périclès la gloire de ces nobles ouvrages, se prit à crier encore plus fort, et lui ordonna
de prendre au trésor toutes les sommes nécessaires

pour suffire à ces dépenses[1]. Dans ces luttes de tous
les jours, dont la place publique était le théâtre,
l'éloquence de Périclès était invincible. « Quand
je l'ai jeté par terre, disait Thucydide, son adversaire ordinaire, il soutient que c'est lui qui m'a
renversé, et il le persuade à tous ceux qui nous
regardent. »

Enfin les deux rivaux en vinrent à une rupture ouverte, et les choses furent poussées à ce point, dit Plutarque, qu'il fallait que l'un des deux sortît d'Athènes.
Dans cette crise suprême, la majorité donna raison à
Périclès, et l'ostracisme le débarrassa de Thucydide
(444). Dès lors il n'y eut plus qu'un seul parti dans la
ville, et ce parti obéissait à un seul homme. Périclès
disposait à son gré des finances, des troupes et des
vaisseaux; les îles et la mer lui appartenaient, et, aux
yeux des Grecs comme à ceux des barbares, il représentait seul la république athénienne.

Alors, si l'on en croit Plutarque, Périclès commença à n'être plus le même homme, à ne plus se
montrer si doux et si traitable, à ne plus céder aux
caprices du peuple, comme à toutes sortes de vents
contraires; mais il tint d'une main plus ferme les
rênes du gouvernement populaire. On ne le voyait
plus dans l'assemblée qu'à de rares intervalles, car
il ne prodiguait ni ses paroles, ni sa présence; il se
réservait pour les grandes occasions : aussi l'a-t-on
comparé à la galère salaminienne, qui ne se montrait
qu'aux jours solennels. Pour les affaires de moindre

---

1. Plutarque, *Périclès.*

importance, il les faisait traiter par ses amis et par
quelques orateurs qui lui étaient dévoués[1].

Un des principaux soins de Périclès, lorsqu'il fut
seul le maître, ce fut de poser des limites à la démocratie. Il fit rendre une loi qui portait qu'on ne devait inscrire sur les registres publics que ceux qui
étaient nés de père et de mère athéniens. Et ce décret, qui devait singulièrement réduire le nombre
des citoyens, fut exécuté avec la dernière rigueur.
Un roi d'Égypte, avec lequel la république entretenait des relations amicales, avait envoyé à Athènes
un présent de quarante mille médimnes de blé; tous
les Athéniens devaient en avoir une égale portion.
Ce fut le prétexte d'une épuration, qui réduisit le
nombre des citoyens de dix-neuf mille à quatorze
mille quarante, selon Plutarque. Philochore porte
à quatorze mille deux cent quarante le nombre des
citoyens conservés. Ceux qui furent convaincus
d'avoir usurpé le droit de cité, furent impitoya-
blement vendus comme esclaves. Plutarque ajoute
qu'un grand nombre furent éliminés, par de pures
chicanes, de la liste des citoyens.

Il résulte de ce fait que Périclès ne s'était point
soucié d'épurer l'assemblée du peuple tant qu'il avait
eu à lutter contre le parti aristocratique; il s'était appuyé indifféremment sur tout ce qui voulait bien le
soutenir. Mais, une fois vainqueur, il s'efforça de
restreindre le droit de suffrage. Si Périclès n'avait
point établi les nomothètes, il avait du moins con-

1. Plutarque, *Périclès.*

servé ces magistrats. Le pouvoir législatif n'était
donc pas livré tout entier au caprice populaire;
mais souvent le peuple échappait aux difficultés
de la réforme légale, en réglant par de simples décrets ce qui était du domaine de la loi.

CHAPITRE VII.

Efforts des Athéniens pour propager au dehors le gouvernement démocratique. — Commencements de la guerre du Péloponèse. — Réaction contre Périclès. — Sa mort.

Il y a, dans le 1er livre de Thucydide, un admirable portrait des Athéniens : « Les Athéniens aiment tout ce qui est nouveau; ils sont prompts à concevoir et à exécuter ce qu'ils ont conçu...; ils sont toujours prêts à oser au delà de leurs forces; ils se jettent dans le péril au delà de ce qu'ils ont prévu, et, au plus fort du danger, ils ont bonne espérance.... S'ils ne réussissent point dans ce qu'ils ont entrepris, ils se croient dépouillés de leur propre bien ; s'ils ont saisi l'objet de leur ambition, ce n'est rien pour eux, en comparaison de ce qui leur reste à conquérir. Ont-ils manqué une entreprise, aussitôt ils en conçoivent une autre et l'exécutent.... Ils passent leur vie entière à se tourmenter, jouissant fort peu de ce qu'ils ont, parce qu'ils désirent toujours.... Le plus grand malheur pour eux, c'est le repos; et on les peindrait exactement d'un seul trait, en disant qu'ils ont été créés tout exprès pour n'être jamais tranquilles et pour empêcher les autres de le devenir [1]. »

Les Athéniens représentaient, dans l'ancienne

---

1. Thucydide, I, 70.

Grèce, l'esprit novateur, ce besoin quelquefois légitime, mais souvent téméraire, de modifier les formes sociales. Les Spartiates, au contraire, société essentiellement aristocratique, ne craignaient rien tant que le mouvement et les aventures. L'esprit qui dominait chez eux, c'était l'esprit conservateur, pour nous servir d'une expression qui est empruntée à la langue contemporaine, mais qui n'en rend pas moins exactement la pensée de Thucydide[1]. Tandis qu'Athènes minait partout les vieilles oligarchies, et tendait à leur substituer la forme démocratique qu'elle avait adoptée pour elle-même, Sparte soutenait, dans toute la Grèce, le principe opposé.

Le résultat de la guerre de Samos, dont le commandement avait été donné à Périclès, fut de constituer dans cette île un gouvernement démocratique. Les Samiens, obligés de se rendre après neuf mois de siége, s'engagèrent à raser leurs murailles, à donner des otages, à livrer leurs vaisseaux et à payer les frais de la guerre (440). Les Byzantins se reconnurent, comme ils l'étaient auparavant, sujets des Athéniens[2]. Sparte voyait avec effroi le progrès de la démocratie athénienne; mais toujours lente à agir, comme tous les États aristocratiques, ce ne fut qu'à la dernière extrémité qu'elle se décida à rompre la trêve qui devait durer trente ans. Périclès désirait ardemment la guerre contre Sparte, et il y poussait de toutes ses forces, pour anéantir partout le prin-

1. Τὰ ὑπάρχοντα σώζειν (Thucydide, 1, 70).
2. Thucydide, I, 115 et suiv.—Plutarque, *Périclès*.

cipe aristocratique, et pour qu'Athènes dominât la
Grèce, comme lui-même dominait Athènes. Cet
antagonisme politique fut une des principales causes
de la guerre du Péloponèse.

Mais au moment même où cette guerre allait éclater, il se manifesta dans Athènes un mouvement
d'opinion hostile à Périclès. Il fut attaqué dans tout
ce qu'il aimait, et d'abord dans le sculpteur Phidias,
qu'on accusait d'avoir dérobé une partie de l'or destiné à la Minerve du Parthénon. L'artiste n'eut pas
de peine à se justifier du vol qu'on lui imputait. L'or
pouvait se détacher de la statue : Périclès le fit peser
publiquement par les accusateurs eux-mêmes, et il
fut prouvé qu'aucune parcelle n'en avait été dis-
traite. Cependant Phidias fut traîné en prison, et il y
mourut, selon quelques auteurs ; selon d'autres, il
fut exilé.

Le poëte comique Hermippus accusa d'impiété la
célèbre Aspasie, que Périclès avait épousée après
avoir quitté sa première femme[1]. En même temps,
un certain Diopitès fit adopter un décret par lequel
il était ordonné de dénoncer ceux qui niaient les
dieux, ou qui parlaient témérairement des choses
célestes. C'était un moyen d'atteindre Périclès, en
accusant son maître, le philosophe Anaxagore. Mais
le peuple ne s'arrêta pas là : un décret, proposé par
Dracontidès, ordonna que Périclès rendrait ses
comptes entre les mains des prytanes. Calme au milieu de toutes ces attaques, Périclès sauva Aspasie

---

1. Plutarque, *Périclès*.

par son éloquence et par ses larmes. Mais, craignant
de ne pas obtenir le même succès pour Anaxagore, il
le fit secrètement sortir de la ville. Quant aux comptes
qui lui avaient été demandés, ses ennemis ont prétendu qu'il ne savait comment les rendre, et que
ce fut surtout pour échapper à cette nécessité qu'il
provoqua la guerre du Péloponèse. « Il espérait, dit
Plutarque, qu'au milieu d'un si grand danger il ferait taire ses ennemis, et que la république n'hési-
terait pas à se jeter entre ses bras. »

Dans une comédie qui ne fut représentée que six
ans après la mort de Périclès, Aristophane explique
à sa manière l'origine de la guerre du Péloponèse :
« Quelques jeunes gens ivres vont à Mégare, et enlèvent la courtisane Simétha. Les Mégariens, irrités,
enlèvent à leur tour deux femmes qui appartenaient
à Aspasie. Dès ce moment, toute la Grèce prend les
armes pour trois courtisanes. Voilà pourquoi Périclès l'Olympien lance sa foudre, fait gronder son
tonnerre et met la Grèce en feu. Il rend un décret
qui interdit aux Mégariens la mer, la terre, nos marchés et nos ports[1]. » Nous ne savons ce qu'il y a de
fondé dans cette assertion d'Aristophane, que Plutarque a répétée[2]; ce qui est certain, c'est qu'un
décret de l'assemblée du peuple avait interdit aux
Mégariens l'entrée des ports et des marchés de l'Attique. Mais Thucydide n'attribue point ce décret au
même motif qu'Aristophane : il dit qu'on accusait

---

1. Aristophane, *les Acharniens*, v. 523 et suiv.
2. Plutarque, *Périclès*.

les Mégariens de cultiver un champ sacré, et d'ouvrir un asile aux esclaves fugitifs.

La vraie cause de la guerre, ce fut, comme dit
Thucydide, la grandeur à laquelle les Athéniens
étaient parvenus, et la terreur qu'ils inspiraient au
reste de la Grèce. Ils avaient soutenu Corcyre, colonie corinthienne, contre sa métropole ; par là ils
voulaient affaiblir les Corinthiens ; d'ailleurs l'île de
Corcyre leur paraissait heureusement placée sur la
route de l'Italie et de la Sicile [1]. En même temps ils
assiégeaient une autre colonie corinthienne, Potidée,
sur l'isthme de Pallène ; les Corinthiens soulevèrent
contre Athènes la jalousie des Lacédémoniens et des
autres peuples du Péloponèse. « Il s'agit, disaient-ils,
de prendre les armes pour sauver la liberté commune.
Ne voyez-vous pas que les Athéniens ont déjà mis
une partie des Grecs sous le joug, et qu'ils se préparent à asservir les autres? Il ne faut pas souffrir
qu'une seule ville usurpe, dans toute la Grèce, un
pouvoir tyrannique [2]. »

Quand la guerre eut commencé, quand le roi de
Sparte Archidamus eut envahi l'Attique et se fut
avancé jusqu'au dème d'Acharnes, à soixante stades
de la ville, cette opposition, que Périclès croyait
avoir apaisée, se réveilla plus ardente et plus animée
contre lui. On lui reprochait, comme un crime, le
système de défense qu'il avait adopté : tandis que
les Péloponésiens ravageaient les campagnes, il se

1. Thucydide, I, 23 et suiv.
2. Thucydide, I, 124.

tenait renfermé dans la ville, pour ménager le sang
des citoyens, et pour ne pas risquer le sort d'Athènes dans une seule bataille contre un ennemi supérieur en nombre. Les chansons et les épigrammes
pleuvaient sur Périclès, et ce que lui inspiraient la
prudence et l'amour de la patrie, on en faisait un
acte de lâcheté et de trahison.

Dans cette foule d'ennemis ameutés autour de
Périclès, il y avait sans doute quelques membres
du parti aristocratique, qui cherchaient à profiter
de l'occasion pour satisfaire leur vieille rancune
contre leur vainqueur ; mais les chefs du mouvement
appartenaient à cette partie extrême de la démocratie
que Périclès regardait avec raison comme le fléau de
la république. Alors commençait à paraître ce Cléon,
que ses fautes et les sarcasmes d'Aristophane ont
rendu si célèbre. C'était le fils d'un corroyeur, et lui-
même avait exercé le métier de son père. Il avait la
voix forte et sonore, avec un art merveilleux de gagner le peuple en accusant les plus illustres citoyens.
C'était un des plus acharnés contre Périclès, comme
l'attestent ces vers d'Hermippus : « Roi des satyres,
pourquoi n'as-tu pas le courage de prendre la lance ?
Tu parles de guerre avec audace ; mais tu ne combats que de la langue ; l'aspect d'une épée nue te
fait pâlir ; tu n'as plus ni force ni vertu, quoique tu
sois aiguillonné par l'ardent Cléon, qui ne te laisse
aucun repos [1]. »

Heureusement Périclès possédait la qualité la plus

1. Plutarque, *Périclès*.

nécessaire à un homme politique, surtout dans un
État libre : il savait mépriser les rumeurs populaires. Il se contenta d'envoyer cent vaisseaux ravager les côtes du Péloponèse; mais il tint ferme dans
l'intérieur de la ville. Pour adoucir le peuple, il lui
distribua quelque argent, et fit tirer au sort les
terres qui avaient été enlevées aux Éginètes; mais
il interdit toute espèce de rassemblement, et même
il s'abstint de convoquer l'assemblée, parce qu'il
craignait, dit Thucydide, que la passion n'entraînât
le peuple à quelque résolution téméraire [1]. Il s'attribua donc un pouvoir extraordinaire, assez justifié
par les circonstances et par l'usage qu'il en sut
faire.

L'Attique fut enfin sauvée; Périclès prononça, au
Céramique, l'éloge funèbre des guerriers qui avaient
succombé dans la première année de la guerre.
Platon dit que ce discours avait été composé par
Aspasie [2]. Les paroles que Thucydide a prêtées à
Périclès paraissent moins destinées à louer les morts
qu'à plaire aux vivants : c'est un magnifique éloge
de la démocratie athénienne et de la génération à
laquelle s'adresse l'orateur. Horace dira plus tard
aux Romains : « Nos pères ne valaient pas nos
aïeux; nous ne valons pas nos pères, et nos enfants
ne nous vaudront pas. » L'orateur athénien, au
contraire, exalte ses contemporains aux dépens de
leurs pères et de leurs aïeux : « Nos ancêtres sont

1. Thucydide, II, 22.
2. Platon, *Ménexène.*

dignes d'éloges, et nos pères le sont encore plus; car ce sont eux qui, par leurs travaux, ont agrandi l'héritage dont nous jouissons. Mais nous qui vivons encore, nous surtout qui sommes aujourd'hui dans toute la vigueur de l'âge, c'est nous qui avons le mieux mérité de la république; c'est à nous qu'elle doit ses plus grands accroissements, et tout ce qui fait sa force dans la guerre et dans la paix [1]. »

Périclès n'a pas assez d'éloges pour ces institutions politiques qui étaient en partie son ouvrage. « Comme notre gouvernement, dit-il, n'est point entre les mains d'un petit nombre de privilégiés, mais dans celles du grand nombre, il a reçu le nom de démocratie. S'il s'élève quelque différend entre les particuliers, la loi est égale pour tous. La puissance publique appartient à ceux qui sont capables de l'exercer, et si l'on obtient des honneurs, c'est parce qu'on les mérite, et non parce qu'on est d'une certaine classe de citoyens. Tous, nous disons librement notre avis sur les affaires publiques. » Périclès flatte un peu ses compatriotes, quand il ajoute : « Une crainte salutaire nous empêche de prévariquer dans tout ce qui regarde l'intérêt général; *nous écoutons toujours les magistrats et les lois,* surtout celles qui ont été portées en faveur des opprimés, et celles qui, sans être écrites, ont pour sanction l'opinion publique. »

L'orateur s'attache aussi à prouver que la vie est

---

1. Thucydide, II, 35-44.

plus douce et plus heureuse à Athènes que partout
ailleurs. « Dans les relations journalières, nous ne
portons pas un œil soupçonneux et jaloux sur les
actions des autres; nous ne leur faisons pas un
crime de leurs plaisirs. Nos fêtes et nos jeux dé-
lassent l'esprit de ses fatigues.... En un mot, j'ose
le dire, notre république est l'école de la Grèce. »
Ici Périclès cache adroitement les défauts du caractère athénien, en même temps qu'il en fait ressortir
les qualités. « Chaque citoyen, dit-il, est doué d'une
heureuse flexibilité que jamais n'abandonnent les
grâces, et qui lui permet de réunir un grand nombre de qualités diverses.... Aussi voit-on chez nous
les mêmes hommes s'occuper de leurs affaires particulières et des affaires publiques. Ceux mêmes qui
se livrent à un travail manuel, ne sont pas étrangers
au gouvernement. » Mais ce qui distingue surtout
les Athéniens, selon l'orateur, c'est qu'ils sont dés-
intéressés : ils sont prêts à communiquer à tous les
avantages dont ils jouissent, ils n'excluent pas l'é-
tranger de leurs murs; Athènes est une ville ouverte
au genre humain.

Si l'on peut juger du discours qu'a prononcé Périclès par celui que Thucydide lui attribue, on voit
que l'auteur s'était proposé, d'une part, de flatter ses
concitoyens pour se perpétuer au pouvoir, et, de
l'autre, d'attirer les Grecs dans l'alliance athénienne.
Chaque compliment adressé à Athènes était en
même temps une épigramme contre Sparte. Mais,
malgré tout son talent ou celui d'Aspasie, Périclès
n'atteignit ni l'un ni l'autre but : les alliés de Lacé-

démone lui restèrent fidèles, et recommencèrent à
ravager l'Attique [1]. Dans la ville, les ennemis de
Périclès, chaque jour plus nombreux, n'attendaient
qu'une occasion pour l'écraser.

Pour comble de malheur, la peste vint en aide
aux Péloponésiens (431). Cette maladie, que Thucydide a si bien décrite, fit encore plus de victimes
que la guerre, et porta au dernier degré l'irritation
des Athéniens. Cette fois, le génie de Périclès fut
impuissant à les apaiser : non-seulement ils lui en-
levèrent le commandement, mais ils le condamnèrent à l'amende : les historiens varient sur la
somme, de quinze à quatre-vingts talents [2]. Le nom
de l'accusateur est aussi un problème historique :
quelques-uns nomment Cléon, ce qui paraît assez
vraisemblable. Et au moment où la faveur populaire abandonnait Périclès, la mort frappait à coups
redoublés dans sa famille : il perdait ses fils, sa
sœur, plusieurs de ses parents et de ses amis. Tout
lui échappait à la fois, et il se trouvait seul en
face de la mort, qui allait bientôt l'atteindre à son
tour.

Cependant la colère publique se calma; le peuple
avait essayé d'autres capitaines et d'autres orateurs,
mais il n'en avait trouvé aucun qui eût la force de
porter le poids des affaires dans des circonstances
aussi difficiles. Il regretta Périclès, et il songea à
le rappeler. Ce grand homme était alors renfermé

1. Thucydide, II, 47.
2. Plutarque, *Périclès*. — Diodore de Sicile, XII, 45.

dans sa maison, pleurant les pertes qu'il venait de
faire. Alcibiade et quelques autres amis lui persuadèrent de sortir, et de se montrer dans la ville.
Le peuple l'entoura, et lui demanda pardon de son
ingratitude. Périclès, touché de ces prières, et sans
doute aussi poussé par ce besoin de gouverner qui
n'abandonne jamais de tels hommes, consentit à
rentrer aux affaires. Il fut élu général, et tous les
intérêts de l'État furent remis entre ses mains [1]. Ce
fut alors que pour donner à son fils naturel les
droits de citoyen, il fit casser la loi qu'il avait fait
porter autrefois contre ceux dont la naissance était
illégitime [2]. Par là, il rouvrit la porte aux abus qu'il
avait autrefois réprimés.

Mais, en reprenant le pouvoir, Périclès portait la
mort dans son sein. La peste, qui commençait à
s'amortir, l'avait frappé un des derniers; elle ne
l'avait point foudroyé comme ses premières victimes; mais elle minait insensiblement ses forces.
Comme il était sur le point d'expirer, les amis qui
lui restaient et les principaux citoyens s'étaient ras-
semblés autour de son lit; ils s'entretenaient de la
grande puissance qui lui était échue, de ses talents,
de ses exploits, de ces neuf trophées dont il avait
doté la ville d'Athènes. Ils parlaient ainsi, croyant
qu'il avait déjà perdu tout sentiment, et qu'il ne
pouvait plus rien entendre; mais lui, rompant tout
à coup le silence : « Vous oubliez, leur dit-il, ce

1. Thucydide, II, 65.
2. Plutarque, *Périclès*.

que j'ai fait de plus grand et de plus glorieux : c'est que, pendant tout le temps que j'ai été au pouvoir, je n'ai fait prendre le manteau noir à aucun citoyen [1]. » Paroles admirables, qui prouvent que Périclès avait conservé, dans les hautes régions de la politique, ces sentiments d'humanité qu'on y perd trop souvent !

[1]. Plutarque, *Périclès.*

CHAPITRE VIII.

Comment la démocratie athénienne, si grande et si glorieuse sous Périclès, tomba-t-elle, après lui, dans une corruption intérieure qui devait la livrer à ses ennemis du dehors? C'est ce que Thucydide explique avec sa sagacité ordinaire. La puissance de Périclès reposait sur une supériorité réelle; mais ceux qui lui succédèrent, à peu près égaux entre eux et voulant tous arriver au premier rang, étaient réduits à flatter le peuple et à lui livrer les affaires [1]. Tel était ce Cléon, dont l'opposition turbulente et jalouse avait troublé les dernières années de Périclès; au lieu de diriger le peuple, il se fit son esclave et son bouffon. C'est à lui qu'on attribue d'avoir fait élever le salaire des juges à trois oboles. C'était pour la république une dépense annuelle de cent cinquante talents. Cléon voulait plus encore, si l'on en croit Aristophane : conformément à un ancien oracle, il faisait espérer au peuple qu'un jour, quand les Athéniens auraient conquis le Péloponèse, on rendrait la justice en Arcadie pour cinq oboles [2]. Les orateurs publics recevaient une drachme par jour; les ambassadeurs en recevaient deux ou trois. On distribuait

1. Thucydide, II, 65.
2. Aristophane, *les Chevaliers*, v. 797.

CORRUPTION DE LA DÉMOCRATIE.

aux indigents un salaire particulier, qui paraît
s'être élevé de une à deux oboles. Enfin les spec-
tacles et les fêtes publiques, dont le nombre crois-
sait tous les jours, absorbaient une partie des fonds
destinés aux besoins d'Athènes et à la défense de la
Grèce.

Pour suffire à toutes ces dépenses, les démagogues
n'imaginèrent rien de mieux que d'augmenter la taxe
des alliés, qui avait été fixée par Aristide à quatre
cent soixante talents. Le trésor public de la Grèce
avait ôté transporté de Délos à Athènes; mais Périclès ne paraît pas avoir apporté de grands changements à la quotité des tributs. Le passage de Téléclide que nous avons cité, ne prouve pas que Périclès
ait augmenté ou diminué les tributs, mais seulement
que le peuple lui avait donné le pouvoir de le faire.
Sous son administration, le chiffre total des contributions helléniques s'élevait à peu près à six cents
talents[1]: c'étaient cent quarante talents de plus qu'au
temps d'Aristide. Ce ne fut que plus tard, un peu
avant la paix de Nicias, que les tributs subirent une
augmentation considérable : Alcibiade persuada au
peuple de les élever à douze cents talents. La répartition fut faite d'une manière très-inégale; car le contingent d'un certain nombre de villes resta fixé au
taux qui avait été réglé par Aristide. Plutarque dit
qu'après la mort de Périclès, les démagogues élevèrent peu à peu les tributs jusqu'à treize cents talents, non pour les besoins de la guerre, mais pour

1. Thucydide, II, 13.

la célébration des jeux, pour les distributions d'argent, et autres dépenses qui ne se rapportaient point aux intérêts généraux de la Grèce[1]. Ces nouvelles contributions devinrent si onéreuses, suivant l'orateur Andocide, qu'un grand nombre de Grecs appartenant aux villes alliées quittèrent leur patrie pour se réfugier à Thurium.

Le rêve des Athéniens était de vivre sans travail, aux dépens des alliés. C'est ce qu'exprime naïvement un des personnages d'Aristophane : « Mille villes nous payent le tribut. Que l'on enjoigne à chacune d'elles d'entretenir vingt citoyens, vingt mille hommes seront dans les délices. Ils auront en abondance les mets les plus exquis, et tous les biens qui sont dus aux vainqueurs de Marathon[2]. » Ainsi, les Athéniens réclamaient, non pas le droit au travail, mais le droit de ne rien faire; et les démagogues, qui avaient succédé à Périclès, encourageaient ces folles prétentions dont la comédie a fait justice.

Aristophane, dont les premiers ouvrages ont été représentés au commencement de la guerre du Péloponèse, ne tarit pas sur la bassesse des orateurs populaires. Dans les *Chevaliers*, le peuple, personnifié sous les traits d'un vieillard cacochyme, est entre deux intrigants qui se disputent sa faveur, le corroyeur Cléon, et un charcutier que le poëte appelle Agoracrite. Cléon rappelle au vieux *Démos* qu'il n'a cessé de l'enrichir en dépouillant un grand nombre de ci-

---

1. Plutarque, *Aristide.*
2. Aristophane, *Guêpes*, v. 707 et suiv.

toyens ; Agoracrite lui apporte un coussin, afin de lui rendre plus commode le banc de rameur sur lequel il passe la plus grande partie de sa vie[1].

Dans la même comédie, le charcutier que l'on veut pousser aux affaires pour renverser Cléon, s'excuse sur son origine : « J'en atteste les dieux, je suis un homme de rien. — Donc tu es prédestiné à gouverner la république. — Mais je n'ai pas reçu la moindre éducation, si ce n'est que je sais lire, et encore assez mal. — Ceci pourrait te faire tort de savoir lire, même assez mal. Le gouvernement populaire n'appartient pas aux hommes instruits ou irréprochables, mais aux ignorants et aux infâmes. » Le charcutier se résigne enfin à devenir un homme d'État, et il demande comment il devra s'y prendre pour gouverner : « Rien de plus facile : Tu n'auras qu'à continuer ton métier. Brouille les affaires de la même façon que tu mêles tes hachis ; aie soin de gagner le peuple par un agréable assaisonnement de louanges à son adresse. Tu possèdes ce qu'il faut pour entraîner la multitude, la voix tonnante, l'esprit pervers, un aplomb imperturbable : tu as toutes les qualités nécessaires pour le gouvernement[2]. »

Sans doute il ne faut pas prendre à la lettre toutes les paroles d'Aristophane. Il faisait son métier de poëte comique en exagérant le tableau qu'il voulait peindre ; il appartenait d'ailleurs au parti aristocra-

1. Aristophane, *les Chevaliers*, v. 770 et suiv.
2. Aristophane, *les Chevaliers*, v. 213 et suiv.

tique, et de plus il était poussé contre Cléon par des ressentiments personnels. Après la représentation des *Babyloniens*, l'une de ses premières comédies, Cléon l'avait accusé devant le sénat d'avoir livré le peuple à la risée des étrangers. Mais, tout en faisant une part à l'imagination du poëte et aux rancunes du citoyen, nous ne pouvons douter qu'il n'y ait du vrai au fond de ces piquantes épigrammes; et ce qui le prouve, c'est que l'histoire est souvent d'accord avec la comédie. Thucydide attribue à Cléon lui-même des paroles qui confirment le témoignage d'Aristophane : un jour, en parlant au peuple, il soutenait cette thèse qu'en général les hommes les plus ordinaires gouvernent mieux les États que les plus habiles[1].

Si l'on récuse l'historien de la guerre du Péloponèse sous prétexte qu'il était lui-même du parti aristocratique, nous répondrons que des historiens qui ont écrit plusieurs siècles après les événements, Diodore et Plutarque, n'ont pas porté sur Cléon un jugement plus favorable que Thucydide. Le peuple, dit Plutarque, passait tout à son favori : un jour on attendait Cléon dans l'assemblée, où il devait faire une proposition importante; après s'être fait long-temps attendre, il paraît enfin; il dit qu'ayant invité quelques amis à sa table, il n'a pas le temps, pour ce jour-là, de s'occuper d'affaires. Et le peuple, se prenant à rire, remet la discussion à un autre jour[2].

1. Thucydide, III, 37.
2. Plutarque, *Nicias*.

Quand le parti populaire, dirigé par de tels chefs, était prêt à se porter aux derniers excès, le parti aristocratique, si effacé à la fin de la carrière de Périclès, ne pouvait tarder à se réveiller et à redescendre dans l'arène. Le nouveau chef de ce parti, Nicias, n'était pas inconnu du vivant même de Périclès. Ce n'était pas un grand talent, mais un caractère grave et honorable; il avait presque toutes les qualités opposées aux vices de Cléon : droit, circonspect, désintéressé, magnifique dans les fêtes qu'il donnait au peuple, il parvint quelquefois à balancer la popularité des démagogues. Un jour, au théâtre, dans un chœur de tragédie dont il faisait les frais, on vit passer un jeune esclave d'une éclatante beauté, dans le costume de Bacchus. Les Athéniens applaudirent avec transport ; alors Nicias se leva, et dit qu'il croirait commettre une impiété s'il retenait dans la servitude un esclave que les acclamations populaires avaient comme consacré à un dieu; et sur-le-champ il mit le jeune homme en liberté[1].

Fidèle à ses devoirs jusqu'au scrupule, Nicias payait bravement de sa personne à la guerre. A Athènes, quand il était archonte, il arrivait le premier au conseil, et il en sortait le dernier; mais, quand aucune affaire publique ne l'appelait au dehors, il se tenait renfermé dans sa maison, et n'ouvrait sa porte qu'à ses amis particuliers. Il ne craignait rien tant que les délateurs, ou ce qu'on appelait à Athènes les *sycophantes*, et il ne paraissait qu'en

1. Plutarque, *Nicias*.

tremblant devant l'assemblée du peuple. La plus
grande partie de son bien consistait en argent comptant; aussi, dit Plutarque, quand il se montrait en
public, il était toujours escorté par une foule de de-
mandeurs, et il donnait indistinctement aux bons et
aux méchants. Les poëtes comiques, tout en rendant
justice à son honnêteté, se moquaient de sa faiblesse.
Eupolis, dans une pièce intitulée *Maricas*, dont il
ne reste que des fragments, avait introduit un sycophante qui s'entretenait ainsi avec un homme simple
et crédule : « Dis-moi, bonhomme, quand as-tu vu
Nicias? — Je ne l'ai jamais vu qu'avant-hier; je le
rencontrai un moment sur la place. — Entendez-
vous? reprend le calomniateur; cet homme confesse
qu'il a vu Nicias. Pourquoi l'aurait-il vu, si ce n'est
pour avoir de lui de l'argent et pour lui vendre son
suffrage? Camarades, vous en êtes témoins : nous
avons pris Nicias en flagrant délit[1]. » Un des personnages des *Chevaliers* dit d'un ton menaçant : « Je
prendrai à la gorge les délateurs, et j'épouvanterai
Nicias. » Le poëte Phrynicus, voulant faire l'éloge
d'un certain citoyen, dit qu'il passait pour très-honnête homme, mais qu'il ne marchait pas dans les
rues le cœur transi comme Nicias[2].

La timidité de Nicias était aussi funeste à la république que la turbulence de Cléon. L'année de la
mort de Périclès, les Athéniens s'étaient emparés de
Potidée, après un siége de trois ans; mais les Lacé-

1. Eupolis, cité par Plutarque, *Nicias*.
2. Phrynicus, cité par Plutarque, *Nicias*.

démoniens avaient fait une nouvelle invasion dans la Grèce centrale, et étaient venus mettre le siége devant Platée. Athènes craignait de voir ses alliés lui échapper. Lesbos donna le signal de la défection (428); mais la capitale de l'île, Mitylène, fut reprise, et le sort de la ville rebelle fut agité dans l'*Agora*. La majorité, poussée par Cléon, fut impitoyable. La peine de mort fut prononcée contre les Mityléniens parvenus à l'âge d'homme; les femmes et les enfants devaient être réduits en esclavage. Le lendemain, une nouvelle assemblée cassa ce fatal décret : on fit grâce à la population de Mitylène; mais ceux qui avaient été envoyés à Athènes comme les principaux auteurs du mouvement, furent mis à mort. Ils étaient plus de mille : Cléon trouva que c'était trop peu de sang. On abattit les murailles de Mitylène, on saisit ses vaisseaux ; et, dans la suite, au lieu d'imposer un tribut aux habitants de Lesbos, on divisa leurs terres en trois mille lots. Il n'y eut d'exception que pour la ville de Méthymne, qui était restée fidèle. Trois cents de ces lots furent consacrés aux dieux ; les autres furent partagés par le sort entre des citoyens d'Athènes qui vinrent en prendre possession ; les Lesbiens les prirent à ferme, moyennant deux mines par lot. Les Athéniens soumirent aussi les villes que les Mityléniens possédaient sur la côte d'Asie [1]. Le parti démocratique voulait contenir les alliés par la terreur.

---

1. Thucydide, III, 3 et suiv.

Bientôt Platée tomba au pouvoir des Spartiates, et cette ville expia, par une ruine complète, le crime d'avoir été l'alliée d'Athènes pendant quatre-vingt-treize ans (427). Ce fut alors que, selon l'expression de Thucydide, la Grèce presque tout entière fut ébranlée jusque dans ses fondements. Partout régnait la discorde; partout le parti populaire appelait les Athéniens, et le parti contraire les Lacédémoniens. Les chefs des deux factions feignaient de ne consulter que le bien de la patrie : ils prétendaient établir, les uns l'égalité politique, les autres une aristocratie modérée; mais au fond l'ambition et la cupidité étaient leurs seuls mobiles. L'historien qui a décrit avec une si effrayante énergie la peste d'Athènes, peint avec une égale vérité cette contagion morale qui avait infecté les esprits. « Dans l'ardeur de la lutte, tous les moyens étaient bons pour triompher d'un ennemi. Vainqueur, on ne mesurait la peine dont on frappait le vaincu, ni à la justice, ni à l'intérêt public; on ne consultait que sa passion et son caprice.... Être le premier à faire du mal à ceux de qui l'on pouvait en attendre, c'était mériter des éloges; on n'en méritait pas moins quand on savait exciter à nuire celui qui n'y songeait pas. On préférait à ses parents les hommes de son parti, comme plus prêts à tout oser[1]. »

Ce n'était pas la guerre du Péloponèse qui avait allumé en Grèce ces haines politiques; mais elle leur

1. Thucydide, III, 82 et suiv.

avait donné un nouvel aliment. Thucydide remarque avec raison que, pendant la paix et dans une situation heureuse et tranquille, les plus mauvais instincts sont assoupis dans le cœur de l'homme, parce qu'on n'a pas à souffrir de dures nécessités ; mais la guerre, en détruisant l'aisance habituelle de la vie, inspire les passions violentes, et rend conformes à l'âpreté des temps les mœurs de la plupart des citoyens. Dans tous les États, il n'y avait plus de place que pour les partis extrêmes ; partout les citoyens modérés étaient victimes des deux factions contraires. Un autre inconvénient de cette guerre qui bouleversait toute la Grèce, c'était de l'exposer sans défense aux entreprises de ses ennemis, soit aux attaques des Perses qui avaient tant de défaites à venger, soit aux intrigues de ce peuple demi-grec, demi-barbare qu'on appelait les Macédoniens, et qui épiait déjà l'occasion d'intervenir dans les affaires helléniques.

En présence de ces malheurs et de ces dangers, les plus sages des Athéniens inclinaient vers la paix ; mais le parti démocratique les dénonçait comme traîtres, et voulait la prolongation de la lutte. La sixième année de la guerre (426), après la victoire de Démosthène dans la rade de Pylos, Lacédémone demanda la paix, pour sauver les quatre cent vingt Spartiates renfermés dans l'île de Sphactérie. Cléon fit repousser ces propositions ; l'armistice qui avait été conclu après la bataille fut rompu, et les Athéniens firent le blocus de Sphactérie. L'année suivante, comme le peuple se plaignait des len-

teurs de l'opération et des souffrances qu'endurait
l'armée, Cléon dit qu'au lieu de garder les côtes
de Sphactérie, il fallait entrer dans l'île et prendre les Spartiates de vive force. Puis, attaquant
indirectement Nicias, qui était alors stratége, il
dit qu'avec la flotte qui était appareillée, il serait
facile aux généraux, s'ils étaient gens de cœur,
d'aller prendre les hommes qui étaient dans l'île,
et que lui-même le ferait s'il avait le commandement[1].

Le peuple fit entendre quelques murmures contre
Cléon, et demanda pourquoi il ne partait pas à
l'instant, puisque la chose lui semblait si facile,
Nicias, se sentant attaqué, dit à Cléon qu'il
n'avait qu'à prendre ce qu'il voudrait de troupes,
et à se charger de l'entreprise. Cléon crut d'abord
qu'on ne lui parlait pas sérieusement, et répondit
qu'il était tout prêt; mais quand il vit que Nicias
voulait tout de bon lui céder le commandement, il
hésita, et dit que ce n'était pas lui, mais Nicias, qui
était général. Celui-ci déclara qu'il résignait ses
fonctions. Cléon, ne pouvant plus reculer, accepta le
commandement de l'expédition, et déclara qu'il ne
lui fallait que vingt jours pour amener à Athènes
tous les Spartiates qui étaient dans l'île de Sphactérie, ou pour les laisser morts sur la place. « On
rit de cette jactance, dit Thucydide, et les honnêtes gens se réjouissaient de voir que de deux
biens il y en avait un d'assuré : ou l'on serait déli-

1. Thucydide, IV, 27 et suiv.

vré de Cléon, et c'était la chance la plus heureuse ; ou, si l'on était trompé dans cette espérance, du moins l'on aurait en son pouvoir les Spartiates de Sphactérie. »

L'affaire tourna à l'honneur de Cléon. Dans les vingt jours, les prisonniers furent amenés à Athènes, comme il l'avait promis. Il avait été secondé, dans son expédition, par l'habileté de Démosthène, et par un incendie qui était venu fort à propos débarrasser l'île des bois dont elle était couverte. Le peuple porta Cléon jusqu'aux nues, et lui attribua toute la gloire de la guerre. Mais les poëtes comiques, selon leur usage, poursuivaient le triomphateur. Aristophane fit représenter sa comédie des *Chevaliers* aux fêtes de Bacchus ; environ sept mois après la prise de Sphactérie. Dans cette comédie, Démosthène et Nicias, dont l'auteur a fait deux esclaves du peuple, se plaignent d'un de leurs camarades (c'est Cléon qu'ils veulent désigner), qui, à force de bassesses, s'est emparé de la faveur du maître : « Ce misérable, dit Démosthène, connaissant l'humeur du bonhomme, se mit à faire le chien couchant, à flatter son maître, à le choyer, à le caresser, à l'enlacer dans ses réseaux de cuir, en lui disant : O peuple, c'est assez d'avoir jugé une affaire : vas au bain, prends un morceau, bois, mange, reçois les trois oboles. Veux-tu que je te serve à souper? puis il s'empare de ce que nous avons apporté, et il l'offre généreusement à son maître. Dernièrement j'avais préparé, à Pylos, un gâteau lacédémonien; il vint à bout, par ses ruses

et par ses détours, de me l'escamoter et de l'offrir
à ma place [1]. »

Mais la comédie avait beau dire : Athènes était à
genoux devant son idole. Aucun comédien n'avait
voulu se charger du rôle de Cléon, et ce fut Aristophane lui-même qui représenta ce personnage. Il
n'avait même pu trouver un ouvrier qui consentît à
lui faire un masque ressemblant au visage du démagogue [2]. Le peuple croyait aux talents militaires de
Cléon, comme à son génie politique. Depuis la
victoire de Sphactérie, il n'était plus question de la
paix; on ne parlait plus que de pousser la guerre
jusqu'à la ruine de Sparte et à l'établissement défi-
nitif de la domination athénienne.

1. Aristophane, *les Chevaliers*, v. 46 et suiv.
2. Aristophane, traduit par M. Artaud, sujet de la comédie
des *Chevaliers*.

CHAPITRE IX,

Chez les Lacédémoniens, dit Platon, c'était une maxime inviolable qu'il ne fallait point toucher aux lois établies [1]. A Athènes, au contraire, on se faisait un jeu de tout remettre en question, et de modifier sans cesse la constitution de l'État. Agir ainsi, c'était préparer de loin la ruine de la république; car, selon la remarque de Thucydide, un État se soutient mieux avec des lois imparfaites mais consacrées par le temps, qu'avec de bonnes lois qui ne durent point. L'historien appelle spirituellement les Athéniens *des spectateurs de discours et des auditeurs d'actions;* c'est-à-dire qu'ils vont à l'*Agora* comme au théâtre, pour assister à un spectacle, qu'ils n'en croient que les belles paroles de leurs orateurs, et qu'ils ne tiennent aucun compte des réalités qui les entourent [2].

Au milieu de cette mobilité perpétuelle qui ne fondait rien ou qui ne fondait que pour détruire, les mœurs anciennes s'étaient gravement altérées. Les grossièretés dont fourmille Aristophane montrent à quel point s'était émoussé le sentiment de la

1. Platon, *Hippias.*
2. Thucydide, III, 38.

pudeur publique. Les institutions religieuses, exté-
rieurement respectées, étaient frappées d'impuissance. Ce n'étaient plus que des formes tradition-
nelles dont le sens était perdu, et qui n'imposaient
aux passions individuelles ni retenue, ni sacrifice.
Certains personnages d'Aristophane nient les dieux
ou les insultent. Dans *les Chevaliers*, un des esclaves
du peuple dit à son compagnon : « Ce que nous au-
rions de mieux à faire dans les circonstances ac-
tuelles, ce serait de nous prosterner devant les
statues des dieux. — Des statues ! quelles statues ?
est-ce que tu crois vraiment qu'il y a des dieux ? —
Sans doute. — Sur quelles preuves ? — Parce qu'ils
me persécutent [1]. »

Depuis qu'Athènes s'était enrichie par ses armes
et par son commerce, la plupart des citoyens étaient
devenus avares envers leurs dieux. Quand il faudrait
sacrifier, dit un poëte, vous êtes occupés à donner
la question ou à rendre la justice [2]. A la fin du *Plutus*,
le prêtre de Jupiter Sauveur se plaint de mourir
de faim : « Bons dieux ! lui dit Chrémyle, quelle
peut en être la cause ? — Personne ne veut plus
sacrifier. — Et pourquoi ? — Parce que tout le
monde est riche. Du temps qu'ils étaient pauvres, si
un marchand avait échappé au péril de la mer, si
un accusé était absous, il immolait des victimes. On
faisait de pompeux sacrifices, dont le prêtre avait sa
part. Mais aujourd'hui personne ne sacrifie ; per-

1. Aristophane, *les Chevaliers*, v. 30 et suiv.
2. Aristophane, *les Nuées*, v. 620.

sonne ne vient dans le temple, si ce n'est pour le souiller[1]. »

Les chefs du parti aristocratique conservaient plus fidèlement la tradition des pratiques religieuses. Nicias, par exemple, avait fait hommage aux dieux d'une partie de sa fortune. Plutarque parle d'une statue de Pallas qu'il avait dédiée dans l'Acropole, et d'une chapelle qu'il avait consacrée dans le temple de Bacchus. On avait gardé le souvenir de sa magnificence dans une *théorie* qu'il avait conduite à Délos. Après le sacrifice, les jeux et les festins, il consacra au dieu un palmier de bronze, et il acheta pour dix mille drachmes de terres qu'il donna au temple. Quoiqu'il entre toujours un peu de vanité et d'ostentation dans de tels actes, il n'y a point lieu de suspecter la sincérité de Nicias : il était réellement attaché à la religion de son pays. Mais il faut convenir, avec Thucydide, que sa piété était peu éclairée et allait jusqu'à la superstition, comme il le prouva plus tard pendant l'expédition de Sicile : effrayé par une éclipse de lune, il arrêta la retraite des Athéniens pendant *trois fois neuf jours*, selon le conseil des devins, et par là il perdit l'armée[2]. On lisait dans les dialogues de Pasiphon, cités par Plutarque, que Nicias sacrifiait tous les jours, et qu'il avait dans sa maison un devin à ses gages : il le consultait sur les affaires publiques, et plus souvent encore sur ses propres affaires, principalement sur ces belles mines

1. Aristophane, *Plutus*, v. 1182 et suiv.
2. Thucydide, VII, 50. — Plutarque, *Nicias*.

d'argent qu'il possédait dans le bourg de Laurium ;
il en tirait un grand profit, non sans risquer la vie
des nombreux esclaves qu'il employait à les exploiter[1].

Entre l'indifférence ou l'incrédulité du plus grand
nombre et la piété superstitieuse de quelques-uns,
qui pouvait ramener les âmes au véritable sentiment
religieux ? Ce n'était pas le culte officiel, qui ne
s'adressait qu'aux sens. Les mystères mêmes n'ensei-
gnaient aux initiés qu'à mépriser en secret la religion
qu'ils honoraient en public. Il y avait à Athènes
quelques hommes à la parole facile, à l'esprit subtil
et hardi, qui prétendaient révéler l'origine, le développement et la dissolution de toute chose, la nature
des éléments, les causes des phénomènes, l'essence
de l'âme humaine et sa destinée. Le fils de Sophronisque, qui avait quitté l'art paternel pour se livrer
à la philosophie, se laissa d'abord prendre, comme
les autres, à ces belles promesses. Socrate avoue,
dans le *Phédon*, que dans sa jeunesse il s'était livré,
avec une véritable passion, à ces spéculations phy-
siques et cosmogoniques que les sophistes avaient
mises à la mode. Mais il ne tarda point à reconnaître
tout ce qu'il y avait de ténèbres et de mensonges
dans cette prétendue science universelle[2]. Il laissa de
côté la recherche des phénomènes extérieurs, et,
marchant dans les voies ouvertes par Anaxagore, il
étudia l'intelligence ; il apprit à se connaître lui-
même ; il s'éleva jusqu'à l'idée de la Providence, et,

1. Plutarque, *Nicias.*
2. Platon, *Phédon.*

après avoir commencé par écouter les sophistes, il s'en sépara, en donnant à son enseignement une forme plus modeste et plus pratique.

Socrate enseignait par son exemple, aussi bien que par sa parole, tous les devoirs de la vie publique et de la vie privée. Il ne craignait pas de blâmer hautement les vices du gouvernement athénien, tel que l'usage de tirer les magistrats au sort : « N'est-ce pas folie, disait-il, qu'une fève désigne les chefs de la république, tandis que l'on ne tire au sort ni un pilote, ni un architecte, ni un joueur de flûte, ni tant d'autres dont les fautes sont bien moins dangereuses que celles des magistrats[1]. » Dans la guerre, qui est une école de philosophie pratique, Socrate s'était montré, plus que tous les autres, brave, dévoué, endurci aux fatigues et aux privations. Il s'était surtout signalé dans l'expédition contre Potidée : c'est un hommage que lui rend Alcibiade dans le *Banquet* de Platon. Quelques années plus tard, Socrate reparut glorieusement à la bataille de Délium, où il sauva les jours de Xénophon. Le général athénien Lachès avoua depuis qu'il aurait pu compter sur la victoire, si tout le monde s'était comporté comme Socrate[2].

Malgré tant de courage et de patriotisme, malgré la supériorité d'intelligence qui éclatait à chaque instant dans ses entretiens familiers, Socrate n'était pas populaire à Athènes. Le peuple lui reprochait de ne

1. Xénophon, *Entretiens de Socrate*, I, 2.
2. Platon, *Banquet*.

paraître presque jamais dans l'Assemblée, de ne prendre part à aucune intrigue, et de condamner ouvertement certains défauts de la démocratie athénienne. Quant au parti aristocratique, il accusait le philosophe d'attaquer le culte public, dont l'existence était liée à celle de l'État. Aristophane, qui appartenait à ce dernier parti, et qui défendait à sa manière les anciennes lois et les anciennes traditions, fit représenter sa comédie des *Nuées* la première année de la 89ᵉ olympiade (l'an 424 avant J. C.). C'était l'année même de la bataille de Délium. Le poëte confond Socrate avec ces sophistes qui réduisaient la religion à la physique; il le représente guindé dans un panier, au plus haut des airs, pour contempler les astres de plus près, et pour mêler à l'air le plus subtil la subtilité de ses pensées : « Souverain maître, dit Socrate, air immense, qui enveloppes la terre de toutes parts, lumineux éther, et vous, vénérables déesses, Nuées, mères de la foudre et du tonnerre, levez-vous; ô reines, apparaissez au philosophe[1]. » Le chœur des Nuées répond à l'appel de Socrate. « Voilà, dit-il, les seules divinités qu'il y ait au monde; tout le reste n'est que niaiserie. — Mais, dit Strepsiade, Jupiter Olympien n'est-il pas dieu aussi? — Quel Jupiter? tu te moques. Il n'y a pas de Jupiter;... promets moi de ne reconnaître désormais d'autres dieux que les nôtres : le chaos, les nuées et la langue, voilà nos trois dieux[2]. » Ces divi-

1. Aristophane, *les Nuées*, v. 264 et suiv.
2. Aristophane, *les Nuées*, v. 365 et suiv.

nités nouvelles couvrent de leur toute-puissante protection ceux qui se livrent à leurs ministres, c'est-
à-dire aux philosophes. Elles donnent à l'homme
l'audace et la ruse, l'esprit et l'éloquence, en un
mot, tout ce qui peut conduire à la puissance et au
bien-être. Il n'y a plus désormais ni devoir, ni droit
sur la terre : tout appartient au plus habile et au plus
fort.

Il y a, dans *les Nuées*, une scène hardie où le
poëte laisse voir toute la profondeur de son mépris pour ce peuple qu'il amuse de ses sarcasmes.
Le juste et l'injuste sont personnifiés, et représentent les deux systèmes d'éducation qui se disputent
la jeunesse athénienne. Le Juste rappelle l'éducation
antique, qui apprenait au jeune homme à haïr les
procès, à rougir des choses déshonnêtes, à se lever
devant les vieillards, à ne donner aucun chagrin à
ses parents et à ne rien faire de honteux. L'Injuste
traite ces maximes de vieilleries, et défend le système moderne qui laisse à la jeunesse la liberté de
ses passions et de ses caprices. Il lui recommande
de parler à tort et à travers, et de se défier de la
modestie, qui n'a jamais profité à personne. Il promet
surtout à ses disciples de les armer d'une logique
irrésistible, avec laquelle ils pourront nier jusqu'à
l'évidence. Enfin, à bout d'arguments, il en appelle
au nombre de ses adhérents : partout les infâmes
sont en majorité[1].

Le bonhomme Strepsiade, que son fils a ruiné,

---

1. Aristophane, *les Nuées*, v. 889 et suiv.

vient, malgré ses cheveux blancs, se faire instruire
à la nouvelle école. Il ne demande qu'à échapper à
ses créanciers, et à mettre de son côté l'apparence
du bon droit. On lui enseigne l'art, non-seulement
de ne pas payer ses dettes, mais de prouver qu'il ne
doit rien. Strepsiade, pour le mieux prouver, va jusqu'à battre ses créanciers. Le vieillard est en extase
devant les maîtres qui lui en ont tant appris, et il jure
de ne plus adorer que les dieux de Socrate, ces dieux
qui rendent la vie si facile et si heureuse. Mais son
âge avancé, sa mémoire un peu dure l'empêchent de
pénétrer complétement les mystères de la science
nouvelle. Il fait initier son fils Phidippide. Le jeune
homme saisit tout avec une merveilleuse intelligence;
en peu de temps il fait de tels progrès, qu'il finit par
battre son père, et il lui prouve qu'il a bien fait de le
battre. Alors Strepsiade accuse les Nuées de son malheur; il demande pardon aux dieux de les avoir
abandonnés; il prend une torche, et met le feu à la
maison des sophistes. « Mais tu vas nous faire périr,
s'écrient Socrate et ses disciples. — Tant mieux, dit
Strepsiade, ils ont bien des crimes à expier; mais le
plus grand de tous, c'est celui de s'être joués des
dieux de leur pays [1]. »

Telle est cette singulière comédie, qu'on a regardée
comme le prélude du procès de Socrate. L'esprit qui
inspira l'ouvrage est, en effet, la défense des anciennes institutions religieuses auxquelles Socrate fut
immolé. Mais peut-on dire que le poète était d'accord

1. Aristophane, *les Nuées*, v. 1499 et suiv.

avec ceux qui, plus tard, ont porté l'accusation devant le peuple ? C'était l'opinion de quelques anciens : Ælien et Diogène de Laërte ont prétendu que c'étaient Mélitus et Anytus qui avaient excité. Aristophane contre Socrate. Mais la critique moderne a très-bien prouvé que cette assertion n'a aucune espèce de fondement. Socrate n'est mort qu'en 399 : il y a donc un intervalle de vingt-quatre ans entre la représentation des *Nuées* et la condamnation du philosophe. Mélitus était encore un jeune homme à l'époque du procès. Rien ne prouve, d'ailleurs, que le poëte comique, en attaquant les doctrines de Socrate, ait été animé contre lui par une haine personnelle. Platon a éloigné d'Aristophane un tel soupçon, en l'introduisant dans son *Banquet* à côté des amis intimes de son maître : un des interlocuteurs cite, en plaisantant, un passage des *Nuées*[1].

Il ne faut point croire non plus, quoi qu'en ait dit Ælien, que la pièce ait réussi lorsqu'elle fut représentée devant le peuple ; elle fut, au contraire, très-mal accueillie. Les deux poëtes qui disputaient le prix à Aristophane, Cratinus et Amipsias, lui furent préférés. Cet échec nous est attesté par un témoin irrécusable, par l'auteur lui-même : « Connaissant vos lumières, et persuadé que cette pièce, travaillée par moi avec tant de soin, était la meilleure de mes comédies, je crus devoir la soumettre une première fois à vos suf-

1. Fréret, *Observations sur les causes et sur quelques circonstances de la condamnation de Socrate*, Mémoires de l'ancienne Académie des inscriptions, t. XLVII. — M. Cousin, *Traduction de Platon*, t. VI, p. 485 et suiv.

frages : cependant je fus vaincu par d'indignes rivaux [1] ». Le poëte retoucha son ouvrage, et le ré-
digea tel qu'il nous est parvenu ; mais c'est une
question de savoir si cette seconde édition a jamais
été représentée [2].

Aristophane n'est pas le seul poëte qui ait joué
Socrate sur le théâtre : Eupolis et Amipsias l'ont attaqué de la même manière. Le philosophe n'en était
point ému : « Je dois me corriger, disait-il, si les reproches de ces auteurs sont fondés ; s'ils ne le sont
pas, je dois les mépriser [3]. » Et sa conduite confirma
ces paroles : depuis la représentation des *Nuées*, il
marcha, d'un pas plus ferme que jamais, dans la
voie de la justice et de la vérité.

1. Aristophane, *les Nuées*, v. 521 et suiv.
2. M. Egger, *De la deuxième édition des Nuées d'Aristophane.*
3. Sénèque, *de la Constance du sage*, chap. 18.

CHAPITRE X

Depuis la bataille de Délium, la guerre avait tourné à l'avantage des Lacédémoniens. L'alliance du roi de Macédoine, Perdiccas, les fit triompher sur les côtes de la Thrace, et Brasidas s'empara d'Amphipolis. Découragés par ces échecs, les Athéniens consentirent à conclure une trêve d'une année avec les Spartiates, et leur rendirent les prisonniers de Sphactérie. Bientôt la paix fut conclue pour cinquante ans, après la mort de Cléon et de Brasidas, qui périrent tous deux sous les murs d'Amphipolis (422). « C'étaient ces deux hommes, dit Thucydide, qui s'étaient le plus opposés à la paix : l'un parce que la guerre était la source de ses prospérités et de sa gloire ; l'autre, parce qu'il sentait qu'en temps de paix il perdrait son crédit sur le peuple, et qu'on verrait à nu tout son néant[1]. » Mais quand ils ne furent plus, Nicias, chef du parti aristocratique d'Athènes, et Plistoanax, fils de Pausanias, roi de Lacédémone, travaillèrent avec ardeur à hâter la conclusion du traité.

Cette paix, ou plutôt cette trêve, à laquelle l'histoire a attaché le nom de Nicias, se proposait de

1. Thucydide, V, 16.

rétablir la fraternité entre les peuples grecs. « Chacun pourra, suivant les anciens usages, offrir des
sacrifices dans les temples qui sont communs à tous
les Grecs. Le terrain de Delphes, consacré à Apollon,
le temple qui y est bâti, la ville enfin et tout son
territoire sont libres et exempts de tout tribut. Les
deux partis doivent se restituer mutuellement leurs
conquêtes et leurs prisonniers. Ainsi Athènes rentrera
en possession d'Amphipolis. Toutes les villes conser-
veront leurs propres lois, et payeront le tribut auquel elles étaient assujetties du temps d'Aristide[1]. »

L'auteur des *Nuées* chanta la trêve que ses amis
avaient donnée à la Grèce. Dans la comédie de *la
Paix*, représentée en 420, Aristophane suppose
qu'un vigneron, nommé Trygée, escalade le ciel
sur un escarbot, pour demander à Jupiter la cause
des maux dont la Grèce est accablée. Mercure seul
était chargé de garder la demeure divine ; tous les
immortels s'étaient retirés dans l'endroit le plus re-
culé des cieux, pour ne plus voir les combats des
Grecs, et ne plus entendre leurs supplications. Trygée est d'abord fort mal reçu. Cependant Mercure,
qui n'est pas le plus incorruptible des dieux, se laisse
gagner par les bons morceaux qu'on lui offre, et
prête son appui au vigneron : il lui montre la Guerre
en personne, se préparant à broyer les villes grecques dans un mortier d'une grandeur effroyable.
Comme Trygée demande des nouvelles de la Paix,
Mercure lui apprend que la Guerre l'a plongée au

---

1. Thucydide, V, 18.

fond d'une caverne dont l'entrée est obstruée par des
pierres énormes. Le vigneron veut lui rendre la liberté : il appelle à son aide des citoyens des différentes
villes ; et tous de se mettre à l'œuvre, pour délivrer la
prisonnière. « Allons, dit le chœur, faites jouer les
leviers et tirez les pierres. Courage ! » Mais tous ne
tirent pas également. Il y a là de piquantes allusions
à la conduite équivoque de certains peuples grecs
pendant la guerre du Péloponèse. « Agissez donc de
concert, dit Trygée ; ils font semblant de tirer ! Vous
vous en repentirez, Béotiens.... — Ces Argiens ne tirent pas non plus, dit Mercure ; ce n'est pas d'aujourd'hui qu'ils se rient de nos misères, et ils savent
fort bien tirer des subsides des deux partis. » Les
Lacédémoniens y vont de tout cœur ; mais les Mégariens n'avancent pas : ils sont exténués par la famine à laquelle la guerre les a réduits. Les Athéniens
tirent de travers, car ils ne sont occupés que de procès. « Allons, s'écrie le chœur, c'est à nous autres
laboureurs à exécuter seuls ce projet. » Et un vigou-
reux effort débarrasse l'entrée de la caverne. Trygée
le déclare hautement : « Ce sont les laboureurs seuls
qui ont fait tout l'ouvrage [1]. » La Paix sort de sa
prison ; l'Abondance et les Fêtes l'accompagnent,
sous les noms d'*Opora* et de *Theoria*. Tout le monde
se réjouit, excepté les marchands d'aigrettes, de cui-
rasses, de casques et de javelots, qui se plaignent
qu'on les a ruinés. Cette comédie, dans sa forme
originale et allégorique, confirme ce que l'histoire

---

1. Aristophane, *la Paix*, v. 458 et suiv.

nous apprend, que les matelots athéniens et tout le parti démocratique voulaient la continuation de la guerre, et que ce fut le parti agricole ou aristocratique qui fit conclure la trêve de Nicias.

. La mort de Cléon avait rendu la force aux principaux citoyens. Le peuple avait été réduit à prendre pour chef un des hommes les plus décriés d'Athènes, Hyperbolus, qu'Aristophane avait déjà attaqué dans *les Chevaliers*; et contre lequel Eupolis composa une comédie intitulée *Maricas*. Mais Alcibiade commençait à paraître : neveu de Périclès, sa place était marquée à la tête du parti démocratique. Son premier acte politique fut singulièrement agréable à la multitude[1]. Passant un jour sur la place, il vit le peuple assemblé qui faisait grand bruit ; il en demanda la cause, et, comme on lui répondit que c'était une distribution de deniers, il s'avança au milieu de la foule, et distribua, de son côté, tout ce qu'il avait d'argent. Le peuple applaudit avec transport à cette libéralité inattendue, et Alcibiade en éprouva tant de plaisir, qu'il laissa échapper une caille qui était cachée sous son manteau[2]. Les Athéniens se mirent à crier encore plus fort ; chacun courut après l'oiseau fugitif. Un patron de navire, nommé Antiochus, parvint à le saisir, le rendit à son maître, et depuis ce jour resta l'ami d'Alcibiade.

Quand le fils de Clinias parla devant le peuple, la

1. Plutarque, *Alcibiade.*

2. C'était la mode, parmi les jeunes Athéniens, de nourrir des cailles, comme l'atteste un passage d'Eupolis, cité par Athénée. Dans Platon, Socrate, donnant des leçons de politique

grâce de ses manières et de ses discours lui gagna
bien des suffrages. Démosthène dit qu'Alcibiade
était le plus éloquent des orateurs de son temps [1].
Selon Théophraste, c'était l'homme du monde qui
avait le plus de ressources dans l'esprit, mais il avait
de la peine à trouver le mot propre ; il hésitait souvent, et s'arrêtait au milieu de son discours ; ou bien
il répétait les derniers mots, cherchant laborieuse-
ment la fin de sa phrase. Malgré sa jeunesse, il devint bientôt tout-puissant. Il n'y avait que deux orateurs qui fussent capables de balancer son crédit :
Nicias, qui avait repris quelque autorité depuis la
mort de Cléon, et un certain Phæax, qui commençait, comme Alcibiade, à entrer dans les affaires. Ce
dernier était issu de parents très-nobles, et appartenait sans doute au parti aristocratique. Il était plus
propre à persuader dans une conversation particulière qu'à soutenir de grands combats dans les assemblées publiques : c'était, dit Eupolis, un conteur
agréable, mais non pas un orateur [2].

Hyperbolus régnait sur la partie infime du peuple,
et ne se se servait de son crédit que pour abaisser
les meilleurs citoyens. A son instigation, l'Assemblée
allait décerner le ban de l'ostracisme contre l'un des
trois hommes les plus influents, Phæax, Nicias ou
Alcibiade. Celui-ci réunit les factions les plus opposées, et, par cette habile coalition, fit tomber l'ar-

à Alcibiade, lui dit : « Vous n'avez qu'à surpasser un Midias, si
habile à nourrir des cailles. »

1. Démosthène, *Discours contre Midias.*
2. Eupolis, cité par Plutarque, *Alcibiade.*

rêt sur Hyperbolus. Pour un pareil homme, c'était un honneur d'être ainsi banni. Platon, le poète comique, dit en rappelant l'exil d'Hyperbolus : « Il méritait sans doute d'être chassé d'Athènes à cause de ses mœurs et de ses actions infâmes ; mais sa personne est trop vile, ses flétrissures sont trop marquées pour un si noble châtiment, et ce n'est pas pour de telles gens qu'on a inventé l'ostracisme[1]. » Aussi, à dater de cette époque, l'ostracisme fut regardé comme souillé, et tomba en désuétude.

Mais, à défaut de l'ostracisme, n'avait-on pas les tribunaux ordinaires pour condamner les citoyens qui déplaisaient ? « O Athéniens, dit Aristophane, tout est pour vous tyrannie et conspiration. Pendant cinquante ans, ce mot de tyrannie n'avait pas frappé mes oreilles ; aujourd'hui il est plus commun que le poisson salé ; il retentit dans tous les coins du marché. Que l'un achète des orphes et dédaigne les membrades, le marchand de membrades crie aussitôt : La table de cet homme-là sent furieusement la tyrannie. Qu'un autre demande du poireau pour assaisonner des anchois, la marchande le regarde de travers et lui dit : Tu demandes du poireau, est-ce que tu vises à la tyrannie[2] ? » Théophraste dit que si l'on se trouvait dans l'Assemblée à côté d'un homme sale et mal vêtu, il fallait prendre garde de paraître mécontent ; car on courait risque d'être aussitôt dénoncé comme partisan de l'oligarchie.

---

1. Platon le poète comique, cité par Plutarque, *Alcibiade*.
2. Aristophane, *Guêpes*, v. 488 et suiv.

C'était une obligation pour chaque citoyen de
poursuivre devant les tribunaux quiconque lui paraissait avoir commis quelque crime contre l'État.
On comprend à quelles vexations et à quels excès
une telle obligation pouvait conduire. Il y avait à
Athènes une classe d'hommes que l'on désignait sous
le nom de *sycophantes*, et qui, sous prétexte d'obéir
à la loi, tourmentaient les citoyens par de perpétuelles accusations : c'était une profession et une industrie fort lucrative. Dans le *Plutus*, on demande à
un des personnages quel est son état : « Es-tu laboureur? — Pas si fou. — Es-tu marchand? — J'en
prends la qualité quand cela peut être bon. — Eh
bien, as-tu appris quelque métier? — Non, certes.
— De quoi vis-tu donc, si tu ne fais rien? — Je sur-
veille les affaires publiques et les affaires privées[1]. »

Le peuple encourageait ces accusations, parce
que, en sa qualité de juge et de juge rétribué, il
avait intérêt à ce qu'il y eût un grand nombre de
procès. De là une maladie très-commune à Athènes,
la manie de juger, qui a inspiré à Aristophane sa
comédie des *Guêpes*, représentée en 423. La guerre
du Péloponèse semblait avoir donné un nouvel aliment à cette fièvre de procès. La plupart des Athéniens ne voyaient que les profits attachés au métier
de juges, et non la haute mission que la loi leur avait
donnée. « Qu'un juge est heureux! dit Philocléon;
quelle vie est plus fortunée que la sienne! A peine
je sors du lit, des hommes hauts de quatre coudées

---

1. Aristophane, *Plutus*, v. 904 et suiv.

m'escortent au tribunal. Dès que je parais, je me sens
doucement pressé par une main qui a dérobé les deniers de l'État. Le coupable tombe à mes pieds, en
disant d'une voix lamentable : Aie pitié de moi, ô mon
père, je t'en conjure, par les larcins que tu as pu
faire toi-même dans l'exercice des charges publiques
ou dans l'approvisionnement des troupes.... Ensuite
je prends place au tribunal, chargé de supplications
destinées à fléchir ma sévérité; je ne fais rien de ce
que j'ai promis. De tous côtés les plaintes des accusés se font entendre. Quelles caresses ne fait-on pas
alors au juge! Les uns déplorent leur misère, et
ajoutent des maux supposés à leurs maux réels; les
autres disent quelque bon mot pour me faire rire et
désarmer ma rigueur. Si rien de tout cela ne me
touche, ils amènent leurs enfants par la main, filles
et garçons : j'écoute, ils s'inclinent et se mettent tous
à bêler ensemble. Le père, tremblant, me supplie
comme un dieu de l'absoudre, par pitié pour eux [1]. »

Si l'on en croit Aristophane, les juges allaient
quelquefois jusqu'à casser arbitrairement des testa-
ments rédigés en bonne forme. « Si un père, en
mourant, désigne l'époux qu'il destine à sa fille, son
unique héritière, nous laissons là le pauvre testament et la coquille qui recouvre le cachet, et nous
donnons la fille à celui dont les prières ont su nous
attendrir. Et tout cela sans avoir de compte à rendre, privilége qui n'appartient qu'à nous [2]. »

1. Aristophane, *Guépes*, v. 550 et suiv.
2. Aristophane, *Guépes*, v. 583 et suiv.

Combien de procès jugés par la passion! ce n'est pas seulement la comédie qui nous l'apprend, ce sont les orateurs et les historiens. Antiphon rappelle un procès qui avait été fait aux *hellénotames*, ou magistrats chargés de recueillir les tributs helléniques. On les accusait de malversation : le peuple s'empressa de les condamner à mort. Ils furent tous exécutés, excepté un seul, nommé Sosie, qui n'avait été condamné qu'après les autres. Déjà il était livré aux onze, et sa sentence allait être exécutée, lorsque l'on découvrit comment les deniers avaient été détournés. Le peuple revisa l'affaire; Sosie fut renvoyé absous, mais ses collègues étaient morts[1].

Souvent c'était la cupidité qui faisait condamner les riches. Les démagogues déclaraient publiquement que, si l'on ne condamnait pas tel ou tel citoyen, il ne serait pas possible de suffire aux salaires du peuple[2]. On faisait un partage extraordinaire du produit des confiscations.

Entre l'audace des sycophantes et la partialité des tribunaux, le citoyen qui possédait quelque fortune était sans cesse sur le qui-vive. « On m'intente tous les jours des procès, disait Criton à Socrate; ce n'est pas que personne ait à se plaindre de moi; mais on sait que j'aime mieux donner de l'argent que d'avoir des affaires. — Dites-moi, Criton, lui répondit So-crate, vous nourrissez des chiens pour qu'ils éloignent les loups de vos troupeaux? — Sans doute, et

1. Antiphon, *Discours sur le meurtre d'Hérode.*
2. Lysias, *Discours contre Épicrate.*

je me trouve fort bien de cette dépense. — Pourquoi donc ne nourririez-vous pas un homme qui eût le pouvoir et la volonté de donner la chasse à ceux qui cherchent à vous faire du tort[1]? » Criton suivit le conseil; il s'attacha un citoyen pauvre, habile à parler et versé dans les affaires, qui devint le défenseur de sa personne et de sa fortune. La précaution était bonne; car, selon l'expression d'Ammonius, vivre tranquille à Athènes, c'était une entreprise laborieuse[2].

La juridiction athénienne s'étendait sur tous les alliés. Ceux qui avaient des procès étaient obligés de venir à Athènes, de faire la cour au peuple, leur souverain juge, de se présenter en suppliants devant les tribunaux, et de prendre la main du premier venu. C'était pour le peuple athénien une source d'avantages, que Xénophon nous fait connaître. « D'abord il pouvait faire valoir, pendant toute l'année, les sommes déposées par les deux parties; ensuite, sans quitter ses foyers, sans faire sortir du Pirée un seul vaisseau, il gouvernait les villes confédérées, il soutenait ses partisans, et, dans les tribunaux, il écrasait ses ennemis[3]. »

Ce n'était pas Alcibiade qui pouvait corriger ces abus et faire refleurir la justice dans Athènes : il ne songeait qu'à s'élever en flattant les passions populaires, et en faisant rompre la paix que Nicias avait conclue. Les Lacédémoniens venaient de faire alliance

---

1. Xénophon, *Entretiens de Socrate*, II, 9.
2. Ammonius, *Vie d'Aristote.*
3. Xénophon, *Politique athénienne*, 1.

avec les villes béotiennes ; ils avaient rendu aux Athéniens le fort de Panacte démoli, au lieu de le rendre
en bon état, comme ils s'y étaient engagés. Alcibiade
profita de ces circonstances pour irriter les esprits
contre Sparte. En attendant qu'Athènes déclarât la
guerre à son éternelle rivale, il organisa une ligue
péloponésienne contre les Lacédémoniens. Argos en
était l'âme ; les Éléens, les Mantinéens, et quelques
autres peuples de l'Arcadie en faisaient partie. Alcibiade trompa indignement les ambassadeurs de
Sparte, qui étaient venus à Athènes pour s'expliquer
de bonne foi[1]. « Personne, dit Plutarque, ne saurait
approuver le moyen dont il se servit pour arriver à
son but ; mais ce fut un coup de partie d'avoir ainsi
ébranlé tout le Péloponèse. »

Bientôt la guerre éclate entre Argos et Sparte. Les
Lacédémoniens sont vainqueurs à Mantinée (419).
Cette victoire rétablit à la fois la prépondérance des
Spartiates dans le Péloponèse et l'oligarchie dorienne
dans Argos. Mais le parti démocratique ne tarde pas
à se soulever dans cette dernière ville ; le peuple
chasse les riches, qui avaient signé le traité avec
Sparte, et fait lui-même un autre traité avec Athènes.
Les Athéniens aidèrent les Argiens à construire un
mur depuis leur ville jusqu'à la mer, pour protéger
les communications avec Athènes. Vers la même
époque, Alcibiade persuadait aussi aux habitants de
Patræ, en Achaïe, de joindre leur ville à la mer par
un long mur ; et comme on les raillait de cette con-

---

1. Thucydide. V, 45. — Plutarque, *Alcibiade* et *Nicias*.

struction, en leur disant que les Athéniens les ava-
leraient un beau matin : « C'est possible, répondit
Alcibiade ; mais ils les avaleront peu à peu, en
commençant par les pieds ; tandis que les Lacédémoniens pourraient bien les avaler tout d'un coup
en les prenant par la tête[1]. »

Tout souriait à Alcibiade. Sa vie privée était
un enchaînement de fêtes et de voluptés sans fin,
Comme certains chefs du parti démocratique, il aimait à étaler un luxe royal, et le peuple ne s'en of-
fensait point. A la guerre, il portait un bouclier d'or,
sur lequel était sculpté un Amour armé de la foudre.
On lui passait quelques actes arbitraires qu'on aurait
pu taxer de tyrannie : témoin ce certain jour qu'il
retint prisonnier le peintre Agatharcus ; il le garda
jusqu'à ce qu'il eût peint toute sa maison, et il le
renvoya ensuite après l'avoir comblé de présents.
C'est ainsi que, dans sa première jeunesse, quand il
avait donné un soufflet à un maître d'école qui n'a-
vait point d'Homère, on n'avait vu, dans cette violence, qu'une preuve de son admiration pour le poëte
et de son zèle pour l'instruction publique. Lorsqu'il
paraissait dans les rues, la foule lui servait d'escorte,
ou s'arrêtait pour l'admirer. Parlait-il devant le peuple, sa volonté devenait loi.

Un jour qu'Alcibiade sortait d'une assemblée où
il avait obtenu tout ce qu'il avait demandé, il retour-
nait chez lui, la tête haute et le regard étincelant. Il
rencontra sur son chemin Timon le Misanthrope ;

---

1. Plutarque, *Alcibiade.*

celui-ci, au lieu de se détourner et d'éviter Alcibiade, comme il évitait tout le monde, marcha droit à lui, et lui tendant la main : « Courage, mon fils, lui dit-il, tu fais fort bien de t'agrandir ; car tu t'agrandis pour la ruine de tout ce peuple qui rampe à tes pieds. »

CHAPITRE XI.

Expédition de Sicile. — Mutilation des hermès. — Alcibiade
est accusé de sacrilége.

C'était un axiome chez les Grecs que la lutte des
partis était aussi essentielle au maintien du gouvernement que la lutte des éléments a l'harmonie de
l'univers. Plutarque dit que le législateur de Sparte
avait jeté dans le gouvernement l'ambition et la jalousie comme des semences de vertu [1]. Il se peut en
effet que l'émulation des partis rivaux soit salutaire
à la chose publique; mais c'est à la condition que
ces partis soient animés de sentiments généreux,
dirigés par de grandes idées, et qu'ils sachent au
besoin se réunir dans le respect de la justice et dans
l'amour de la patrie commune. Or tel n'est point
le caractère des partis qui se disputent le pouvoir
depuis la mort de Périclès : ce n'est plus qu'une
mêlée d'intérêts personnels et de passions indomp-
tables.

Alcibiade, si supérieur à Cléon par l'intelligence,
ne le surpassait pas en probité politique. S'il s'était
uni un instant au parti aristocratique, c'était pour
se débarrasser d'Hyberbolus ; mais au fond il était
jaloux de Nicias, et il ne cherchait qu'à l'abaisser
dans l'esprit de ses concitoyens, comme dans celui

1. Plutarque, *Agésilas*.

des étrangers. Toute supériorité lui portait ombrage, même dans son propre parti. Toute gloire acquise par un autre lui semblait un vol qu'on lui faisait. Il était à lui-même son but, son idole, et, comme il aurait sacrifié la Grèce à Athènes, il aurait immolé Athènes elle-même à son propre intérêt.

Cette absence d'idées morales et d'amour de la patrie n'était pas le trait particulier d'Alcibiade; c'était la plaie commune de l'époque, et, pour ainsi dire, la religion intime des Athéniens. « La justice, dit un des personnages de la *République*, c'est ce qui plait au fort et ce qui lui est utile[1]. » Cette doctrine, que Socrate et Platon ont combattue de toutes leurs forces, les Athéniens osaient la professer publiquement. Au commencement de la guerre, quand les Corinthiens leur reprochaient leur égoïsme et leur ambition, les orateurs d'Athènes avaient répondu : « Nous n'avons rien fait qui doive étonner, rien qui soit contraire à la nature humaine, en acceptant l'empire qui se présentait à nous.... Nous n'avons fait qu'obéir à la loi éternelle qui veut que le plus faible obéisse au plus fort[2]. »

Ce principe, qu'il n'y a de droit que la force, est encore plus nettement posé dans la conférence que les députés d'Athènes eurent, en 417, avec les magistrats de Mélos, pour détacher cette île de l'alliance lacédémonienne : « Partons, disaient les Athéniens, d'un principe dont nous soyons bien

1. Platon, *République*, I.
2. Thucydide, I, 76.

convaincus les uns et les autres : c'est qu'il y a lieu
de consulter la justice quand les forces sont égales,
mais que ceux qui sont supérieurs en force font
tout ce qui est en leur pouvoir : c'est aux faibles à
céder. » Les Méliens répondent que, quelle que soit
la supériorité des forces athéniennes, ils ne déses-
pèrent pas de l'avenir : ils ont la ferme confiance
que, s'il résistent justement à des hommes injustes,
la Divinité ne les abandonnera pas. La réplique des
Athéniens est curieuse : « Nous ne craignons pas
que les dieux se déclarent contre nous; car il en est
de la nature des dieux, tels que nous les peint la
tradition, comme de la nature des hommes : ils commandent partout où ils en ont la force. Ce n'est pas
nous qui avons inventé cette loi; ce n'est pas nous
qui l'avons appliquée les premiers; nous en profi-
tons à notre tour, et nous la transmettrons à ceux
qui viendront après nous. » Les faits suivirent la
parole. Des forces considérables occupaient le territoire des Méliens; la ville fut assiégée avec vigueur,
et, après une héroïque défense, les malheureux habitants furent réduits à se rendre à discrétion. Les
Athéniens donnèrent la mort à tous les Méliens qui
étaient en âge de porter les armes, et ils réduisirent
en esclavage les femmes et les enfants. Ils prirent ensuite possession de la ville, et y envoyèrent une cô-
lonie de cinq cents citoyens[1]. Alcibiade ne fut point
étranger à cette grande iniquité : dans le partage du
butin, il prit une jeune captive dont il eut un enfant,

---

1. Thucydide, V, 89 et suiv.

qu'il fît élever publiquement. Plutarque ajoute même, ce que Thucydide ne dit point, qu'Alcibiade fut la principale cause du massacre des Méliens, par le consentement qu'il donna au décret qui autorisait cette barbarie[1]. ·

Bientôt l'ambition d'Alcibiade persuada aux Athéniens d'aller chercher fortune en Sicile. Sous prétexte de porter secours aux villes ioniennes contre les Doriens de Syracuse, on voulait tenter la conquête de l'île. Les aventures plaisent au parti démocratique, parce qu'elles donnent au plus grand nombre l'espoir d'une condition meilleure; mais ceux dont la fortune est faite et qui n'aspirent qu'à la conserver, sont plus difficiles à entraîner; ils calculent mieux les chances et les périls d'une entreprise. Nicias mit tout en œuvre pour détourner le peuple de cette expédition. Ce fut aussi l'honneur de Socrate de désapprouver cette folle conquête; mais la parole d'Alcibiade gagna la majorité. La guerre fut résolue, et Nicias fut chargé, avec Alcibiade et Lamachus, de diriger l'expédition qu'il avait voulu empêcher. ·

Chaque gouvernement a son caractère et ses allures qui lui sont propres. Dans les pays où une certaine part d'influence est réservée à l'aristocratie, les délibérations marchent avec lenteur et avec maturité. A la fin du xvᵉ siècle, Comines voulant faire l'éloge du gouvernement d'Angleterre, où le roi ne · pouvait rien faire sans consulter le parlement, disait :

1. Plutarque, *Alcibiade*.

les choses y sont longues. Il en était de même à
Rome, dans le sénat et dans les comices. Mais à
Athènes on se piquait d'aller vite en besogne. Le décret sur la guerre de Sicile avait été emporté d'assaut. Cinq jours après, une autre assemblée fut convoquée pour discuter les moyens les plus prompts
d'équiper la flotte et l'armée. Nicias essaya de faire
révoquer le décret; le peuple persista dans sa résolution, et donna aux trois généraux de pleins pouvoirs pour le nombre des troupes et la conduite de
l'expédition [1].

Tout était prêt pour le départ; déjà même la galère de Lamachus était en mer, lorsqu'un matin on
apprit avec effroi que pendant la nuit précédente la
plupart des *hermès* avaient été mutilés. Les hermès
étaient des monuments carrés par la base, dont la
partie supérieure représentait le buste de Mercure.
Il y en avait un grand nombre dans la ville : les uns
étaient placés dans le vestibule des maisons particulières; les autres étaient à la porte des temples, dans
les carrefours ou sur les places publiques. Ces emblèmes sacrés, sans cesse présents aux yeux des citoyens, étaient les témoins habituels de leurs travaux et de leurs plaisirs; et, quoique la foi religieuse
fût bien affaiblie à cette époque, ils semblaient à tous
comme les protecteurs du foyer et les gardiens de
la cité. Aussi l'émotion fut-elle générale quand on
apprit la mutilation des hermès. Cet événement paraissait d'autant plus sinistre, qu'il coïncidait avec

1. Thucydide, VI, 8 et suiv.

les fêtes d'Adonis. L'effroi gagna, dit Plutarque, même ceux qui d'ordinaire se moquaient de ces sortes de présages [1].

Mais quels étaient les auteurs d'un tel attentat? Quelques-uns attribuaient le crime aux Corinthiens: ils avaient voulu, disait-on, en épouvantant la ville d'Athènes, faire ajourner ou même abandonner l'expédition contre Syracuse, leur ancienne colonie. D'autres prétendaient qu'il n'y avait pas lieu de s'effrayer : que c'était l'œuvre de quelques jeunes gens pris de vin, qui n'avaient songé qu'à se divertir, sans se rendre compte de leur action. Mais le peuple ferma l'oreille à ces discours, et crut voir dans la mutilation des hermès non-seulement un très-mauvais présage, mais une conjuration audacieuse contre la religion et contre l'État.

Le sénat et le peuple commencèrent une enquête, qui dura plusieurs jours. L'orateur Androclès produisit des témoins; des esclaves et des étrangers domiciliés déposèrent qu'on avait mutilé quelques jours auparavant d'autres statues que celles de Mercure, et que, dans certaines maisons, on avait célébré par dérision les saints mystères. C'était surtout Alcibiade et ses amis qu'on accusait de ce sacrilége. Un certain Théodore avait rempli les fonctions de héraut; Polytion portait la torche; Alcibiade faisait le grand prêtre; tous ses amis assistaient à cette profanation en qualité d'initiés ou de *mystes*, comme on les appelait. Andocide, qui fut lui-même com-

---

1. Plutarque, *Alcibiade*

promis dans cette affaire, mais qui d'accusé devint
accusateur, dit qu'un esclave d'Alcibiade, nommé
Andromachos, déposa en ces termes : « Les mystères
ont été célébrés chez Polytion; Alcibiade, Niciade et
Mélitos remplissaient les fonctions sacrées; d'autres
assistaient à la cérémonie; il y avait aussi des esclaves : je m'y trouvais avec mon frère Hicésios, le
joueur de flûte, et un serviteur de Mélitos[1]. » Les
ennemis d'Alcibiade allaient partout répétant ces accusations; ils faisaient entendre que le profanateur
des mystères était aussi le principal auteur de la mutilation des hermès; ils ajoutaient qu'il avait voulu
renverser du même coup la religion de l'État et le
gouvernement populaire, pour se frayer un chemin
à la tyrannie[2].

Alcibiade parut d'abord un peu troublé de ces
accusations; mais quand il se fut aperçu que tous
ceux qui devaient l'accompagner en Sicile, matelots
et soldats, étaient parfaitement disposés en sa faveur, il reprit courage, et vint au jour marqué se
défendre devant le peuple. Son audace fit reculer
ses ennemis. On choisit parmi les orateurs ceux qui,
tout en détestant Alcibiade, pouvaient passer pour
ne pas lui être opposés. Ils déclarèrent que ce n'é-
tait pas le moment de donner suite à l'accusation :
« Quand l'armée frémissait d'impatience de mettre
à la voile et d'aller combattre, n'était-il pas étrange
de retenir le général pour lui faire son procès?

---

1. Andocide, *Discours sur les Mystères.*
2. Thucydide, VI, 28.

Qu'il parte, ajoutaient-ils; quand la guerre sera finie, il viendra devant vous répondre à ses accusateurs. » Alcibiade, démêlant le venin caché sous ces paroles, voulait absolument être jugé. Il se plaignait d'être condamné à partir sous le poids d'une telle accusation. S'il était coupable, il fallait le faire mourir; s'il ne l'était point, il fallait proclamer son innocence et confondre ses ennemis. Mais il eut beau dire : le peuple décréta que l'affaire était ajournée [1].

Pendant que la flotte se dirigeait vers la Sicile, et qu'Alcibiade commençait heureusement l'expédition par la prise de Catane, ses ennemis, à Athènes, profitaient de l'avantage que leur laissait son absence. L'enquête continuait; tous les jours, on recueillait de nouveaux témoignages, on écoutait de nouvelles délations. Thucydide a négligé de nommer les dénonciateurs; mais Andocide nous en a fait connaître plusieurs, entre autres Teucer et Diocleïdès. Ce Teucer était un étranger qui avait transféré son domicile d'Athènes à Mégare, et qui, de cette ville, écrivit au sénat que si on lui donnait un sauf-conduit, il dirait tout ce qu'il savait sur la profanation des mystères et la mutilation des hermès. Diocleïdès prétendait avoir reconnu, à la clarté d'une lune brillante, ceux qui avaient outragé les statues [2]. Or, il était prouvé que pendant la nuit de l'attentat la lune n'était point visible.

1. Plutarque, *Alcibiade*.
2. Andocide, *Discours sur les Mystères.*

Les noms de Teucer et de Diocleïdès se retrouvent aussi dans un fragment du poëte comique Phrynicus. L'auteur, s'adressant à une statue de Mercure : « Mon cher Mercure, dit-il, prends bien garde de te casser le nez en tombant, de peur que tu ne fournisses à un second Diocleïdès une nouvelle occasion de calomnier les gens. » Mercure répond : « Je m'en garderai bien ; car je ne veux pas qu'on paye le prix de la délation à Teucer, à ce misérable étranger, fourbe et scélérat maudit [1]. »

Mais le peuple n'en croyait pas moins les délateurs. Tous ceux qu'on dénonçait étaient mis en prison, sans qu'on daignât seulement les entendre. On abrogea le décret porté sous l'archonte Scamandrios, qui défendait d'appliquer un citoyen à la torture [2]. Plusieurs furent condamnés à mort ; quelques-uns n'échappèrent au supplice qu'en prenant la fuite. Andocide sauva sa vie et celle de ses parents, en dénonçant quelques-uns de ceux qui avaient mutilé les hermès. Cet orateur dit, dans son *Discours sur les mystères*, que Diocleïdès, convaincu d'imposture, fut lui-même livré aux juges, qui le condamnèrent à la mort.

Cependant les ennemis d'Alcibiade étaient bien fâchés de l'avoir laissé échapper. Ils le poursuivirent dans ses parents, dans ses amis ; et bientôt, quand ils eurent recueilli contre lui de nouvelles preuves, ils recommencèrent le procès naguère interrompu.

---

1. Phrynicus, cité par Plutarque, *Alcibiade*.
2. Andocide, *Discours sur les Mystères*.

L'accusateur était un des citoyens les plus considérables, Thessalus, fils de Cimon. Plutarque nous
a conservé la formule de l'accusation : « Thessalus,
fils de Cimon, du bourg de Laciade, accuse Alcibiade, fils de Clinias, du bourg de Scambonide,
d'avoir commis un sacrilége envers les déesses Cérès
et Proserpine, en contrefaisant et en divulguant
les saints mystères dans sa propre maison ; d'avoir
ainsi violé les lois et les coutumes établies par les
Eumolpides, par les hérauts et par les prêtres
d'Éleusis [1]. »

La galère *Salaminienne* fut envoyée en Sicile,
pour mander Alcibiade et ceux de ses compagnons
qui étaient accusés avec lui. L'ordre était, non de
l'arrêter, mais de lui signifier qu'il eût à suivre cette
galère pour venir se justifier. On le ménageait ainsi
dans la crainte d'exciter un soulèvement dans son
armée. Alcibiade s'embarqua sur son vaisseau, avec
les autres prévenus, et partit de Sicile à la suite de
la *Salaminienne*, comme pour se rendre à Athènes ;
mais, arrivé à Thurium, il débarqua et chercha un
asile où il pût échapper à toutes les poursuites [2].
Quelqu'un l'ayant reconnu lui dit : « Alcibiade,
vous ne vous fiez donc pas à votre patrie ? — Il y
va de ma vie, répondit-il ; je ne me fierais pas à ma
mère, de peur que par mégarde elle ne prît la fève
noire pour la blanche. »

Les marins qui montaient la *Salaminienne* cher-

1. Plutarque, *Alcibiade*.
2. Thucydide, VI, 61.

chèrent quelque temps Alcibiade et ses compagnons, et, ne les ayant pas trouvés, ils revinrent à Athènes. Le procès fut poursuivi devant le peuple. Le résultat n'en pouvait être douteux : Alcibiade fut condamné à mort par contumace, ainsi que tous ceux qui l'accompagnaient. Tous ses biens furent confisqués; il fut enjoint à tous les prêtres et à toutes les prêtresses de le maudire. Parmi ces dernières, il s'en trouva une seule, Théano, prêtresse du temple d'Agraule, qui osa s'opposer à ce décret, en disant qu'elle était prêtresse pour bénir et non pour maudire.

Cette grande affaire, qui avait tant remué les esprits dans Athènes, n'a jamais été complétement éclaircie. On n'a jamais su bien nettement ni quels étaient les crimes commis, ni quels étaient les coupables, ni surtout quel but ils se proposaient; mais ce qui n'est point douteux, c'est qu'il y avait alors un assez grand nombre d'Athéniens non pas seulement indifferents, mais hostiles à la religion de l'État. Ces hommes étaient en général les plus jeunes, les plus ardents du parti démocratique, et Alcibiade était d'accord avec eux. Ils voulaient réformer le culte établi, non par la science ou par la méditation philosophique, à la manière de Socrate, mais par la violence et par la destruction des emblèmes consacrés : c'étaient les iconoclastes du paganisme.

Jamais la fermentation des esprits n'avait été plus grande à Athènes. Tous les jours, les idées les plus folles passaient par la tête de certains citoyens. Cha-

cun voulait donner à la cité de nouvelles lois ou
de nouveaux dieux. C'est cette maladie qu'Aristophane a attaquée dans cette bizarre comédie intitulée
les Oiseaux. Deux habitants d'Athènes, Pisthétère
et Évelpide, ont résolu d'aller chercher une autre
patrie. Ce n'est point qu'ils ne rendent justice à
leur ville natale : « Elle est grande, opulente, et ouverte à tous pour y perdre son bien ; mais les cigales
ne chantent qu'un mois ou deux sur les figuiers,
tandis que les Athéniens passent toute leur vie à
chanter dans les tribunaux [1]. » Ennemis jurés des
procès, *anti-héliastes*, comme ils s'appellent, ils
cherchent partout un lieu tranquille, où l'on puisse
reposer en paix, loin du bruit des plaideurs. On
leur propose une ville fortunée, telle qu'ils la
désirent, sur les bords de la mer Rouge. « Ah ! répond Évelpide, ne nous parlez point d'une ville maritime, où par un beau matin arriverait la galère
Salaminienne avec un huissier [2]. » Cette phrase
nous donne la date de la pièce : elle fut en effet
représentée en 415, l'année même de la condamnation d'Alcibiade. Les deux Athéniens, dégoûtés
de la terre, s'adressent aux oiseaux, et leur per-
suadent de construire une ville au milieu des airs.
Bientôt la ville est bâtie sous le nom de *Néphélo-*
coccygie, ou ville des nuées et des coucous ; mais
c'est un obstacle entre les dieux de l'Olympe et la
terre. La messagère céleste, Iris, est arrêtée dans son

---

1. Aristophane, *les Oiseaux*, v. 36 et suiv.
2. Aristophane, *les Oiseaux*, v. 146.

vol, au milieu de la ville aérienne ; et, comme on lui
demande où elle va : « Moi ? répond-elle, je vole vers
les hommes, par ordre de mon père, pour leur en-
joindre de sacrifier aux dieux. — Apprends, dit
Pisthétère, que les oiseaux sont aujourd'hui les
dieux des hommes : c'est à eux seuls qu'il faut sacrifier. » Et le pauvre homme, oubliant qu'il a abjuré
l'ancien culte, jure par Jupiter qu'on ne doit plus
sacrifier à Jupiter. Le chœur, qui n'est composé que
d'oiseaux bien entendu, prononce, en chantant, le
décret suivant : « Défense est faite aux dieux de
la race de Jupiter de passer désormais par notre
ville, et aux mortels qui leur offrent des sacrifices, de faire passer par ici la fumée de leurs holo-
caustes [1]. »

Les Athéniens escaladent les nues, et viennent en
foule se faire naturaliser dans la cité nouvelle. Mais
les oiseaux, qui bravaient les dieux, savent donner
des leçons aux hommes. Un jeune homme se présente, qui s'imagine que dans la république ailée
tout lui sera permis. Pisthétère fait rougir ce jeune
insensé, en lui disant gravement : « Il y a chez nous
une loi antique, inscrite sur les registres publics des
cigognes : quand la cigogne a élevé ses petits et les a
mis en état de voler, ceux-ci doivent à leur tour
nourrir leurs parents [2]. » On voit ensuite un poëte
ténébreux, qui, en venant se perdre dans les nues,
n'a pas quitté son séjour habituel. Puis c'est le tour

---

1. Aristophane, *les Oiseaux*, v. 1262 et suiv.
2. Aristophane, *les Oiseaux*, v. 1353 et suiv.

du sycophante. Le bon Pisthétère essaye de lui faire
prendre un état plus honorable; le sycophante répond que le métier de délateur est héréditaire dans
sa famille, et qu'il ne veut point dégénérer. « Donne-
moi, dit-il, des ailes rapides, afin qu'après avoir été
assigner les étrangers (les habitants des îles, soumis
à la juridiction athénienne), je puisse revenir à
Athènes pour soutenir l'accusation, et ensuite revo-
ler bien vite là-bas. — J'entends...; afin que l'étranger soit condamné avant d'être arrivé. — C'est cela
même. — Et qu'ensuite tu revoles chez lui pour ravir ses biens confisqués.—Précisément; il faut que
j'aille comme une toupie.—Une toupie? c'est bien. »
Et, au lieu de lui donner des ailes, Pisthétère le
frappe à coups redoublés, avec un fouet de Corcyre,
et le fait rouler à travers les airs.

Sur ces entrefaites, Prométhée vient annoncer la
détresse des dieux : ils meurent de faim, depuis que
la fumée des sacrifices et l'odeur des victimes ne
montent plus jusqu'à eux. Réduits aux dernières extrémités, ils consentent à traiter, et envoient trois
ambassadeurs au camp des oiseaux, Neptune, Hercule, et un troisième qu'Aristophane appelle *le Triballe* [1]. Neptune traite assez mal ce dernier dieu; il
lui reproche d'avoir mauvaise tournure, et de ne pas
savoir porter son manteau : « O démocratie, dit-il, à
quoi nous réduis-tu, puisque les dieux ont élu un
tel représentant! » En arrivant à *Néphélococcygie*,
Hercule prend le ton le plus belliqueux; il ne parle

---

1. Aristophane, *les Oiseaux*, v. 1565 et suiv.

que d'étrangler l'homme qui avait osé braver les
dieux. Mais Pisthétère ne se laisse point effrayer; il
fait préparer un somptueux repas. A la vue de ces
apprêts de cuisine, Hercule se radoucit tout d'abord;
il annonce la mission dont il est chargé par les dieux.
Pisthétère s'empresse d'inviter les ambassadeurs à
dîner; ce qui semble à Hercule une excellente manière d'ouvrir les négociations. Mais il faut s'entendre sur les conditions : Pisthétère demande d'a-
bord que Jupiter rende aux oiseaux l'empire qui leur
appartenait jadis; Hercule n'y met aucun obstacle.
Mais ce n'est pas tout : Pisthétère veut avoir pour
femme la Souveraineté. Cette fois, Hercule paraît hésiter; Neptune l'engage à ne pas céder : la Souveraineté, c'est le plus précieux trésor de Jupiter. Hercule livrera-t-il son propre héritage? Mais Pisthétère lui dit qu'il n'est qu'un bâtard, et lui lit la loi
de Solon qui exclut de la succession paternelle les
enfants illégitimes. Hercule consent à tout; le Triballe en fait autant; Neptune voudrait résister, mais
la majorité a prononcé. Il ne reste plus qu'à aller
chercher au ciel la Souveraineté, pour la marier au
roi des oiseaux. Le chœur termine la pièce par un
chant de triomphe et d'allégresse.

On se demande quelle est ici la pensée d'Aristophane. Au commencement de l'ouvrage, il châtiait
rudement les novateurs, et ses dernières épigrammes
semblent tomber sur la religion elle-même. Que si-
gnifient ces dieux qui se plient à tous les caprices
des mortels, et cet Hercule glouton, qui sacrifie tous
les droits de son père à l'appât d'un bon dîner? Y

a-t-il donc contradiction entre la morale des *Nuées* et celle des *Oiseaux?* Aristophane a-t-il abandonné la cause des institutions religieuses qu'il avait soutenue jusque-là, comme champion du parti aristocratique? Je crois que l'auteur des *Oiseaux* n'attaque point le principe de la religion athénienne, mais qu'il veut faire entendre que cette religion s'est corrompue avec tout le reste. Neptune représente le culte antique, dont le sens était perdu même parmi les prêtres; le Triballe, ce sont ces rits étrangers que certains Athéniens mêlaient aux traditions de leurs ancêtres. Hercule, c'est la partie la plus matérielle et la plus grossière de la religion, celle qui a conservé le plus de crédit sur le vulgaire.

Le poëte paraît aussi vouloir dire que l'esprit démagogique a pénétré jusque dans le sanctuaire, et que les prêtres se sont abaissés en transigeant avec le parti populaire. Il est certain qu'à l'époque où nous sommes parvenus, ce n'était plus seulement l'aristocratie qui défendait la religion : autant par intérêt que par conviction, les plus modérés du parti démocratique s'étaient ralliés aux anciennes croyances, et soutenaient le corps sacerdotal contre les attaques des novateurs. La condamnation d'Alcibiade et de ses complices est la preuve et comme le gage de cette alliance.

CHAPITRE XII.

Alcibiade allié des Spartiates et des Perses. — Complot de Pisandre.
Abolition du gouvernement démocratique.

Quand on avait annoncé à Alcibiade que les Athéniens l'avaient condamné à mort : « Je leur ferai
bien voir, dit-il, que je suis encore en vie. » En
partant de Thurium, il avait pris la route du Péloponèse, et il s'était réfugié à Argos. Mais, ne se
croyant pas en sûreté dans cette ville, il envoya
demander un asile aux Spartiates ; il leur donna
sa parole qu'une fois devenu leur ami, il leur rendrait plus de services qu'il ne leur avait causé de
dommage tant qu'il avait été leur ennemi. Les Lacédémoniens le reçurent à bras ouverts. Ce fut lui
qui leur persuada de secourir Syracuse, et par là il
prépara la ruine des compagnons d'armes qu'il venait de quitter.

Plutarque raconte qu'Alcibiade avait joué la comédie à Sparte. Grâce à cette souplesse merveilleuse
qui faisait le fond de son caractère, il avait surpassé
les plus austères par la rudesse affectée de ses manières, prenant des bains froids dans l'Eurotas, et
s'accommodant à merveille du brouet noir. A le
voir, on l'aurait pris pour l'élève de Lycurgue ; mais
au fond il était toujours le même. Il séduisit la
femme d'Agis, qui accoucha d'un fils, que le roi
ne voulut point reconnaître, et dont Alcibiade était

regardé comme le père. La reine elle-même ne le
niait point, et Alcibiade disait en plaisantant que s'il
avait gagné les bonnes grâces de cette princesse, ce
n'était point pour faire affront au roi, ni pour satisfaire sa passion, mais pour donner aux Lacédémoniens un roi de sa race[1].

Tandis qu'Alcibiade se conduisait ainsi à Sparte,
les Athéniens succombaient en Sicile. L'arrivée sou-
daine de Gylippe, à la tête de la flotte péloponésienne, avait changé la fortune de la guerre. En
vain Athènes envoya deux nouveaux généraux,
Eurymédon et Démosthène, avec soixante-quatorze
galères ; Nicias et ses collègues furent vaincus, et périrent avec la plupart de leurs soldats (413). Triste
destinée que celle de Nicias ! Après avoir usé sa fortune et le peu d'énergie que la nature lui avait donné
au service d'un parti vaincu, il est venu mourir en
Sicile, victime d'une expédition qu'il n'avait jamais
approuvée. Et Alcibiade, qui avait conseillé la guerre,
n'avait travaillé qu'à la faire échouer, et il triomphait à Sparte du malheur des Athéniens. Grâce à ·
ses conseils, les Lacédémoniens n'étaient pas restés
oisifs : non-seulement ils avaient secouru Syracuse,
mais ils avaient envahi l'Attique; ils avaient fortifié
Décélie, sur les frontières de la Béotie, à cent vingt
stades d'Athènes. De là ils tenaient toute l'Attique en
échec[2].

L'avenir d'Athènes était bien sombre, depuis les

---

1. Plutarque, *Alcibiade*.
2. Thucydide, VII, 19.

désastres de Sicile. Thucydide a retracé cette déplorable situation au commencement de son huitième livre : « La république pleurait cette multitude de cavaliers et d'hoplites, cette florissante jeunesse que la guerre venait de moissonner. Il n'y avait plus, dans les chantiers, de vaisseaux en état de tenir la mer, plus de matelots pour la flotte, plus d'argent dans le trésor. Le peuple était devenu sage : on était dégoûté des orateurs; on parlait de consulter les vieillards, de supprimer les dépenses inutiles, et de rétablir l'ordre dans toutes les parties du gouvernement[1]. »

Les alliés d'Athènes étaient tout prêts à profiter de ces circonstances pour secouer un joug qui leur pesait depuis long-temps. Les peuples de l'Eubée furent les premiers à traiter avec Agis, pour se détacher des Athéniens. Les îles de Lesbos et de Chio, la ville d'Érythres en Ionie s'allièrent aussi aux Spartiates. Alcibiade quitta Sparte, pour venir soulever Milet, au nom des Lacédémoniens. Les alliés qu'Athènes avait autrefois dans les Cyclades et sur les côtes de la Thrace, n'étaient pas mieux disposés que ceux de l'Asie Mineure. Sparte voyait donc, à chaque instant, grossir le nombre de ses auxiliaires. Syracuse, qu'elle venait de sauver, s'était engagée à lui fournir des hommes et des vaisseaux. Aussi Thucydide dit-il que les Athéniens croyaient toujours voir une flotte syracusaine entrer dans le Pirée.

Au milieu de ces désastres, on eut recours aux

_____

1. Thucydide, VIII, 1.

dernières ressources. Il restait mille talents, mis en réserve par Périclès, auxquels il était défendu de toucher : on les employa à équiper une nouvelle flotte. On maintint Samos dans l'alliance athénienne, en poussant aux derniers excès le parti démocratique. Soutenu par trois vaisseaux athéniens qui s'étaient montrés dans le port, le peuple se jeta sur les riches; il en fit mourir deux cents, et en condamna quatre cents à l'exil; il se partagea les maisons et les terres des proscrits, et un décret des Athéniens lui accorda l'*autonomie* en récompense de sa fidélité[1]. Athènes parvint à réprimer la révolte de Lesbos, et à se venger de celle de Chio; mais elle échoua contre Milet, et l'île de Rhodes embrassa le parti de Lacédémone.

Pour mieux écraser leurs rivaux, les Spartiates firent alliance avec les Perses. Dans l'espoir de devenir les maîtres de la Grèce, ils se firent les *condottieri* du grand roi. Le satrape Tissapherne, qui commandait en Asie Mineure pour Darius Nothus, prit à sa solde l'armée péloponésienne. Les Lacédémoniens et leurs alliés reconnurent comme possessions du roi de Perse toutes les contrées, toutes les villes qui lui appartenaient ou qui avaient appartenu à ses ancêtres. Ainsi, toutes ces cités grecques que les victoires des Athéniens avaient affranchies, retombaient dans la servitude. A ce prix seulement, le roi s'était engagé à soutenir contre Athènes la suprématie lacédémonienne[2].

---

1. Thucydide, VIII, 21.
2. Thucydide, VIII, 18.

Mais la mobilité d'Alcibiade tourna au salut de sa patrie. Il venait de soulever l'Asie Mineure, et il avait affecté un grand zèle pour les intérêts de Sparte ; en réalité, il ne voulait que se faire un parti parmi les alliés, pour traiter avec Athènes à de meilleures conditions. C'est ce que comprirent les Lacédémoniens. Le roi Agis avait déjà contre lui des ressentiments personnels. Les principaux Spartiates étaient jaloux de son influence, et se défiaient de sa bonne foi. On expédia en Ionie l'ordre de le faire mourir ; mais Alcibiade savait toujours échapper à temps. Il se réfugia auprès de Tissapherne, dont il gagna bientôt l'amitié. Par son conseil, le satrape réduisit la solde des Péloponésiens d'une drachme à trois oboles par tête, ce qui, ajoute Thucydide, était la solde des marins athéniens. Alcibiade engageait Tissapherne à ne pas trop favoriser les Lacédémoniens par son alliance, mais plutôt à tenir la balance entre les deux républiques rivales, Sparte et Athènes, et à les contenir l'une par l'autre. S'il fallait opter, disait-il, Athènes, par sa marine, rendrait aux Perses de plus grands services.

En même temps, Alcibiade négociait pour son propre compte avec l'armée athénienne, qui occupait Samos, et où il comptait un grand nombre de partisans. Il faisait dire aux triérarques et aux chefs militaires que, s'il désirait rentrer dans son pays, ce n'était pas pour y soutenir les mauvais citoyens et le pouvoir de ce peuple qui l'avait chassé ; qu'il voulait, au contraire, s'allier aux honnêtes gens, à ceux qu'on appelait à Athènes les *beaux et bons*[1], partager avec eux le fardeau des affaires, et leur concilier l'amitié de Tissapherne. Quelques-uns vinrent de Samos conférer avec Alcibiade, et, à leur retour, ils formèrent dans l'armée un complot dont le but était de détruire à Athènes le gouvernement démocratique. Les plus riches montraient beaucoup d'ardeur, parce qu'ils espéraient ressaisir le pouvoir. « La multitude, dit Thucydide, ne voyait pas sans chagrin ce qui se passait; mais elle resta tranquille, dans l'espérance que le roi lui payerait un subside[2]. » Cette phrase nous montre à quel degré d'abaissement les Grecs étaient tombés : non contents de se battre entre eux, ils se disputaient l'or de l'étranger.

Il y avait, dans l'armée, un général nommé Phrynicus, à qui tous ces projets déplaisaient, et qui les combattait ouvertement. Il disait qu'il ne fallait se fier ni à Alcibiade, ni au grand roi; il croyait, et c'était la vérité, qu'Alcibiade ne se souciait pas plus de l'oligarchie que de la démocratie, et que, en changeant la constitution de l'État, il n'avait d'autre but que de rentrer dans Athènes et d'y rétablir sa domination. Les conjurés ne tinrent aucun compte des avertissements de Phrynicus : ils envoyèrent à Athènes Pisandre et quelques autres députés pour y traiter avec le peuple.

Pisandre et ses collègues parlèrent dans l'Assemblée; ils insistèrent sur la nécessité de rappeler

1. Οἱ καλοὶ κἀγαθοί.
2. Thucydide, VIII, 48.

Alcibiade et de renoncer au gouvernement populaire, pour enlever aux Péloponésiens l'alliance du roi de Perse. Bien des voix, dit Thucydide, s'élevèrent en faveur de la démocratie. Les ennemis d'Alcibiade s'écriaient qu'il serait odieux de voir rentrer dans la ville celui qui avait violé les lois. Deux familles sacerdotales, les Eumolpides et les Céryces, attestaient les mystères profanés, et invoquaient la religion pour s'opposer au retour de l'exilé[1]. Pisandre insista, et fit décréter que dix citoyens partiraient avec lui pour traiter avec Alcibiade et Tissapherne. Avant son départ, il fit destituer Phrynicus, qui avait dénoncé aux Spartiates les projets d'Alcibiade. Il visita tous les corps assermentés qui étaient chargés de l'administration et de la justice, et il les engagea à se concerter pour préparer l'abolition de la démocratie.

Quand la députation fut arrivée auprès de Tissapherne, elle ne put s'entendre avec le satrape. Celui-ci n'était pas prêt à se prononcer pour Athènes : il préférait suivre la politique qu'Alcibiade lui-même lui avait conseillée, c'est-à-dire maintenir l'équilibre entre les peuples grecs et les affaiblir les uns par les autres. Alcibiade contribua à faire échouer la conférence, par les demandes exagérées qu'il fit au nom de Tissapherne. Peut-être hésitait-il au moment d'agir, et ne jugeait-il pas prudent de se fier au parti aristocratique.

Tout était rompu avec Alcibiade et avec Tissapherne; mais Pisandre et ses collègues n'avaient pas

---

1. Thucydide, VIII, 53,

renoncé à leur complot contre le gouvernement démocratique. En quittant l'Asie, ils se dirigèrent vers Samos, et ils s'assurèrent que l'armée était prête à les soutenir. Ils préludèrent à la révolution qu'ils voulaient faire à Athènes, en favorisant dans Samos même une restauration oligarchique. Ils détruisirent aussi la démocratie dans l'île de Thasos et dans plusieurs villes alliées; et, quand ils arrivèrent à Athènes, ils trouvèrent que leurs amis avaient déjà bien avancé les affaires. En effet, quelques jeunes gens avaient tué secrètement l'orateur Androclès, le principal chef du parti populaire, un de ceux qui avaient le plus contribué à faire condamner Alcibiade. Ils avaient fait encore d'autres victimes dans le parti qu'ils voulaient abattre. Enfin ils déclarèrent ouvertement, dans un discours préparé d'avance, qu'il ne fallait salarier que les gens de guerre, et qu'on ne devait accorder de droits politiques qu'à cinq mille citoyens, gens toujours prêts à servir l'État de leur fortune et de leur personne[1].

Athènes était alors dans une étrange situation. Le sénat et le peuple se réunissaient encore; mais ce n'était que pour la forme : on ne décrétait que ce qui avait été décidé par les conjurés. Il y avait un pouvoir invisible qui choisissait les orateurs, et qui examinait tous les discours avant qu'ils ne fussent prononcés. La démocratie avait fait tant de mal à Athènes depuis plusieurs années, que le complot aristocratique recrutait tous les jours de nouveaux

---

1. Thucydide, VIII, 64 et 65.

adhérents. Personne n'osait élever la voix pour résister. Si quelque citoyen avait cette audace, il dis-
paraissait soudain, sans qu'on sût comment, et le
pouvoir officiel n'osait ordonner aucune recherche
contre les meurtriers. Le petit peuple même, quoique attaché à la forme démocratique, n'osait faire
un mouvement. Les membres du parti populaire se
regardaient entre eux d'un œil défiant; car il y
avait dans le complot bon nombre d'hommes
qu'on avait vus jadis parmi les plus effrénés démagogues.

Telle était la situation d'Athènes, quand Pisandre
arriva avec ses collègues. Il assembla le peuple, et
fit nommer une commission de dix membres, avec
pleins pouvoirs pour rédiger des lois nouvelles. Les
décemvirs devaient, à un jour marqué, présenter
leur travail au peuple, et proposer la constitution
qui leur semblerait la meilleure. Ce jour arrivé, ils
convoquèrent l'assemblée à Colone : c'était un endroit consacré à Neptune, situé à environ dix stades
de la ville. Là il fut décidé qu'aucune magistrature ne s'exercerait plus suivant la forme accoutumée, et qu'il n'y aurait plus de salaire pour les
fonctions publiques. On devait élire cinq *proèdres*
ou présidents, qui eux-mêmes éliraient cent citoyens. Chacun de ces cents devait s'en adjoindre
trois autres. Ces quatre cents, ainsi constitués en
conseil, devaient gouverner comme ils l'enten-
draient : c'était en eux que résidait la souveraineté. Cependant ils devaient consulter, quand ils
le jugeraient à propos, cinq mille citoyens choi-

sis. L'Assemblée du peuple était donc diminuée des deux tiers et dépouillée de sa toute-puissance[1].

C'était Pisandre qui avait proposé ces décrets, et qui était parvenu à les faire passer; mais celui qui avait tout préparé de longue main, et qui était comme l'âme de cette entreprise, c'était Antiphon, homme qui, selon Thucydide, ne le cédait ni en vertu, ni en talent, à aucun de ses contemporains. Il n'aimait à paraître ni dans l'*Agora*, ni dans aucune de ces assemblées où se livraient des combats d'opinions. Sa réputation d'éloquence le rendait suspect à la multitude; mais ceux qui avaient des procès étaient fort heureux d'avoir recours à ses conseils. Frappé des malheurs où l'excès de la démocratie avait précipité son pays, il avait contribué, plus que personne, à préparer la révolution oligarchique que Pisandre venait d'accomplir.

Thucydide nous a raconté comment les quatre cents entrèrent en possession du pouvoir. Depuis que les Spartiates avaient occupé Décélie, les Athéniens étaient toujours en armes, les uns veillant sur les remparts, les autres formant des corps de réserve. Ce jour-là, on laissa partir, comme à l'ordinaire, ceux qui n'étaient pas du complot; mais on avait averti en secret les conjurés de ne pas se rendre aux différents postes, et de se tenir prêts à se réunir en armes au premier signal. C'étaient

---

1. Thucydide, VIII, 67.

des hommes d'Andros et de Tenos, trois cents
Carystiens, et de ces gens qu'Athènes avait envoyés
à Égine pour y fonder une colonie. Les quatre cents
se mirent en route, chacun armé d'un poignard
qu'il tenait caché. Ils étaient accompagnés de cent
vingt jeunes gens, bien résolus, s'il était nécessaire,
à tenter un coup de main. Les sénateurs *de la fève*,
comme les appelle Thucydide [1], étaient encore en
séance, attendant l'événement; on leur signifia l'ordre de sortir; on leur paya leur traitement pour le
temps qu'ils avaient encore à rester en fonctions :
chaque sénateur prit son argent, et partit sans mot
dire.

Le reste du peuple restant tranquille et ne donnant aucun signe d'opposition, les quatre cents entrèrent dans le conseil; ils désignèrent entre eux
des prytanes par la voie du sort, et inaugurèrent
leur magistrature avec les prières et les cérémonies
d'usage. Ils firent ensuite de grands changements
au régime populaire, mais sans rappeler les exilés,
parce qu'ils ne craignaient rien tant que le retour
d'Alcibiade. Ils firent mourir, sans scrupule, les
citoyens dont ils croyaient avoir besoin de se débarrasser; ils en mirent d'autres en prison; ils en envoyèrent plusieurs en exil. Ils se hâtèrent aussi
d'entrer en négociation avec Agis, roi de Sparte,
qui était à Décélie. Ils ne demandaient, disaient-ils,
qu'à se réconcilier avec les Lacédémoniens, et ils
espéraient bien qu'on ne refuserait pas de traiter

1. Thucydide, VIII, 69.

avec eux, sans les confondre avec cette populace qu'ils venaient de renverser.

Agis reçut assez mal les députés des quatre cents; il croyait le peuple mécontent, les partis aux prises, et il voulait profiter des circonstances. Il avait mandé du Péloponèse des renforts considérables. Quand ces troupes furent arrivées, il y joignit la garnison de Décélie, et il s'avança vers la ville, qu'il comptait surprendre; mais les Athéniens se défendirent avec vigueur. Agis renvoya ses auxiliaires, et se tint désormais tranquille à Décélie. Les quatre cents recommencèrent à négocier avec lui; il fit alors un meilleur accueil à leurs députés, et ce fut d'après ses conseils qu'ils expédièrent à Sparte des ambassadeurs chargés de conclure un traité de paix[1]. Mais cette oligarchie, qu'un moment de surprise avait rendue maîtresse, avant de traiter avec Lacédémone, devait avoir à compter avec le peuple athénien. Ce n'était point une entreprise facile d'abolir la liberté dans un État qui en jouissait depuis si longtemps. Au moment où Pisandre s'emparait du gouvernement, il y avait quatre-vingt dix-huit ans qu'Hippias avait été chassé. Et même au temps des Pisistratides, c'était la tyrannie qui était chose nouvelle à Athènes; la liberté avait déjà d'antiques traditions. Plus tard, cette démocratie s'était couverte de gloire, en sauvant la Grèce et en lui commandant. Il n'était pas possible que la patrie de Miltiade et de Périclès courbât longtemps la tête

---

1. Thucydide, VIII, 70 et 71.

devant quelques oligarques. Chaque pays a ses besoins et ses traditions, dont son organisation politique doit être l'expression fidèle. Ce qu'il fallait à Athènes, ce n'était point un gouvernement aristocratique, c'était une démocratie bien réglée.

CHAPITRE XIII.

L'oligarchie des quatre cents est renversée. — Démocratie restreinte. Retour d'Alcibiade à Athènes.

Le signal de la résistance partit de Samos, où était l'armée athénienne. Les marins et les hoplites étaient, en majorité, attachés à la démocratie. Ils venaient d'aider les Samiens à rétablir le gouvernement populaire. Quand ils apprirent la révolution qui s'était opérée à Athènes, ils ne voulurent point s'y soumettre, et il y eut alors une scission complète entre la ville et l'armée. L'armée voulait contraindre la ville à rétablir la démocratie ; la ville, au contraire, voulait forcer l'armée à reconnaître l'oligarchie. Les soldats formèrent une assemblée dans laquelle ils déposèrent ceux des généraux et des triérarques qui leur étaient suspects ; ils en créèrent de nouveaux, entre autres Thrasybule et Thrasylle, qui se mirent à la tête du mouvement. Les guerriers, dit Thucydide, s'encouragèrent mutuellement à la résistance : « il ne fallait pas s'effrayer, disait-on, si la ville rompait avec eux ; c'était le plus petit nombre qui se détachait du plus grand. Maîtres de toute la flotte, ne pouvaient-ils pas forcer les villes alliées à leur fournir de l'argent ? N'avaient-ils pas Samos, ville puissante, qui, lorsqu'elle était en guerre avec les Athéniens, avait failli leur enlever l'empire de la mer ? C'étaient eux qui, de Samos, avaient conservé libre l'entrée

du Pirée : ne leur sera-t-il pas facile de bloquer ce
port quand ils le voudront, et de fermer la mer aux
Athéniens? Ce n'était pas contre la patrie qu'ils allaient prendre les armes. A leurs yeux, Athènes
n'était plus dans Athènes : la ville s'était anéantie
elle-même, en détruisant le gouvernement populaire.
Athènes était désormais tout entière à Samos. Là devait être le pouvoir où était la prudence, le courage
et le respect des lois [1]. »

Pour mieux assurer la victoire à son parti, Thrasybule proposa à ses compagnons de rappeler Alcibiade. L'armée vota le retour de l'exilé ; Thrasybule
se rendit auprès de Tissapherne, et amena Alcibiade
à Samos. Une assemblée fut convoquée ; Alcibiade
promit à l'armée l'alliance et les subsides de Tissapherne ; il fut élu général, et chargé de la conduite de
toutes les affaires. Pendant qu'il était à Samos, arrivèrent dix députés, envoyés par les quatre cents. Les
soldats refusèrent d'abord de les entendre, s'écriant
qu'il fallait donner la mort aux destructeurs de la
démocratie ; cependant ils se calmèrent à la fin, et
consentirent à les écouter. Les députés prétendirent
que la révolution avait eu pour but, non de satisfaire
des intérêts particuliers, mais de sauver la république. Ils ajoutaient que la souveraineté était non
dans les Quatre-Cents, mais dans les Cinq-Mille.
Thucydide fait remarquer, à ce propos, que si
autrefois le nombre des citoyens était beaucoup
plus considérable, en réalité il y avait à peine cinq

1. Thucydide, VIII, 76.

mille votants, même dans les affaires les plus importantes.

Les paroles des députés ne faisaient qu'irriter les
soldats. Il ne manqua pas d'orateurs qui leur répondirent avec violence. On parlait de s'embarquer sur-
le-champ, et de cingler vers le Pirée. Alcibiade parvint cependant à contenir cette multitude ; il lui fit
comprendre qu'abandonner Samos, c'était livrer
l'Ionie et l'Hellespont. Et lui-même, congédiant les
députés, déclara au nom de l'armée qu'il ne s'op-
posait pas à l'autorité des Cinq-Mille, mais qu'il exigeait la déposition des Quatre-Cents, et le rétablissement de l'ancien sénat, composé de cinq cents
membres. Il ajoutait que si l'on avait retranché quelques dépenses inutiles pour augmenter la solde des
troupes, c'était une économie qu'il ne pouvait trop
louer. Enfin il engageait les deux partis à se montrer
d'accord au moins contre les Péloponésiens[1].

De retour à Athènes, les députés rapportèrent
ce que leur avait dit Alcibiade. La plupart de ceux
qui avaient pris part à l'établissement de l'oligarchie,
déjà fatigués de cet état de choses, ne demandaient
qu'à se retirer de cette affaire, s'ils le pouvaient
sans compromettre leur sûreté. Mais les chefs du
parti étaient bien décidés à résister, entre autres
Phrynicus, Aristarque, Pisandre et Antiphon. Ils envoyèrent des députés à Sparte pour traiter à tout
prix, et ils construisirent un fort dans ce qu'on appelait l'Éétionée : c'était un des promontoires qui

1. Thucydide, VIII, 86.

commandaient l'entrée du Pirée. Mais le parti modéré, sous la conduite de Théramène, détruisit les
travaux commencés. Les Lacédémoniens, qui avaient
repoussé les propositions des oligarques, vinrent
occuper l'Eubée, que les Athéniens cherchèrent vainement à défendre. Jamais Athènes n'était tombée
si bas : vaincue au dehors, ses divisions intérieures
allaient la livrer à ses ennemis.

Dans ce péril extrême, on comprit enfin la nécessité de rétablir la paix au dedans. Une assemblée fut
convoquée dans le *Pnyx*, où le peuple avait coutume
de se réunir avant la révolution aristocratique. Là
on déposa les Quatre-Cents; on décréta que le gouvernement serait confié aux Cinq-Mille; que tous
ceux qui portaient les armes seraient de ce nombre;
que personne ne recevrait de salaire pour aucune
fonction publique. D'autres assemblées furent con-
voquées, et l'on y établit des nomothètes. Divers
règlements furent adoptés, qui substituèrent au gouvernement oligarchique non pas l'ancienne démocratie, mais une démocratie restreinte et mieux ordonnée. « C'est, dit Thucydide, l'époque où de nos
jours les Athéniens me semblent s'être le mieux conduits en politique : ils surent tenir un juste milieu
entre la puissance des riches et celle du peuple[1]. » On
décréta aussi le rappel d'Alcibiade et de ses amis;
on l'envoya prier, ainsi que l'armée de Samos, de
prendre part aux affaires.

Pisandre et les principaux de son parti se retirè-

----

1. Thucydide, VIII, 97.

rent promptement à Décélie. L'un d'entre eux, Aristarque, qui était en même temps général, prit avec
lui quelques archers barbares, et gagna le château
d'Œnoë, qu'il livra aux Béotiens. Il ne paraît pas
que le parti aristocratique ait vu tomber ces hommes
avec grand regret. Aristophane, qui ne flattait pas le
peuple, parle avec mépris de Pisandre et de ses
amis ; il n'attribue leur entreprise qu'à des motifs
intéressés. Dans la comédie de *Lysistrata*, qui fut
représentée l'an 412 avant Jésus-Christ, le poëte fait
dire à un de ses personnages : « C'est pour avoir le
moyen de voler que Pisandre et les autres ambitieux
suscitent continuellement de nouveaux troubles[1]. »
L'aristocratie athénienne, qui comprenait ses intérêts, était de l'avis de Thucydide : à la domination
d'un petit nombre, elle préférait le gouvernement
des cinq mille, où elle avait une large part.

Alcibiade ne voulut rentrer dans Athènes que couvert de gloire. Un combat naval, livré entre Sestos
et Abydos, balaya l'Hellespont des vaisseaux péloponésiens (411). Bientôt Alcibiade affranchit la Propontide par la victoire de Cyzique, et prit toute la
flotte ennemie, excepté les vaisseaux de Syracuse,
que les Syracusains brûlèrent eux-mêmes[2]. Alors
l'espoir revint aux Athéniens, et les Spartiates tombèrent à leur tour dans le découragement. Après la
bataille de Cyzique, ils envoyèrent à Athènes une
députation dont le chef, Endius, proposa la paix

---

1. Aristophane, *Lysistrata*, v. 490.
2. Xénophon, *Helléniques*, I, 1.

dans l'assemblée du peuple. Les plus sages et les plus modérés des Athéniens inclinaient à traiter ; mais ceux qui avaient pour système de pousser à la guerre, et qui, selon l'expression de Diodore, s'étaient fait un revenu des troubles publics, étaient décidés à rejeter ces propositions. Parmi eux se signala un certain Cléophon, le plus grand démagogue du temps[1]. Il enivra le peuple du récit de ses dernières victoires ; il lui persuada qu'Athènes n'avait plus à craindre aucun retour de fortune, et la majorité vota la continuation de la guerre.

Ce triomphe du démagogue, qui rappelle le bon temps de Cléon et de ses successeurs, nous prouve que la démocratie modérée n'avait pas fourni une longue carrière. Le suffrage n'était sans doute plus restreint aux Cinq-Mille qui avaient succédé aux Quatre-Cents, et il est probable que tous les citoyens étaient rentrés en possession de leurs droits. Ce changement paraît s'être opéré environ onze mois après la chute de Pïsandre[2].

Cependant Alcibiade poursuivait ses succès. Il s'empara de Périnthe, de Chalcédoine, de Selymbrie et de Byzance. Partout vainqueur, il avait pris deux cents navires aux ennemis, et levé d'abondantes contributions dans les îles de la mer Égée, sur les rivages de la Propontide et du Pont-Euxin. Thrasybule, de son côté, avait repris l'île de Thasos et les villes de la Thrace qui avaient quitté le parti des Athéniens.

1. Μέγιστος ὢν τότε δημαγωγός. (Diodore de Sicile, XIII, 53.)
2. M. Grote, *History of Greece*, t. VIII, p. 108.

Quand Alcibiade crut avoir assez fait pour la grandeur et la gloire de sa patrie, il voulut enfin se montrer à Athènes (407). Il aborda au Pirée le jour même où l'on célébrait, en l'honneur de Minerve, la fête appelée *Plyntéries*. C'était l'usage, dans cette solennité, de voiler la statue de la déesse ; ce qui fut regardé, cette fois, comme un présage sinistre. « Il semble, disait-on, que la déesse se cache pour ne pas voir Alcibiade[1]. »

Quelques auteurs, sur la foi de Duris de Samos, ont donné au retour d'Alcibiade l'apparence d'un triomphe ou d'une fête. Il revenait en effet victorieux, et il traînait à sa suite quelques-uns des navires qu'il avait pris; mais ces voiles de pourpre qui paraient le vaisseau du général, ces flûtes harmonieuses qui réglaient le mouvement et la cadence des rames, c'étaient autant de circonstances fort invraisemblables en elles-mêmes, et qui ne se trouvaient d'ailleurs ni dans Théopompe, ni dans Éphore, ni dans Xénophon. Alcibiade n'était nullement assuré d'être bien accueilli par les Athéniens. Les sentiments étaient très-partagés à son égard : les uns lui pardonnaient ses trahisons en faveur de ses exploits récents ; mais les autres l'accusaient de tous les maux qu'Athènes avait soufferts, et ils prévoyaient que son ambition en attirerait d'autres sur sa patrie[2]. Aussi n'approchait-il du port qu'en se tenant sur ses gardes. Quand il fut près de la terre, il ne se hâta pas de descendre

1. Plutarque, *Alcibiade.*
2. Xénophon, *Helléniques*, I, 4.

de sa galère; il était debout sur le tillac; ses yeux
cherchaient ses amis dans la foule. Tout à coup il
aperçoit son cousin Euryptolème, il reconnaît quelques hommes de sa famille et de son parti; alors
seulement il met pied à terre, et il monte dans la
ville, avec une escorte d'hommes dévoués, tout
prêts à le défendre contre la violence.

Le premier soin d'Alcibiade, en rentrant dans
Athènes, ce fut de paraître devant le sénat et le
peuple. Il déplora ses malheurs, mais sans accuser
ses concitoyens. Tout en protestant de son innocence, il rejeta tout sur sa mauvaise fortune, sur
quelque démon jaloux de sa prospérité. Puis, laissant de côté la question personnelle, il entretint les
Athéniens de la situation de leurs ennemis, et il les
exhorta à concevoir de grandes espérances[1]. Il fut
écouté sans être contredit, et l'assemblée le proclama
généralissime avec pouvoir absolu, comme seul capable, dit Xénophon, de rétablir la république dans
son ancienne splendeur[2]. Plutarque ajoute qu'on lui
décerna des couronnes d'or, que tous ses biens lui
furent rendus, et qu'on ordonna aux Eumolpides et
aux hérauts de le relever des malédictions prononcées contre lui. Tous obéirent; le principal d'entre
eux, nommé Théodore, osa dire : « Mais moi, je ne
l'ai point maudit, s'il n'a fait aucun mal à la république. »

Alcibiade ne jugea pas prudent de quitter Athènes, ·

---

1. Plutarque, *Alcibiade.*
2. Xénophon, *Helléniques*, I, 4.

avant de s'être purgé de l'accusation de sacrilége par
un acte éclatant de religion. Il voulut présider à la
célébration de ces mystères qu'on l'avait jadis accusé
d'avoir profanés. Depuis le jour que les Lacédémoniens avaient fortifié Décélie, et occupé tous les
chemins qui menaient d'Athènes à Éleusis, la fête
n'avait point été célébrée avec toute la pompe accoutumée; on avait été obligé de conduire la procession
par mer. Alcibiade osa la conduire par terre, en faisant escorter par ses soldats les prêtres et les initiés.
La théorie, plus magnifique que jamais, arriva à
Éleusis et revint à Athènes dans un ordre merveilleux. « Jamais, dit Plutarque, on n'avait vu spectacle plus auguste, ni plus digne de la majesté des
dieux. C'était à la fois une procession guerrière et
une expédition sainte, et ceux qui ne portaient point
envie au mérite d'Alcibiade, étaient forcés de convenir qu'il remplissait aussi bien les fonctions de grand-
prêtre que celles de général. »

C'était surtout parmi les pauvres et dans tout le
menu peuple qu'Alcibiade était redevenu populaire.
Là on ne se contentait pas de l'avoir pour général,
on voulait en faire un roi. Plusieurs s'en expliquaient
hautement; il y en avait qui, s'adressant à lui-même,
l'engageaient à ne s'embarrasser ni des lois, ni des
suffrages, à écarter les brouillons qui troublaient
l'État par leur babil, à se rendre maître absolu des
affaires, et à gouverner à sa fantaisie sans craindre
les délateurs. Mais Alcibiade était obligé de compter
avec l'aristocratie modérée, qui l'avait aidé à rentrer
dans Athènes. Ce parti, qui avait conservé quelque

influence dans l'assemblée, pressa le général de partir sans différer, en lui accordant tout ce qu'il demandait, et en lui donnant pour collègues les citoyens qui lui étaient le plus agréables [1].

On ne laissa point à Alcibiade le temps d'achever la guerre dont il était chargé. On profita de la défaite d'un de ses lieutenants pour l'accuser devant le peuple. On imputait la perte des vaisseaux à sa négligence et à ses débauches; on lui reprochait aussi d'avoir abusé de son pouvoir, de s'être enrichi aux dépens des alliés, et d'avoir construit des forts en Thrace pour s'y ménager une retraite. On lui retira le commandement, et on le remplaça par dix généraux, parmi lesquels était Conon. Alcibiade, sans s'étonner de cette disgrâce, à laquelle il s'attendait, assembla quelques troupes étrangères, et alla faire la guerre en Thrace pour son propre compte.

Mais les Athéniens ne l'eurent pas plutôt disgracié, qu'ils le regrettèrent. L'année suivante (406), Aristophane donna au théâtre sa comédie des *Grenouilles*, qui fait allusion à ces événements. Dans cette pièce, Bacchus descend aux enfers pour y chercher un bon poëte. Il hésite entre Eschyle et Euripide; et, pour les éprouver, il leur dit : « la république est bien malade; celui de vous deux qui lui donnera le meilleur conseil, je l'emmène avec moi là-haut. Et d'abord que pensez-vous l'un et l'autre d'Alcibiade ?

EURIPIDE.

Mais qu'en pensent les Athéniens ?

---

1. Plutarque, *Alcibiade.*

BACCHUS.

Ce qu'ils en pensent ? ils le désirent, ils le haïssent, ils ne peuvent s'en passer. Mais vous, dites-nous quelle est votre opinion ?

EURIPIDE.

Je hais un citoyen lent à servir sa patrie et prompt à lui nuire, habile pour lui-même et inutile à l'État.

BACCHUS.

Fort bien, par Neptune ! Et toi, quel est ton avis ?

ESCHYLE.

Il ne faut pas nourrir un lionceau dans une ville ; mais si on l'a nourri, il faut se plier à ses caprices[1]. »

Plus d'un passage de cette comédie exprime de sinistres pronostics sur l'avenir d'Athènes. Le poëte accuse souvent la corruption des mœurs et l'absence de vertus publiques : « Pas un riche aujourd'hui ne veut équiper de trirèmes ; chacun se fait pauvre et s'enveloppe de haillons.... Le goût du bavardage et des arguties a fait déserter les palestres.... L'esprit de désordre gagne jusqu'aux marins : autrefois ils ne savaient que faire leur métier ; maintenant ils disputent, ils laissent la rame oisive, et naviguent au hasard[2]. » Ce qu'il y a de plus triste, c'est qu'Athènes ne voulait ni supporter ses maux, ni employer les remèdes héroïques qui auraient pu la guérir. Dans une des dernières scènes des *Grenouilles*, Eschyle dit à Bacchus : « Quels hommes la république emploie-

1. Aristophane, *Grenouilles*, v. 1419 et suiv.
2. Aristophane, *Grenouilles*, v. 1065 et suiv.

t-elle ? les honnêtes gens ? — Elle les déteste. — Elle
aime donc les méchants ? — Non pas, mais elle s'en
sert par nécessité. » Et Eschyle conclut tristement :
« Comment sauver un État qui ne peut porter ni le
drap fin ni la bure[1] ? »

1. Aristophane, *Grenouilles*, v. 1455 et suiv.

CHAPITRE XIV.

Athènes se relève à la bataille des Arginuses. — Procès et mort
des généraux vainqueurs.

La disgrâce d'Alcibiade rendit à Sparte les chances qu'elle avait perdues. Callicratidas, qui venait de remplacer Lysandre comme chef des Péloponésiens, prit Méthymne, dans l'île de Lesbos, et bloqua Conon dans Mitylène, après lui avoir enlevé trente vaisseaux. Athènes, loin de se laisser abattre par ces revers, fit un effort énergique pour se relever. Dans l'espace d'un mois, une flotte de cent dix vaisseaux fut équipée. Tous ceux qui étaient en âge de servir s'embarquèrent, y compris les esclaves, auxquels on promettait la liberté comme récompense[1]. Un certain nombre de métèques avaient pris les armes, eu devenant citoyens[2]. »

En présence du danger public, les chevaliers ne revendiquèrent plus leur ancien privilége. On voit dans Thucydide qu'au commencement de la guerre du Péloponèse, en 428, on avait équipé cent vaisseaux, et que tous les Athéniens s'étaient embarqués sur la flotte, excepté les chevaliers et ceux qui avaient cinq cents médimnes de revenus[3]. Quinze ans plus tard, le privilége subsistait encore : en 413, lorsque

1. Xénophon, *Helléniques*, I, 6.
2. Diodore de Sicile, XIII, 97.
3. Thucydide, III, 16.

les Lacédémoniens fortifièrent Décélie, les Athéniens,
craignant pour leur ville, montaient la garde jour et
nuit sur les remparts, excepté les chevaliers[1]. En
406, au contraire, quand il s'agissait d'aller délivrer
Conon dans Mitylène, toutes les classes de citoyens
se soumirent aux mêmes devoirs : Xénophon constate que la plupart des chevaliers s'embarquèrent
sur la flotte[2].

Avec le contingent des alliés, la flotte athénienne
s'élevait à cent cinquante voiles ; elle vainquit les
Péloponésiens aux Arginuses. Mais cette victoire
même provoqua, dans l'intérieur de la ville, un san-
glant sacrifice. Au moment où la fortune se déclarait pour Athènes, les généraux vainqueurs avaient
ordonné aux triérarques Théramène et Thrasybule
d'aller, avec quarante-six navires, vers les vaisseaux
submergés, de sauver les hommes qui s'y trouvaient
encore, ou de recueillir au moins leurs cadavres.
Diodore et les auteurs qui l'ont suivi ne parlent que
de l'enlèvement des corps de ceux qui n'étaient
plus[3]; mais le texte de Xénophon, bien interprété,
nous montre qu'il s'agissait aussi de sauver ceux qui
respiraient encore[4]. Comme Théramène et Thrasybule se disposaient à exécuter l'ordre qu'ils avaient
reçu, une violente tempête les en empêcha ; ils
restèrent aux Arginuses, où ils dressèrent un tro-

---

1. Thucydide, VII, 28.
2. Xénophon, I, 6.
3. Diodore de Sicile, XIII, 100.
4. Xénophon, I, 6. — M. Grote, *History of Greece*, t. VIII,
p. 238.

phée. Le gros de la flotte victorieuse s'était dirigé vers Mitylène; et Conon, dégagé par la retraite des Péloponésiens, vint rejoindre ses compatriotes.

Cependant parmi les huit généraux qui avaient triomphé aux Arginuses, Protomaque et Aristogène ne revinrent point à Athènes; les six autres, Périclès, Diomédon, Lysias, Aristocrate, Érasinide et Thrasylle n'y furent pas plutôt arrivés, qu'Archidème, un des citoyens les plus influents, proposa une amende contre Érasinide, dont il était l'ennemi. Il l'accusait d'avoir détourné l'argent des tributs de l'Hellespont; il lui imputait encore d'autres malversations commises pendant son généralat. Les juges ordonnèrent d'emprisonner Érasinide. Les autres généraux firent ensuite un rapport devant le sénat, sur le combat naval et sur la violence de la tempête. L'assemblée ne fut point satisfaite de leurs explications, et, sur la proposition du sénateur Timocrate, elle ordonna qu'ils fussent enchaînés et traduits devant le peuple.

Quand les citoyens furent réunis dans l'*Agora*, plusieurs voix s'élevèrent contre les généraux; mais personne ne les accusa avec plus de violence que Théramène, celui-là même qu'ils avaient chargé, avec Thrasybule, de sauver les débris du naufrage. Il osa demander aux généraux pourquoi ils n'avaient pas fait enlever les corps de ceux qui avaient péri. La faveur populaire accueillit l'accusation, et l'on refusa à ces malheureux le temps que la loi leur accordait pour leur défense. A peine chacun d'eux put-

il se justifier en peu de mots. « Occupés, disaient-
ils, à poursuivre l'ennemi, ils avaient confié l'enlèvement des naufragés à d'habiles triérarques, à
Théramène, à Thrasybule et à quelques autres of-
ficiers. S'il fallait accuser quelqu'un, c'était sans
doute ceux qu'on avait chargés de ce soin. Cependant, ajoutèrent-ils, ils ont beau nous dénoncer;
nous ne trahirons pas la vérité; nous ne prétendons
point qu'ils soient coupables : la violence seule de
la tempête a empêché l'enlèvement des morts. » Et
ils prenaient à témoin de ce qu'ils disaient les pilotes
et tous leurs compagnons d'armes. Ces paroles persuadèrent une partie du peuple ; plusieurs citoyens
se levèrent, et s'offrirent pour cautions. Mais les
meneurs, qui voulaient perdre les généraux, firent
renvoyer l'affaire à une autre assemblée, sous prétexte qu'il se faisait tard, et qu'on ne pouvait distinguer de quel côté était la majorité. Le sénat devait
déterminer par un décret la marche à suivre dans le
jugement des accusés.

Sur ces entrefaites arriva la fête des *Apaturies*,
antique solennité d'origine ionienne, où l'on s'as-
semblait par familles. Ce jour-là, les amis de Théramène avaient aposté des hommes qui parurent devant le peuple rasés et vêtus d'habits de deuil,
comme parents des morts. Ils persuadèrent à Callixène de renouveler dans le sénat l'accusation contre
les généraux. Ils convoquèrent ensuite une assemblée où les sénateurs présentèrent au peuple un
décret conforme à la proposition de Callixène.
« Puisque dans la dernière séance on avait entendu

l'accusation et la défense, les Athéniens n'avaient plus qu'à prononcer leur jugement. Deux urnes seraient placées dans chaque tribu : ceux qui jugeraient les généraux coupables jetteraient leur caillou dans la première urne ; ceux qui seraient d'un avis contraire déposeraient leur suffrage dans la seconde. Si les généraux étaient déclarés coupables par la majorité, ils seraient punis de mort, leurs biens seraient confisqués, et on en verserait le dixième dans le temple de Minerve. » Un homme parut alors, qui dit s'être sauvé du naufrage sur un tonneau de farine ; ses compagnons d'infortune l'avaient chargé, s'il échappait, de déclarer au peuple que les généraux avaient abandonné les corps des braves défenseurs de la patrie[1].

Le décret de Callixène violait ouvertement toutes les formes légales. On pouvait accuser les généraux, soit comme traîtres à la patrie, soit comme sacrilèges ; mais, dans les deux cas, la loi athénienne ordonnait que chaque accusé fût jugé séparément. Le jour du jugement devait être divisé en trois parties : dans la première partie, le peuple examinait s'il y avait lieu à accusation ; dans la seconde, il entendait les charges ; la troisième partie du jour était consacrée à la défense. Le décret de Callixène supprimait tout simplement le procès. On se contentait de l'interrogatoire qu'avaient subi les généraux dans la première séance, et de ces brèves réponses que le peuple avait à peine daigné écouter. Puis, au lieu de

1. Xénophon, I, 7.

statuer séparément sur chaque accusé, on proposait de les comprendre tous dans un seul et même décret. Ce n'était plus un jugement, c'était un acte de proscription, ou ce que les Anglais appellent un *bill* d'*attainder*.

Une si monstrueuse illégalité ne pouvait passer sans contradiction. Quelques citoyens, entre autres Euryptolème, fils de Pisianax, accusèrent Callixène comme auteur d'un décret contraire aux lois. Alors la multitude s'écria qu'il était indigne de ne pas permettre au peuple de faire tout ce qu'il voulait[1]. On réclamait au nom de la souveraineté du peuple, comme si toute souveraineté n'était pas limitée par les lois qu'elle a faites, et surtout par le bon sens. Un citoyen, nommé Lycisque, alla jusqu'à dire que, si on persistait à contester la toute-puissance de l'assemblée, il fallait comprendre les opposants dans le même jugement que les généraux. Et les cris tumultueux de la foule appuyaient ces menaces. Euryptolème et ses amis se désistèrent de leur poursuite contre Callixène. Cependant les prytanes protestaient qu'ils ne souffriraient pas qu'on votât d'une manière contraire aux lois. Callixène remonta à la tribune pour les envelopper dans la condamnation des généraux. Décret d'accusation contre les opposants! s'écrie-t-on de toutes parts. Les prytanes consternés consentent à laisser voter le peuple; Socrate seul, qui se trouvait revêtu de cette dignité, déclara qu'il ne s'écarterait point de la loi.

1. Xénophon, I, 7.

Euryptolème, montant alors à la tribune, plaida la cause des généraux. Il n'y avait, disait-il, qu'un reproche à leur faire, c'était de ne pas avoir accusé Théramène et Thrasybule, qui avaient été chargés de recueillir les débris du naufrage, et qui avaient si mal rempli leur mission. L'orateur demandait que les généraux, injustement accusés, fussent du moins jugés selon la loi que nous avons citée plus haut. « O Athéniens, s'écriait-il en finissant, ne traitez pas le bonheur et la victoire comme vous traiteriez le malheur et la défaite; ne punissez pas des hommes de l'irrésistible volonté des dieux ; ne jugez pas comme coupables de trahison ceux que la tempête a mis dans l'impuissance d'agir. N'est-il pas plus juste de couronner des vainqueurs, que de leur donner la mort pour complaire à des méchants? »

L'orateur termina en demandant que les accusés fussent jugés chacun séparément, selon la loi, au lieu d'être tous compris dans un même arrêt, suivant la proposition du sénat. Cet avis fut d'abord adopté; mais, sur la réclamation de Ménéclès, on alla aux voix une seconde fois, et le décret du sénat réunit la majorité des suffrages[1]. Les généraux furent condamnés à mort. Comme les *Onze*, spécialement chargés de l'exécution des sentences, s'avançaient pour s'emparer des condamnés, l'un d'eux, Diomédon, se leva au milieu de l'assemblée. Il s'était acquis une grande réputation dans Athènes, non-seulement par ses talents militaires, mais par son amour

1. Xénophon, I, 7.

de la justice et par ses vertus. « Citoyens d'Athènes, s'écria-t-il au milieu d'un profond silence, puisse ce que vous venez de décréter contre nous tourner à l'avantage de la république! Mais puisque la fortune nous interdit d'acquitter par nous-mêmes les vœux que nous avions faits aux dieux pour obtenir la victoire, c'est à vous de prendre ce soin. Ne négligez donc point de rendre de solennelles actions de grâces à Jupiter Sauveur, à Apollon et aux vénérables déesses[1]. C'est en invoquant ces divinités que nous avons vaincu les ennemis dans le dernier combat naval. » Les larmes des bons citoyens accueillirent ces paroles; mais la majorité fut inflexible[2]. Les six généraux furent conduits à la mort, et, en présence du supplice infâme qui était le prix de leur victoire, ils déployèrent le courage qu'ils avaient montré devant l'ennemi.

On se demande quel est le parti politique auquel l'histoire doit imputer ce fatal sacrifice. Plusieurs critiques ont supposé que Théramène avait agi de concert avec le parti oligarchique, tous les généraux étant odieux à ce parti à cause de leurs relations avec Alcibiade; mais il n'y a rien dans les textes anciens qui autorise cette supposition. Diodore, au contraire, attribue tout à la déraison du peuple et aux intrigues des démagogues. Selon Xénophon, les citoyens les plus honorables s'étaient épuisés en vains efforts pour sauver les généraux, et ce qui

1. Les Euménides.
2. Diodore de Sicile, XIII, 102.

l'avait emporté dans l'assemblée, c'était la multitude (τὸ πλῆθος). Mais, quel que soit le parti
qui ait fait passer le décret de proscription,
ce qui n'est que trop certain, c'est que le respect
des lois était éteint dans la plupart des cœurs, et
que la population athénienne, esclave de ses passions et de ses caprices, n'était plus digne d'exercer ce droit de justice dont le législateur l'avait
investie.

Dans la comédie des *Grenouilles*, qui fut représentée l'année même de la condamnation des généraux (406), Aristophane s'indigne de la partialité
du peuple, et de ses injustices envers les meilleurs
citoyens : « Dans cette ville, dit le poëte, on en use
à l'égard des honnêtes gens, comme à l'égard de la
vieille monnaie. Celle-ci est sans alliage, la meilleure
de toutes, la seule bien frappée, la seule qui ait
cours chez les Grecs et chez les barbares; mais, au
lieu d'en user, nous préférons ces méchantes pièces
de cuivre nouvellement frappées et de mauvais aloi.
Il en est de même des citoyens : ceux que nous savons être bien nés, modestes, justes, probes, nous
les outrageons, tandis que nous trouvons bons à
tout des infâmes, des étrangers, des esclaves, des
vauriens de mauvaise famille, dont la ville autrefois
n'aurait pas voulu pour victimes expiatoires [1]. »
On voit, dans le même ouvrage, qu'au moment
même où il condamnait les généraux vainqueurs
aux Arginuses, le peuple décernait le titre de

1. Aristophane, *Grenouilles*, v. 718 et suiv.

citoyen aux esclaves qui avaient pris part au combat[1].

Les Athéniens ne tardèrent point à se repentir d'avoir immolé ces illustres victimes. Un décret de l'assemblée provoqua des recherches contre ceux qui avaient trompé le peuple. Callixène et quatre autres citoyens furent dénoncés et emprisonnés; mais ils parvinrent à s'évader avant le jugement. Callixène revint plus tard à Athènes, où il mourut de faim, au milieu de la haine universelle[2]. Mais ce n'était point assez : il fallait que le peuple expiât le crime qu'il avait commis. La Providence lui réservait pour châtiment la bataille d'Ægos-Potamos et la tyrannie des Trente.

1. Aristophane, *Grenouilles*, v. 694.
2. Xénophon, I, 7. — Diodore de Sicile, XIII, 103

CHAPITRE XV.

Prise d'Athènes par les Lacédémoniens. — Établissement des Trente tyrans. — Procès et mort de Théramène.

La guerre du Péloponèse touchait à son terme : elle finit bientôt par l'abaissement d'Athènes. Ce fut le principe aristocratique qui triompha avec Lysandre, à Ægos-Potamos (405). Le vainqueur détruisait partout les gouvernements populaires; il laissait dans chaque ville un gouverneur lacédémonien appelé *Harmoste*, et dix archontes qu'il choisissait parmi les plus nobles, les plus riches, et surtout parmi ceux qui lui étaient le plus dévoués.

Mais il fallait porter le dernier coup à la démocratie, par la prise d'Athènes. Lysandre, après avoir ravagé Salamine, vint bloquer le Pirée avec cent cinquante voiles : c'est le chiffre donné par Xénophon[1]; Diodore dit deux cents trirèmes[2]. En même temps tous les Péloponésiens, excepté les habitants d'Argos, s'étaient jetés sur l'Attique, sous la conduite de Pausanias, l'un des deux rois de Sparte; ils vinrent camper près d'Athènes, dans les jardins d'Académus. Agis, l'autre roi de Lacédémone, continuait d'occuper Décélie. Les Athéniens n'avaient rien à opposer à tant d'ennemis conjurés : ils n'a-

1. Xénophon, II, 2.
2. Diodore, XIII, 107.

vaient plus ni vaisseaux , ni alliés, ni vivres; et
cependant ils ne songeaient point à capituler; ils se
rappelaient avec quelle rigueur ils avaient traité de
chétives bourgades, dont tout le crime était d'avoir
suivi le parti lacédémonien , et ils s'attendaient à
d'impitoyables représailles[1].

Dans cette crise suprême, la démocratie expirante
fit un effort désespéré. Les citoyens flétris furent
réhabilités, et rentrèrent dans tous leurs droits. Le
décret, proposé par Patroclide, comprenait tous
ceux qui avaient été dégradés pour quelque cause
que ce fût : débiteurs du trésor, comptables dont la
gestion n'était pas liquidée, condamnés à des amendes
non payées, fermiers de l'impôt retardataires, cautions devenues insolvables, concussionnaires, déser-
teurs, soldats réfractaires, fuyards qui avaient jeté
leurs boucliers, faux témoins, fils dénaturés, calom-
niateurs qui avaient subi jusqu'à trois condamnations, tous furent relevés de leur déchéance et rentrèrent dans l'*Agora*[2]. On se figure aisément ce
qu'une pareille adjonction produisit dans l'assemblée
du peuple. Les passions les plus ardentes dictèrent
désormais tous les décrets. Le sénat ne délibérait
plus librement. Un membre de cette assemblée fut
mis en prison, pour avoir dit à ses collègues que le
meilleur parti était d'accepter la paix aux conditions
offertes par les Lacédémoniens. Personne n'osait
plus parler de capitulation, et une poignée d'Athé-

1. Xénophon, II , 2.
2. Andocide, *Discours sur les Mystères.*

niens continuait de combattre, au milieu des morts
que la famine et l'ennemi multipliaient tous les
jours.

Cependant, quand le blé vint à manquer tout à
fait, on envoya des députés à Agis. Les Athéniens
offraient d'entrer dans l'alliance lacédémonienne,
en conservant leurs murailles et le Pirée. Agis répondit qu'il n'avait pas le pouvoir de traiter, et renvoya
l'affaire à Sparte. Le gouvernement lacédémonien
traîna les négociations en longueur, jusqu'à ce que
les Athéniens épuisés fussent obligés de subir les conditions qu'on voudrait leur imposer. Parmi les représentants de la république athénienne on remarquait
Théramène, cet homme d'un caractère mobile et
d'une politique équivoque. Mêlé à toutes les affaires
et à toutes les intrigues, il avait beaucoup contribué
à établir l'oligarchie, et plus tard à la détruire. On
sait la part qu'il avait prise au procès des généraux ;
et maintenant qu'Athènes avait succombé, c'était lui
qui allait discuter avec les vainqueurs les conditions
de la paix.

Il y eut, dans le congrès, des voix qui demandaient
non pas seulement l'abaissement, mais la destruction
d'Athènes : « Des Corinthiens, dit Xénophon, des Thébains surtout, et beaucoup d'autres Grecs soutenaient
qu'il ne fallait pas traiter avec les Athéniens, qu'il
fallait les exterminer[1]. » Plutarque cite un officier
thébain, nommé Arianthos, qui était d'avis de raser
la ville, et de réduire tout le pays en pâturages pour

---

1. Xénophon, II, 2.

les troupeaux. Les Spartiates, mieux inspirés, déclarèrent qu'ils ne détruiraient jamais une ville qui,
dans les circonstances les plus critiques, avait si bien
mérité de la Grèce. La paix fut donc conclue, à condition qu'on démolirait les fortifications du Pirée et
les longs murs qui joignaient le port à la ville ; que
les Athéniens ne conserveraient que douze galères ;
qu'ils abandonneraient toutes les villes qui leur étaient
soumises, et se contenteraient de leur propre territoire, qu'ils rappelleraient les exilés, et feraient une
ligue offensive et défensive avec les Lacédémoniens.
Ce qu'il y avait de plus humiliant pour Athènes, c'est
qu'elle ne traitait pas avec sa rivale sur le pied d'égalité : c'était un décret des Éphores qui dictait la paix
aux vaincus[1].

Quand ces conditions furent apportées à Athènes,
l'assemblée du peuple fut convoquée. Théramène dit
qu'il fallait se résigner, et abattre ces murs qui
faisaient l'orgueil et la force de la ville. Quelques-
uns étaient d'avis de rejeter la capitulation, entre
autres un jeune orateur athénien, nommé Cléomène.
Celui-ci demanda à Théramène s'il oserait faire le
contraire de ce qu'avait fait Thémistocle, en livrant
à Sparte ces murailles que Thémistocle avait bâties
malgré les Spartiates : « Jeune homme, répondit
Théramène, je ne fais rien de contraire à ce qu'a
fait Thémistocle. C'est pour le salut d'Athènes que
Thémistocle a bâti ces murs, et c'est aussi pour le
salut d'Athènes que nous les démolissons. » Il ajouta

---

1. Plutarque, *Lysandre.*

que si c'étaient les murailles qui faisaient le bonheur des villes, Lacédémone, qui n'en avait point, devait être la plus malheureuse des cités. La majorité adopta l'avis de Théramène, et, faisant taire sa douleur, courba la tête devant la nécessité. Bientôt Lysandre aborda au Pirée avec les bannis. C'était le jour même de l'anniversaire de la bataille de Salamine. Les murs d'Athènes furent démolis au son des flûtes. Les alliés, couronnés de fleurs, dansaient à ce spectacle, et regardaient cette journée comme l'aurore de leur liberté [1].

Plutarque dit que le lendemain de son entrée dans la ville, Lysandre changea la forme du gouvernement athénien, qu'il établit trente archontes dans la ville et dix dans le Pirée. Xénophon ne parle pas des dix magistrats du Pirée, et fait élire les Trente par le peuple. Cette version est plus vraisemblable; car Lysandre, qui joignait la ruse à l'audace, sentait la nécessité de ménager les Athéniens. Quand le nouveau gouvernement eut été constitué, Lysandre marcha contre Samos, où il abolit la démocratie. Agis ramena de Décélie son infanterie, et licencia les troupes alliées [2].

La victoire des Lacédémoniens avait opéré dans Athènes une révolution complète. Les Trente, élus sous l'influence étrangère, devaient publier des lois nouvelles, destinées à effacer jusqu'aux dernières traces de la démocratie. Mais, au lieu de promulguer

1. Xénophon, II, 2. — Plutarque, *Lysandre*.
2. Xénophon, II, 3.

ces lois, ils se mirent à gouverner arbitrairement.
Ils créèrent un sénat et des magistrats, selon leur bon
plaisir[1]. Le sénat, qu'ils avaient ainsi constitué, ne
fut qu'une haute cour de justice. Ils commencèrent
par citer devant ce tribunal les hommes connus sous
le régime démocratique pour vivre de calomnies. Le
sénat s'empressait de les condamner à mort, et les
honnêtes gens, qu'ils avaient si longtemps persécutés,
applaudissaient à leur supplice.

Mais bientôt les tyrans ne consultent plus que leur
caprice et leur intérêt particulier ; ils tendent à s'ar-
roger dans la ville une autorité absolue. Dès lors, ils
sont obligés de s'appuyer sur les forces de Sparte ;
ils demandent à Lysandre une garnison lacédémonienne, et l'harmoste Callibius prend possession de
l'Acropole. Cet homme se croyait tout permis dans
Athènes : un jour il avait levé le bâton pour frapper
l'athlète Autolycus ; ce dernier, qui était d'une force
prodigieuse, prit le Spartiate par les deux jambes, le
tint quelque temps suspendu en l'air, puis le jeta rudement contre terre. Lysandre, loin de s'irriter d'une
telle audace, réprimanda Callibius, et lui dit qu'il devait se souvenir qu'il commandait à des hommes
libres. Mais cette parole de Lysandre ne sauva point
Autolycus ; car, quelque temps après, les Trente le
firent mourir pour complaire à Callibius[2]. L'harmoste, de son côté, n'avait rien à refuser aux Trente :
il mettait ses troupes à leur disposition, pour

1. Xénophon, II, 3.
2. Plutarque, *Lysandre*.

arrêter non plus seulement les hommes justement méprisés, les démagogues et les sycophantes, mais tout citoyen capable de résister à la violence et à la tyrannie.

Dans les premiers temps, deux des plus influents parmi les Trente, Critias et Théramène, vécurent en bonne intelligence; mais le premier, élève indigne de Socrate, commençait à répandre à grands flots le sang de ce peuple qui l'avait banni. Théramène cherchait à s'opposer aux excès de son collègue; il lui représentait qu'il n'était pas juste de mettre à mort des citoyens honorés, s'ils n'avaient fait aucun mal aux gens de bien. Critias répondait que lorsqu'on voulait arriver au pouvoir, il fallait renverser tous ceux qui vous faisaient obstacle. « Si parce que nous sommes trente, disait-il, vous croyez que notre pouvoir, pour se conserver, exige moins de vigilance que la tyrannie d'un seul, vous êtes dans l'erreur. » Et le sang continuait de couler. L'indignation était générale, et déjà l'on commençait à former des ligues pour mettre un terme à tant d'excès. Théramène déclara à ses collègues que s'ils voulaient sauver l'oligarchie, il fallait lui donner une plus large base, et associer au gouvernement un plus grand nombre de citoyens. Critias et ses collègues, craignant de voir les mécontents se rallier autour de Théramène, choisirent trois mille citoyens qui remplirent les fonctions d'assemblée du peuple [1].

Théramène admettait en principe qu'on fît parti-

---

1. Xénophon, II, 3.

ciper au pouvoir les citoyens les plus honnêtes, mais
il ne comprenait pas que le chiffre en fût rigoureusement fixé à trois mille. » Êtes-vous bien sûrs, disait-il, qu'en dehors de ce nombre il n'y ait pas un
seul bon citoyen, et que parmi ces trois mille il n'y
en ait pas un seul mauvais? D'ailleurs, comment sou-
tiendrez-vous ces citoyens privilégiés contre la majorité, que vous avez exclue? » Tout ce qui n'était
pas inscrit sur le rôle des Trois-Mille fut désarmé,
et livré, comme un vil peuple, à la discrétion des
Trente. Il fut déclaré qu'aucun des Trois-Mille ne
pourrait être mis à mort sans le consentement du
sénat.

Quand les tyrans eurent désarmé leurs ennemis,
ils crurent avoir acquis le droit de tout faire. Ils sa-
crifiaient les uns parce qu'ils les haïssaient, les autres
parce qu'ils convoitaient leur fortune. Xénophon dit
que, pour subvenir à la solde de leurs satellites, ils
décidèrent que chacun d'eux s'emparerait d'un *mé-
tèque* ou étranger domicilié, qu'il le ferait mourir et
confisquerait ses biens[1]. L'orateur Lysias, dans son
discours contre Ératosthène, dit que Théognis et Pison, deux des Trente, inspirèrent cette idée à leurs
collègues. Ils commencèrent par établir que les métèques étaient en général contraires au gouvernement; ils ajoutèrent que c'était un excellent motif
pour les punir, et un prétexte pour les dépouiller.
On décréta donc l'arrestation de dix étrangers; mais,
sur ces dix, on en choisit deux parmi les pauvres,

1. Xénophon, II, 3.

afin d'échapper au reproche de cupidité, et de pouvoir au besoin attribuer cette mesure à la raison d'État [1]. On peut voir, dans le discours de Lysias, toutes les violences et toutes les cruautés qu'entraîna l'exécution d'un tel décret.

Théramène ne voulut pas tremper dans cette infamie ; il refusa sa part de la dépouille des métèques. « Il serait honteux, disait-il, pour ceux qui se regardent comme les premiers de l'État, de se conduire plus injustement que des sycophantes. Ces misérables, en dépouillant leurs victimes, leur laissent du moins la vie ; et nous, nous perdrions des innocents pour nous emparer de leur fortune ! » Dès lors Théramène fut considéré comme un ennemi. Ses collègues le dénoncèrent au sénat, et l'accusèrent de trahison. En même temps, pour mieux assurer l'exécution de leur projet, les Trente s'entourèrent d'une jeunesse audacieuse, qu'ils armèrent de courtes dagues, cachées sous leurs vêtements [2].

C'est Critias qui personnifie l'esprit oligarchique porté à sa plus haute puissance ; c'est lui qui érige en crime d'État la modération de Théramène, comme, à l'époque de la Terreur, Robespierre a poursuivi, dans Camille Desmoulins et Danton, ce qu'il appelait le parti des *indulgents*. En temps de révolution, jamais les haines ne sont plus ardentes qu'entre ceux qui se séparent après avoir longtemps suivi la même route.

1. Lysias, *Discours contre Ératosthène*.
2. Xénophon, II, 3.

Dans le discours que Xénophon prête à Critias, l'orateur commence par dire au sénat qu'il ne faut pas s'étonner s'il y a tant de condamnations à mort. Un gouvernement nouveau ne peut se maintenir qu'à la condition de frapper ses ennemis, et, selon l'expression de Critias, *toute révolution porte des fruits de mort*[1]. L'oligarchie surtout a nécessairement un grand nombre d'ennemis dans la ville la plus peuplée de la Grèce, une ville où depuis si longtemps le peuple est accoutumé à une extrême liberté. Critias ne cache pas que la dernière révolution s'est accomplie à Athènes de concert avec les Spartiates. « Il n'y a de salut, dit-il, que dans le gouvernement des grands : aussi cherchons-nous à nous débarrasser de quiconque nous paraît s'opposer à l'oligarchie. » Ici, il attaque Théramène comme travaillant à détruire le gouvernement qu'il a fondé, et dont il fait partie. Il rappelle avec amertume sa conduite antérieure, ses changements d'opinion, et ce surnom de *Cothurne*, qu'on lui avait donné pour exprimer ses variations politiques. Critias lui reproche même le rôle qu'il avait joué dans le procès des généraux, rôle odieux sans doute, mais qui n'avait aucun rapport à la cause.

Comme il arrive souvent dans les procès politiques, l'orateur cherche moins à prouver la culpabilité de l'accusé, qu'à démontrer aux juges que leur intérêt est de le condamner. Il finit en présentant la

---

1. Εἰσὶ μὲν δήπου πᾶσαι μεταβολαὶ πολιτειῶν θανατηφόροι. (Xénophon , II, 3)

constitution de Sparte comme l'idéal d'un bon gouvernement : « Sénateurs , la république lacédémonienne est certainement la mieux réglée. Si un des
éphores, au lieu d'obéir à la majorité, s'avisait de
décrier le gouvernement et d'entraver sa marche,
doutez-vous que les éphores eux-mêmes et tous les
magistrats ne le traitassent avec la dernière rigueur ?
Si vous êtes sages, vous sacrifierez donc Théramène
à votre propre sûreté. Qu'il échappe, son impunité
enhardit vos adversaires ; sa mort, au contraire, dé-
concertera tous les factieux dans Athènes et hors
d'Athènes[1]. »

Théramène prit ensuite la parole, et soutint qu'il
était innocent des crimes qu'on lui imputait. Bien
loin de trahir le gouvernement, il avait fait tous ses
efforts pour le sauver. Sans 'doute, il n'avait ap-
prouvé ni les arrestations arbitraires, ni les exécu-
tions injustes; il s'était opposé au désarmement
du peuple, à l'emploi des troupes étrangères et à
la spoliation des métèques. Mais toutes ces mesures,
au lieu de fortifier le gouvernement, le précipitaient
vers sa ruine. Théramène eut plus de peine à se justifier en ce qui concernait l'affaire des Arginuses et ses
tergiversations politiques. Il essaya de rétorquer cette
dernière accusation contre Critias : n'avait-on pas
vu naguère cet austère oligarque tenter une révolution démocratique en Thessalie, et armer les *penestes*
contre leurs maîtres ?

Le sénat accueillit la défense de Théramène par

1· Xénophon, II, 3.

un murmure favorable, et l'acquittement de l'accusé n'était pas douteux. Critias résolut alors de faire ce que nous appellerions aujourd'hui un coup d'État. Il sortit pour conférer un moment avec ses collègues; il fit approcher cette jeunesse armée de poignards qu'elle ne cachait plus; puis, rentrant dans l'assemblée : « Sénateurs, dit-il, un magistrat vigilant doit empêcher ses amis de se laisser surprendre ; c'est un devoir que je vais remplir. Les citoyens que vous voyez, ajouta-t-il en montrant les jeunes gens armés, déclarent qu'ils ne souffriront pas qu'on laisse échapper un homme qui a ouvertement attaqué l'oligarchie. Les lois nouvelles ne permettent pas qu'on fasse mourir sans votre avis un des Trois-Mille ; mais en même temps elles abandonnent aux Trente le sort de ceux qui ne sont pas de ce nombre. J'efface donc Théramène de cette liste, et, en vertu de mon autorité et de celle de mes collègues, je le condamne à mort. »

Cette violence mettait le droit du côté de Théramène. Il s'élance vers l'autel de Vesta : « Sénateurs, s'écrie-t-il, j'en prends à témoin les dieux et les hommes. Critias n'est pas libre de me retrancher d'une classe de citoyens, ni moi ni celui d'entre vous que sa haine poursuivra. Qu'on nous juge, vous et moi, conformément à la loi que les Trente eux-mêmes ont portée. » Malgré cette protestation, le héraut appelle les Onze ; ils entrent ; à leur tête paraît le plus audacieux et le plus insolent d'entre eux, Satyrus. « Voici Théramène que nous vous livrons, leur dit Critias ; la loi le condamne ; saisissez-vous de sa personne,

et faites votre devoir. » Aussitôt Satyrus et ses compagnons arrachent la victime de l'autel où elle avait
cherché un asile. Théramène continuait d'invoquer
les dieux et les hommes ; mais le sénat se taisait : il
voyait près de l'enceinte du tribunal les pareils de
Satyrus, qu'il savait munis de poignards. D'ailleurs,
la place du sénat était remplie des satellites des tyrans. Comme on l'entraînait à travers la ville, Théramène s'efforçait, par ses accents plaintifs, d'émou-
voir la multitude ; mais le peuple resta immobile
comme le sénat. Quand le condamné fut arrivé au
lieu du supplice, il se résigna à son sort, et retrouva
même sa gaieté : après avoir bu la ciguë, il jeta en
l'air ce qui restait dans la coupe : « Voilà, dit-il, la
part du beau Critias[1].

Par la mort de Théramène, la tyrannie des Trente
était arrivée à son apogée : aussi ne devait-elle pas
tarder à se briser.

1. Xénophon, II, 3.

CHAPITRE XVI.

Thrasybule délivre Athènes de la tyrannie des Trente,
Rétablissement du gouvernement démocratique.

Débarrassés de l'opposition de Théramène, Critias
et ses collègues ne mirent plus de frein à leur tyrannie. Ce n'était point assez pour eux d'interdire le
séjour de la ville à ceux qui n'étaient pas inscrits sur
le rôle des Trois-Mille ; ils les poursuivaient jusque
dans la campagne, et les dépouillaient de leurs propriétés pour se les adjuger à eux-mêmes ou les donner à leurs amis. Quelques-uns de ces malheureux
se réfugièrent au Pirée ; mais là encore ils étaient
exposés à la tyrannie des Trente ; ils étaient réduits à
aller chercher un asile à Mégare, à Thèbes, à Argos,
ou dans d'autres villes étrangères [1]. On a estimé à
plus de quinze cents le nombre des victimes que les
tyrans ont fait mettre à mort sans jugement [2].

Mais ce n'était pas seulement à la liberté, à la fortune et à la vie des citoyens que les Trente avaient
déclaré la guerre : ils semblaient avoir juré la ruine
de cette civilisation athénienne qui était l'honneur de
la Grèce entière. Critias, nommé nomothète avec
Chariclès, fit adopter une loi qui défendait d'enseigner l'art de la parole. Sans doute on avait souvent

1. Xénophon, *Helléniques*, II, 4.
2. Eschine, *Discours sur les prévarications de l'ambassade.*
— Isocrate, *Panégyr.* et *Aréopag.*

abusé de l'éloquence sur la place publique ou dans les écoles, et les citoyens paisibles avaient quelque droit d'accuser les orateurs et les sophistes; mais interdire à tout jamais l'enseignement de l'art oratoire, c'était un remède pire que le mal. Au reste, c'était surtout Socrate que l'on voulait atteindre par cette mesure. Les tyrans le regardaient avec raison comme l'un de leurs plus redoutables adversaires. Le philosophe avait dit un jour : « Je m'étonnerais que le gardien d'un troupeau, qui en égorgerait une partie et rendrait l'autre plus maigre, ne voulût pas s'avouer mauvais pasteur; mais il serait plus étrange encore qu'un homme qui, se trouvant à la tête de ses concitoyens, en détruirait une partie et corromprait le reste, ne rougît pas de sa conduite, et ne s'avouât pas mauvais magistrat. » Ce mot fut rapporté; Critias et Chariclès mandèrent Socrate, lui montrèrent la loi, et lui défendirent d'avoir désormais aucun entretien avec la jeunesse[1].

Socrate déclara qu'il était prêt à obéir aux lois; « mais, dit-il, afin de ne .pas les violer par ignorance, je voudrais savoir de vous-mêmes pourquoi vous avez interdit l'art de la parole; est-ce parce qu'il enseigne à bien dire, ou parce qu'il enseigne à mal dire? Dans le premier cas, on doit donc désormais s'abstenir de bien dire; dans le second, il est clair qu'il faut tâcher de mieux parler. » Critias ne répondit point; Chariclès, d'un ton irrité, renouvela au philosophe la défense de s'entretenir jamais

____

1. Xénophon, *Entretiens de Socrate*, 1, 2.

avec les jeunes gens. Malgré cette interdiction , Socrate n'en continuait pas moins à consoler les Athéniens de leur abaissement et de leur servitude. On
le voyait au milieu de la ville , s'efforçant de calmer
la douleur des vieillards, exhortant les citoyens à
ne pas désespérer de la république, et offrant à tous
l'exemple d'un homme qui savait être libre sous les
tyrans [1].

Platon a rappelé , dans l'*Apologie*, avec quel courage son maître avait résisté à la tyrannie. « Un jour,
dit Socrate, les Trente me mandèrent moi cinquième
au *Tholos* (on désignait ainsi un édifice circulaire et
voûté où se réunissaient les prytanes) ; ils me donnèrent l'ordre d'amener de Salamine Léon le Salami-
nien , afin qu'on le fît mourir ; car ils donnaient de
pareils ordres à beaucoup de personnes, pour compromettre le plus de monde qu'ils pourraient ; et alors
je prouvai, non pas en paroles, mais par des effets ,
que je me souciais de la mort comme de rien, si vous
me passez cette expression triviale, et que mon unique soin était de ne rien faire d'impie et d'injuste.
Toute la puissance des Trente, si terrible alors ,
n'obtint rien de moi contre la justice. En sortant du
Tholos, les quatre autres s'en allèrent à Salamine ,
et amenèrent Léon ; et moi je me retirai dans ma
maison ; et il ne faut pas douter que ma mort n'eût
suivi ma désobéissance si ce gouvernement n'eût

---

1. Socrates in medio erat, et lugentes patres consolabatur,
et desperantes de republica exhortabatur, et imitari volentibus
magnum circumferebat exemplum, quum inter triginta tyran-
nos liber incederet. » (Senec., *De tranq. anim.*, 3.)

été aboli bientôt après[1]. » L'intime ami de Socrate, Chéréphon, était en exil avec les meilleurs citoyens.

Pendant cette triste période, Athènes était réduite au dernier degré de faiblesse et de dénûment. Comme elle n'avait plus d'alliés depuis la bataille d'Ægos-Potamos, les tributs avaient entièrement cessé. La plupart des maisons tombaient en ruine. Les édifices publics, qui faisaient l'orgueil d'Athènes, étaient ou négligés ou dépouillés par les tyrans. Isocrate dit qu'ils avaient vendu pour trois talents la démolition des arsenaux de la marine, qui en avaient coûté mille à construire[2]. Le commerce était presque nul. La vie semblait s'être retirée de cette cité, naguère le centre du mouvement et comme le cœur même de la Grèce.

Les Athéniens, que le malheur avait rendus sages, se rappelaient toutes les fautes qu'ils avaient commises; mais celle qu'ils se reprochaient avec le plus d'amertume, c'était d'avoir banni Alcibiade. Quelques-uns, dit Plutarque, comptaient encore sur lui pour relever Athènes et la démocratie. Mais depuis que les Lacédémoniens étaient devenus tout-puissants dans la Grèce, Alcibiade avait quitté ses forteresses de la Chersonèse, où il ne se croyait plus en sûreté; il avait passé le Bosphore, et était venu se réfugier en Phrygie, sous la protection de Pharnabaze. Lysandre demanda sa mort au satrape, au nom des éphores. Toutes ces oligarchies, qui gouver-

1. Platon, *Apologie de Socrate*, traduction de M. Cousin. — — Diogène de Laërte, *Socrate*.
2. Isocrate, *Aréopagitique*.

naient les villes grecques d'Asie sous l'influence lacédémonienne, craignaient sans doute que la présence d'Alcibiade ne rendit l'espoir au parti démocratique. En même temps, les Trente épiaient avec
soin toutes les démarches de l'exilé athénien. Critias, dit Plutarque, persuada à Lysandre que le nouveau gouvernement d'Athènes et la puissance de
Sparte seraient en péril tant qu'Alcibiade vivrait[1].

L'ancien chef des Athéniens était alors retiré dans
une bourgade de Phrygie, où il vivait avec une
femme nommée Timandra. Les hommes, que Pharnabaze avait envoyés pour le tuer, n'osèrent point
entrer dans sa demeure; ils se contentèrent d'in-
vestir sa maison, et d'y mettre le feu. Alcibiade,
sans s'effrayer, ramasse tout ce qu'il trouve sous sa
main de vêtements, de tapisseries et de couvertures,
et, les pressant ensemble, il les jette au milieu du
feu; son bras gauche enveloppé de son manteau, et
l'épée à la main, il s'élance à travers les flammes,
et en sort sain et sauf. Sa vue étonna les barbares;
pas un seul n'osa l'attendre et en venir aux mains
avec lui; mais, tout en fuyant, ils l'accablèrent de
traits, et il tomba mort sur la place. Quand les
meurtriers se furent retirés, Timandra vint ramasser
le corps de celui qu'elle avait aimé; elle l'enveloppa
des plus belles étoffes qu'elle possédât, et lui fit des
funérailles aussi magnifiques que l'état de sa fortune
présente le lui permettait. Quelques auteurs, dit
Plutarque, n'attribuent cette mort ni à Pharnabaze,

1. Plutarque, *Alcibiade*.

ni à Lysandre, ni aux éphores; ils prétendent qu'Alcibiade avait séduit une jeune femme de l'une des plus nobles familles du pays, et que ce furent les frères de cette femme qui, pour se venger, mirent le feu à sa maison.

La mort d'Alcibiade ne sauva point la tyrannie des Trente. Quelques exilés athéniens, partis de Thèbes où ils avaient trouvé un asile, prirent les armes pour délivrer leur patrie. A leur tête était Thrasybule, qui avait honorablement combattu dans la guerre du Péloponèse. Il était presque seul en commençant la lutte : Cornélius Népos dit qu'il n'avait pas avec lui plus de trente hommes; Xénophon dit soixante-dix, ce qui est plus vraisemblable. D'autres auteurs portent à cent le nombre de ses compagnons. Ce fut avec ces faibles ressources qu'il s'empara de la forteresse de Phylé, située dans les montagnes au nord de l'Attique, sur la route directe de Thèbes à Athènes. Les Trente essayèrent de reprendre la place avec les hoplites lacédémoniens qui formaient leur garde, les trois mille citoyens privilégiés, et les chevaliers qui défendaient l'oligarchie. Mais Thrasybule, dont la troupe s'était grossie, non-seulement se maintint dans Phylé, mais tailla en pièces l'armée des Trente [1].

Les tyrans, ne se croyant plus en sûreté dans Athènes, s'emparèrent d'Éleusis, pour y trouver un asile au besoin. Thrasybule, de son côté, suivi d'en-

1. Xénophon, *Helléniques*, II, 4. — Diodore, XIV, 32. — Cornélius Népos, *Thrasybul*.

viron mille hommes, entra de nuit dans le Pirée, où le parti démocratique avait toujours été plus fort que dans la ville même. De Phylé au Pirée, c'est-à-dire de l'une à l'autre extrémité de l'Attique, la ligne de défense était trop étendue pour un petit nombre de combattants : Thrasybule concentra donc toutes ses forces sur la colline de Munychie. Ceux de la ville s'avancèrent jusque dans l'Hippodamée, à l'entrée du Pirée. Là se livra un combat décisif, où les Trente furent vaincus; deux d'entre eux, Critias et Hippomaque, restèrent sur le champ de bataille.

On aime à voir que la guerre civile n'avait pas éteint, dans l'âme des vainqueurs, tout sentiment d'humanité : ils ne dépouillèrent point les corps de ceux qui avaient succombé; ils se contentèrent de leur enlever leurs armes; mais ils rendirent les morts à leurs parents, sans leur envier les honneurs de la sépulture. Bientôt on s'approcha de part et d'autre; on conférait ensemble; on paraissait las d'une guerre qui coûtait tant de sang à Athènes. Xénophon prête de touchantes paroles au héraut des initiés, qui combattait du côté de Thrasybule, et qui engageait le parti oligarchique à poser les armes : « Citoyens, dit-il, pourquoi nous poursuivre? pourquoi vouloir nous arracher la vie? n'avons-nous pas fréquenté les mêmes temples, participé aux mêmes sacrifices, célébré ensemble les fêtes les plus solennelles? Les mêmes écoles et les mêmes chœurs ne nous ont-ils pas réunis? Avec vous, nous avons combattu sur terre et sur mer, pour la gloire et pour la liberté commune. Au nom des dieux, au nom de tous les

liens qui nous unissent, cessez de déchirer les entrailles de la patrie, d'obéir à d'insignes scélérats,
à ces Trente qui, dans un intérêt tout personnel, ont
fait périr plus d'Athéniens en huit mois que tous les
Péloponésiens en dix années.... Sachez-le bien, nous
avons pleuré, autant que vous-mêmes, plusieurs de
ceux qui viennent de tomber sous nos coups [1]. »

Les chefs, craignant l'effet d'un tel discours, firent rentrer leurs guerriers dans la ville. Le lendemain, les Trente siégèrent au conseil; mais ils avaient
l'air abattu, et ils se sentaient isolés. Partout les Trois-
Mille se disputaient entre eux. Ceux qui se reprochaient des actes de violence et qui en redoutaient
les suites, soutenaient qu'à aucun prix on ne devait
transiger avec le Pirée. Les autres disaient qu'il était
temps d'en finir, qu'il fallait secouer le joug des
Trente et sauver la république. Cette opinion préva-
lut : il fut arrêté que les tyrans seraient déposés.
Dix magistrats, un par tribu, furent nommés à leur
place.

Les Trente se retirèrent à Éleusis. Les Dix travaillèrent, de concert avec les hipparques ou chefs des
chevaliers, à apaiser les troubles et à calmer les
défiances. Mais au fond ce n'était qu'une modifica-
tion de l'oligarchie. Les Trois-Mille étaient restés dans
la ville, et le nouveau gouvernement invoquait le
secours de Lysandre. Au Pirée, au contraire, on
combattait pour la démocratie pure, et l'on avait
promis l'*isotélie* même aux étrangers qui se join-

_____

1. Xénophon, II, 4.

draient à l'armée de Thrasybule. Mais la discorde
éclate à Sparte, et sauve Athènes. Le roi Pausanias,
jaloux de Lysandre, attire dans son parti la majorité
des éphores; il s'avance à la tête d'une armée, en
apparence, dit Plutarque, pour soutenir le parti oligarchique contre le peuple, mais en réalité pour
empêcher Lysandre de prendre Athènes une seconde
fois. Après quelques combats sans importance, Pausanias négocia avec Thrasybule, en même temps qu'il
semait la division dans l'intérieur d'Athènes. Enfin,
il ménagea une transaction entre la ville et le Pirée.

La paix fut conclue entre les deux partis. Tous
les exilés étaient rappelés, et aucun citoyen ne devait
être recherché pour ses actes passés, à l'exception
des Trente, des Onze qui avaient été les instruments
de leurs cruautés, et des dix magistrats qui avaient
gouverné le Pirée. Éleusis était désignée comme un
asile pour ceux qui ne se croiraient point en sûreté
dans Athènes. Aussitôt que cet accord eut été accepté
par les deux partis, les Lacédémoniens évacuèrent
l'Attique. Thrasybule et ses compagnons s'avancèrent, en procession solennelle, du Pirée à Athènes.
Leur premier acte fut de monter à l'Acropole, et
d'offrir à Minerve un sacrifice d'actions de grâces[1].

Après cette cérémonie, Thrasybule parut dans
l'assemblée qui avait été convoquée, et adressa quelques rudes paroles au parti vaincu. Il demanda à
ceux qui étaient restés dans la ville de quel droit ils
prétendaient commander aux autres; il leur prouva

1. Xénophon, II, 4 — Diodore, XIV, 33.

qu'ils n'étaient ni plus justes, ni plus braves que le reste du peuple ; il les engagea à ne pas s'enorgueillir de leur alliance avec Lacédémone. « Comptez donc, leur dit-il, sur une république qui vous livre au peuple offensé, comme ces chiens qu'on livre muselés à ceux qu'ils ont mordus ! » En même temps, Thrasybule engageait ses compagnons d'armes à la modération. « Amis, leur dit-il, ce n'est pas moi qui vous conseillerai jamais de porter la moindre atteinte au traité que vous avez conclu : montrez qu'à vos autres vertus vous joignez le respect des dieux et de la foi jurée. »

La démocratie fut rétablie d'un consentement unanime. C'était au printemps de l'an 403 avant J. C. L'archonte Euclide donna son nom à cette année mémorable, qui suivit l'année *anarchique*. Bientôt on apprit que les tyrans et leurs amis, réfugiés à Éleusis, avaient armé des mercenaires, et se préparaient à une nouvelle lutte ; le peuple se leva contre eux comme un seul homme. Les chefs des rebelles, s'étant présentés pour parlementer, furent arrêtés et conduits à la mort ; les autres obtinrent une capitulation, par l'entremise de leurs parents et de leurs amis.

Thrasybule fit ensuite adopter un décret qui garantissait à tous l'oubli du passé, l'*amnistie*, le plus beau mot que nous ayons appris depuis notre enfance, dit Eschine. Thrasybule ne se contenta pas de faire porter cette loi : il la fit exécuter [1]. L'orateur

---

1. Neque vero hanc tantum legem ferendam curavit, sed etiam ut valeret effecit. (Cornélius Népos, *Thrasybule.*)

Andocide nous a conservé la formule du serment
que les citoyens et les magistrats prêtèrent au sujet
de l'amnistie[1].

Tandis qu'Athènes renaissait à peine à la liberté,
Sparte maintenait sa prépondérance en Grèce, et
intervenait dans les affaires d'Asie. Elle soutenait le
jeune Cyrus dans son entreprise contre son frère
Artaxerce, et Thimbron allait fortifier, dans les villes
grecques de l'Asie Mineure, l'influence lacédémonienne. Cet harmoste, qui avait avec lui mille affran-
chis et environ quatre mille Péloponésiens, demanda
à Athènes trois cents cavaliers, en promettant de les
solder. Les Athéniens donnèrent ceux qui avaient
servi sous les Trente, persuadés que la république gagnerait à leur éloignement et à leur mort. Thimbron
et son successeur Dercyllidas firent reconnaître la
puissance de Sparte par tous les Grecs asiatiques.
L'heureux Dercyllidas, qui prenait neuf villes en huit
jours[2], effraya les Perses, s'unit aux Thraces, passa
l'Hellespont, et, fermant la Chersonèse par un mur
de trente-sept stades, il mit ce fertile pays sous la
protection de Lacédémone. Athènes, tout occupée
à reconstituer son gouvernement, ne pouvait exercer
aucune influence au dehors. L'hégémonie appartenait désormais à sa rivale ; car alors, dit Xénophon,
dès qu'un Lacédémonien avait parlé, toutes les villes
obéissaient.

1. Andocide, *Discours sur les mystères.*
2. Xénophon, III, 1 et 2.

CHAPITRE XVII

Caractère de la démocratie rétablie par Thrasybule. — Réaction religieuse après les Trente. — Origine de l'accusation portée contre
Socrate.

On s'est souvent mépris sur le caractère de la révolution qui renversa les Trente. La démocratie fut
en effet rétablie ; mais ce n'était point celle de Cléon,
ni même celle de Périclès. Quoique ennemi de l'oligarchie , Thrasybule se serait bien gardé de faire
revivre une forme politique qui avait conduit Athènes à l'abîme. Il recommandait à ses amis de revenir
aux lois anciennes[1]. Que faut-il entendre par ces
paroles ? Quel était ce gouvernement, éprouvé par
l'expérience, dont Thrasybule demandait la restauration ?

Diodore nous apprend qu'à Athènes, quand on
parlait de l'ancienne constitution, deux systèmes
étaient en présence : les uns soutenaient que ce
gouvernement consacrait l'autorité du petit nombre;
les autres prétendaient au contraire qu'il constituait
une véritable démocratie[2]. La vérité n'était ni dans
l'une ni dans l'autre opinion. L'ancien gouvernement, tel qu'il avait été réglé par Solon et par Clisthène , n'était ni essentiellement aristocratique , ni

1. Τοῖς νόμοις τοῖς ἀρχαίοις χρῆσθαι. (Xénophon, II, 4.)
2. Diodore , XIX , 3.

14

exclusivement démocratique ; c'était, comme nous
l'avons vu, un gouvernement mixte, qui faisait une
part à tous les intérêts, à tous les droits, et qui fondait la paix publique sur la conciliation des partis.
Ces institutions avaient fait longtemps la gloire et la
puissance d'Athènes ; Thrasybule voulait les rendre
à son pays.

Si l'on examine comment s'était terminée la lutte,
on s'aperçoit qu'elle ne pouvait aboutir au rétablissement de cette démocratie effrénée qui existait
avant les Trente. Les deux partis avaient transigé,
et s'étaient garanti le mutuel oubli du passé. L'amnistie avait pour but non-seulement d'assurer la paix
publique et de ménager le sang athénien, mais de
retrancher ce qu'il pouvait y avoir d'exagéré dans les
opinions opposées. D'ailleurs il ne faut pas oublier
que la réconciliation s'était opérée sous les auspices
des Lacédémoniens. Or le gouvernement de Sparte,
qui était si profondément aristocratique, et qui avait
imposé l'oligarchie à la plupart des villes grecques,
aurait-il pu donner les mains au rétablissement pur
et simple de la démagogie athénienne ?

C'était donc la démocratie modérée qu'il s'agissait
de reconstituer. Il paraît même que quelques-uns
essayèrent de la contenir dans des limites assez
étroites. Phormisius, l'un des compagnons de Thrasybule, proposa de restreindre les droits politiques
à ceux qui possédaient des terres dans l'Attique.
Par là on aurait exclu les plus pauvres citoyens et
ceux qui n'avaient qu'une fortune mobilière. On es-
time que le nombre des Athéniens déchus de leurs

droits se serait élevé à environ cinq mille. Cette mesure devait surtout atteindre le Pirée, qui avait beaucoup perdu de son importance depuis la destruction des *longs murs*, et surtout depuis la chute de la marine athénienne. L'occasion semblait favorable pour rayer du nombre des citoyens cette population de marchands et de matelots, et pour assurer l'empire à la propriété territoriale. Mais si le Pirée avait été jadis le plus ardent foyer des passions démocratiques, tout récemment il avait été l'âme de la lutte contre les tyrans; Thrasybule et ses amis les plus éclairés ne pouvaient point l'oublier. Les défenseurs de la proposition de Phormisius alléguaient l'intérêt public; mais leur principal argument, c'était la volonté des Lacédémoniens[1].

L'orateur Lysias était au nombre des opposants. Il avait préparé, contre le projet de Phormisius, un discours qui devait être prononcé par un des principaux citoyens. Denys d'Halicarnasse, dans son jugement sur Lysias, nous a conservé un curieux fragment de ce discours. L'orateur se plaint que le lendemain même d'une révolution qui semblait avoir réconcilié tous les partis, l'esprit de discorde et d'exclusion se soit réveillé dans la cité : « A quoi bon, dit-il, avoir rappelé les exilés, si votre suffrage les réduit aussitôt en servitude? » Il rappelle qu'au temps de l'oligarchie, les propriétaires eux-mêmes n'étaient pas en sûreté dans la ville. « Plusieurs ont été mis à mort; un grand nombre ont été chassés

1. Denys d'Halicarnasse, *Jugement sur Lysias.*

d'Athènes et dépouillés de leurs biens. Qui les a ra-
menés dans la ville ? Qui les a rétablis dans leurs
propriétés ? N'est-ce pas la population du Pirée ? Et,
pour prix de ces bienfaits, on enlèverait au peuple
son droit de suffrage !... » L'orateur déclare qu'à son
avis, il ne peut y avoir de salut pour la république
que si tous les Athéniens participent au gouvernement [1]. A ceux qui voulaient faire adopter la proposition parce que c'était la volonté des Lacédémoniens, il répond noblement : « Il vaut mieux périr
en combattant, que de nous condamner nous-mêmes
à mort par nos propres décrets. » On ne sait pas si
ce discours fut prononcé ; mais la proposition de
Phormisius fut réjetée.

L'ancienne démocratie fut rétablie ; le décret, qui
nous a été conservé par Andocide, remit en vigueur
les lois de Solon et celles de Dracon. Mais en même
temps des nomothètes furent élus, pour reviser ces
lois, les amender, et les mettre en harmonie avec les
circonstances. Chaque citoyen fut admis à présenter
ses observations, et les lois ainsi maintenues furent
affichées sur les murs du Pœcile. Ces antiques institutions, appropriées aux besoins nouveaux, furent
déclarées inviolables, et placées, comme au temps
de Solon, sous la garde de l'Aréopage [2].

Les modifications apportées aux lois anciennes
furent, en général, favorables à la démocratie. Il ne
paraît point qu'on ait voulu relever les barrières qui

---

1. Fragment de Lysias, cité par Denys d'Halicarnasse.
2. Andocide, *Discours sur les Mystères.*

séparaient autrefois les différentes classes de citoyens,
et qui réservaient pour les plus riches l'exercice des
plus hautes fonctions. Le principe d'égalité, établi au
temps d'Aristide, fut respecté. On maintint l'usage
de désigner par la voie du sort les sénateurs et les
magistrats. Les riches furent même dépouillés d'un
privilége qu'ils avaient conservé pendant la guerre
du Péloponèse : « les classes distinguées, dit Aristote,
perdirent de leur puissance, parce qu'elles durent
servir à leur tour dans l'infanterie, après les pertes
qu'avait éprouvées cette arme dans les guerres contre
Lacédémone[1]. »

Nous sommes aussi disposé à croire, avec un savant critique[2], que l'on rétablit le salaire des juges
et celui des citoyens qui assistaient à l'assemblée du
peuple. Mais il est probable que cette distribution
n'était plus que d'une seule obole par tête. Nous
voyons, dans un discours de Lysias, dans son *Apologie*, prononcée après l'expulsion des Trente, qu'on
lui faisait un crime de ce qu'étant riche il ne dédaignait point de recevoir cette obole. Le peuple ne
tarda pas à obtenir davantage. Le triobole était déjà
rétabli en 393, au moment où Aristophane faisait
jouer sa comédie de *l'Assemblée des femmes*.

Mais quoiqu'on se fût écarté, sur plusieurs points,
de la rigueur des lois anciennes, la démocratie rétablie n'en avait pas moins un caractère essentielle-

1. Aristote, *Politique*, V, 2.
2. Fréret, *Observations sur les causes et sur quelques circonstances de la condamnation de Socrate*, Mémoires de l'ancienne
Académie des Inscriptions, t. XLVII, p. 250.

ment modéré. Le décret d'amnistie fut scrupuleusement observé. Les vainqueurs n'exercèrent point de représailles contre les partisans du gouvernement déchu. Ératosthène, l'un des tyrans, étant revenu à Athènes, fut accusé par Lysias; mais les Trente avaient été formellement exclus de l'amnistie; d'ailleurs nous ne savons pas si Ératosthène fut condamné. Aucune atteinte ne fut portée aux droits de la propriété privée, et l'on reconnut même les dettes que les oligarques avaient contractées au nom de l'État. Les Dix qui avaient succédé aux Trente, après la mort de Critias, avaient emprunté à Sparte une somme de cent talents, pour assiéger le Pirée. Après la victoire de Thrasybule, l'assemblée examina la question de savoir si l'argent devait être rendu. Plusieurs disaient que c'était à ceux qui avaient emprunté, et non à ceux qui avaient été assiégés, à rembourser la somme : le peuple décida qu'on payerait en commun. Cette décision, dit Isocrate, ramena la concorde parmi les citoyens, et fit renaître la prospérité de la république [1].

Il entrait dans les vues de ceux qui rétablirent le gouvernement populaire de restaurer en même temps la religion nationale. Le premier acte des exilés avait été de monter à l'Acropole, et de remercier la déesse protectrice de la cité. Après les grandes secousses politiques, les esprits reviennent naturellement à l'idée d'un pouvoir supérieur, qui veille sur le monde et corrige les erreurs des hommes. Les

1. Isocrate, *Aréopagitique.*

Athéniens se reprenaient à croire que la destinée de leur ville était liée à ce culte antique qui avait été dans l'origine un des fondements de l'État. Il y a, sur ce point, une différence remarquable entre le temps de Périclès et celui de Thrasybule. A la première époque, l'esprit athénien s'essayait à briser le joug de la tradition, et la liberté de penser s'associait au mouvement démocratique. Après les Trente, au contraire, on se rapproche des idées anciennes, en religion comme en politique.

Un des premiers résultats de cette réaction religieuse fut l'accusation intentée contre l'orateur Andocide. Il avait été autrefois soupçonné, avec Alcibiade, d'avoir profané les mystères d'Éleusis. Après avoir passé la plus grande partie de sa vie dans l'exil, il était rentré dans Athènes à la suite de Thrasybule. Trois ans après son retour (400 ans avant J. C.), il fut accusé par Céphisius d'usurper les droits de citoyen, dont il ne devait point jouir, disait-on, comme coupable de sacrilége. Lysias paraît avoir appuyé l'accusation ; dans un fragment de discours qui nous est parvenu sous son nom, il affirme qu'Andocide avait revêtu les habits sacrés, contrefait les cérémonies, et révélé les mystères devant des personnes non initiées. « Athéniens, s'écrie l'orateur, vous ne pouvez conserver en même temps Andocide et vos lois : il faut abolir vos lois, ou vous débarrasser de cet homme [1]. »

Andocide s'efforce d'abord de prouver qu'il n'a

---

1. Lysias, *Discours contre Andocide.*

jamais été coupable de sacrilége, qu'il n'a participé
ni à la profanation des mystères, ni à la mutilation
des hermès. Il soutient ensuite que s'il a été injustement frappé de mort civile, il est maintenant réha-
bilité légalement. Il cite le décret de Patroclide, qui,
avant la prise d'Athènes, avait rétabli dans leurs
droits tous les citoyens dégradés. Il invoque aussi
l'amnistie et les serments prêtés par les citoyens, les
sénateurs et les juges. Toutes les lois n'ont-elles pas
été renouvelées après la chute des trente tyrans, et
le peuple n'a-t-il pas abrogé tous les décrets antérieurs à l'archontat d'Euclide? Andocide retourne
alors la phrase de Lysias, et prétend qu'en se défendant contre ses accusateurs, il plaide la cause des
lois et celle de la république elle-même[1]. Malgré
l'éloquence de son plaidoyer, Andocide allait être
condamné ; et il n'échappa à une peine plus sévère
qu'en se bannissant encore une fois pour plusieurs
années. Tant les esprits étaient alors préoccupés de
la nécessité de prêter main-forte à la religion, et d'en
faire le rempart de l'État !

Il ne faut point chercher ailleurs la principale
cause d'un procès bien plus célèbre, qui commença
peu de temps après. Socrate, qui n'avait été que suspect sous les Trente, fut condamné sous la démocratie. Ce grand homme, dit Sénèque, qui avait impunément résisté aux tyrans, ne put conserver sa liberté
lorsque Athènes eut recouvré la sienne[2]. Fréret a très-

1. Andocide , *Discours sur les Mystères.*
2. Hunc Athenæ ipsæ in carcere occiderunt, et qui tuto

bien prouvé qu'il n'y avait aucun lien direct entre les *Nuées* d'Aristophane et la condamnation du philosophe ; que ni Mélitus, ni Anytus ne peuvent avoir engagé, par une somme d'argent, Aristophane à déchirer Socrate en plein théâtre. Le savant académicien a également démontré que ce ne sont pas les sophistes qui ont poussé Anytus à accuser Socrate : en effet, ils avaient alors très-peu de crédit dans Athènes, et ils n'avaient pu sauver à leur chef Protagoras la flétrissure d'un jugement qui le condamnait à l'exil, comme ennemi des dieux[1]. Sur tous ces points nous sommes d'accord avec Fréret; mais nous ne pouvons partager son opinion lorsqu'il nous représente Socrate comme victime de ses opinions anti-démocratiques.

Le maître de Platon condamnait l'usage de désigner par la voie du sort les magistrats et les juges. Mais est-il vrai, ainsi que l'affirme Fréret, que ce mode d'élection doive être considéré comme la base même de la démocratie? Est-ce qu'il n'a pas existé, soit dans les temps anciens, soit dans les temps modernes, des États populaires où le choix des fonctionnaires publics était laissé au libre suffrage des citoyens? Est-ce qu'il n'y a pas eu un temps à Athènes, où je ne dis pas les juges, mais les sénateurs et les archontes étaient élus par le peuple? Socrate ne fai-

---

insultaverat agmini tyrannorum, ejus libertatem libera civitas non tulit. (Senec., *De tranq. animi*, 3.)

1. Fréret, *Observations sur les causes et sur quelques circonstances de la condamnation de Socrate*, Mémoires de l'ancienne Académie des Inscriptions, t. XLVII.

sait donc qu'approuver ce qu'Isocrate a demandé plus tard dans son *Aréopagitique*, qu'on revînt complétement à la constitution de Solon. Il voulait non pas ruiner la démocratie, mais lui donner pour base la raison, au lieu du hasard.

Ce n'est pas que nous prétendions faire de Socrate un des champions de la cause populaire. Nous savons, par son propre témoignage, qu'il n'avait exercé aucune magistrature, et qu'il avait été seulement sénateur à l'époque du procès des généraux. Immuable dans ses idées, il s'était abstenu de prendre part à l'action politique; son génie l'en avait toujours détourné : « C'est lui, disait-il, qui s'est opposé à moi, quand j'ai voulu me mêler des affaires de la république, et il s'y est opposé fort à propos; car, sachez bien qu'il y a longtemps que je ne serais plus en vie si je m'étais mêlé des affaires publiques, et je n'aurais rien fait de bon ni pour vous ni pour moi.... Quiconque voudra lutter franchement contre les passions d'un peuple, celui d'Athènes ou tout autre peuple, quiconque voudra empêcher qu'il ne se commette rien d'injuste ou d'illégal dans un État, ne le fera jamais impunément. Il faut de toute nécessité que celui qui est résolu à respecter la justice, s'il veut vivre quelque temps, demeure simple particulier et ne prenne aucune part au gouvernement[1]. »

Aucune des factions qui combattaient dans l'*Agora* n'avait pu enrôler Socrate sous sa bannière. C'était une de ces natures qui ne se laissent point

---

1. Platon, *Apologie de Socrate.*

emprisonner dans les classifications vulgaires, il marchait seul, même dans la foule. Pour lui, comme dit Xénophon, l'homme digne du pouvoir, ce n'était point le roi qui portait le sceptre, ni le magistrat que la fève avait élu, ni le tyran qui s'était élevé par la violence ou par la fraude, mais celui qui savait commander, c'est-à-dire celui dont le génie avait découvert la vérité, et qui avait le courage de la faire passer dans la pratique[1]. Socrate était donc seul de son parti : il rêvait un gouvernement que les Athéniens ne se pressaient pas de réaliser, le gouvernement de la justice et de la raison.

Pour prouver que Socrate avait été accusé comme ennemi de la démocratie, Fréret a cité cette phrase d'Eschine, dans son discours contre Timarque : « O Athéniens, vous qui avez fait mourir le sophiste Socrate parce qu'il avait été le précepteur de Critias, l'un de ces trente hommes qui détruisirent le gouvernement populaire, vous laisserez-vous toucher par l'intérêt particulier d'un orateur tel que Démosthène ?... » Mais, quels qu'eussent été les rapports antérieurs de Socrate avec Critias, on ne pouvait rendre le philosophe responsable d'une tyrannie qu'il avait combattue, et dont il avait failli être la victime. Les Trente, dit Platon, avaient voulu que Socrate participât de gré ou de force à leur administration; mais il n'y consentit jamais, et il s'exposa à tout souffrir plutôt que de devenir le complice de leur iniquité[2].

1. Xénophon, *Entretiens de Socrate*, III, 9.
2. Platon, *Ép.* VII.

La phrase d'Eschine n'est donc qu'une allégation sans preuve ; c'est peut-être l'écho de quelques préventions individuelles ; mais ce n'est point l'expression de l'opinion générale, et elle ne nous fait point connaître la vraie cause de l'accusation portée contre Socrate.

Les paroles de Platon que nous venons de rapporter sont tirées de la lettre écrite aux parents de Dion, lettre que Fréret lui-même a citée, et qu'il regarde comme authentique. Il y a, dans cette même lettre, un passage qui jette un grand jour sur la question que nous discutons. Platon dit qu'après la chute des Trente, il avait songé un instant à prendre part aux affaires publiques, mais qu'il avait bientôt renoncé à ce dessein : « Les temps, dit-il, étaient extrêmement orageux, et, malgré la modération avec laquelle se conduisait le plus grand nombre de ceux qui avaient été rappelés de l'exil, il se commit alors plus d'un acte de violence et d'injustice. On ne doit point s'en étonner ; car rien n'est plus ordinaire, en temps de révolution, que de grandes vengeances personnelles. Ce fut alors que quelques hommes puissants qui gouvernaient la république citèrent Socrate en justice, l'accusant d'impiété[1].

Platon, qui ailleurs a insisté sur certaines particularités du procès de Socrate, caractérise ici l'événement d'une manière générale. Au fond, c'est une affaire politique, puisque ce sont les citoyens les plus considérables qui accusent ou qui laissent accu-

1. Platon, *Ép.* VII.

ser le philosophe. Mais il ne s'agit point de savoir si Socrate a laissé tomber quelque critique sur le sénat de la fève, ou s'il a interprété certains vers d'Homère dans un sens aristocratique : la question est d'examiner si son enseignement, si ses entretiens habituels sont conformes à la religion de l'État. Ceux qui ont entrepris de reconstruire la démocratie ont résolu de lui donner pour appui l'ancien culte national. En même temps qu'ils font transcrire les lois de Solon, ils relèvent les autels antiques ; ils invoquent les dieux de la patrie. Peut-être les chefs du mouvement ne croient-ils pas plus que les contemporains de Périclès ; car le temps de la ferveur religieuse est passé dans la société païenne ; il n'y a plus d'un côté que des superstitions populaires, et de l'autre que des calculs politiques ; mais ces superstitions et ces calculs sont d'accord ; il faut restaurer la religion : le salut d'Athènes est à ce prix. On veut aussi montrer aux autres villes grecques que le peuple athénien est revenu de ses erreurs passées, et qu'il sait défendre la cause des vieilles croyances helléniques. Tel est l'esprit qui préside à la révolution accomplie par Thrasybule et ses amis ; c'est à cet esprit que Socrate doit être immolé.

CHAPITRE XVIII.

Au printemps de l'année 399 avant l'ère chrétienne, tandis que Xénophon, l'élève de Socrate,
achevait de diriger l'héroïque retraite des Dix-Mille,
on vit affichée, au portique de l'archonte-roi, une
accusation ainsi conçue : « Mélitus accuse Socrate,
fils de Sophronisque, de violer les lois en niant
l'existence des dieux reconnus par la république, et
en leur substituant des divinités nouvelles. Socrate
est accusé en outre de corrompre la jeunesse. La
peine due à ce crime est la mort[1]. » Par ces mots,
« corrompre la jeunesse, » il faut entendre, avec
l'éloquent traducteur de Platon, qu'il instruisait les
jeunes gens à ne point croire à la religion de l'État[2].

La formule de l'accusation, telle que nous venons
de la reproduire, subsistait encore à Athènes au second siècle de l'ère chrétienne ; elle était conservée
dans les archives du *Métrôon*, c'est-à-dire du temple
de Cybèle, selon le témoignage de Phavorinus, cité
par Diogène de Laërte. C'était Mélitus qui avait porté
l'accusation ; mais il n'était pas seul à la soutenir.
Le discours qui la développait avait été préparé par

1. Diogène de Laërte, *Socrate*.
2. M. Cousin, argument de l'*Apologie*.

le sophiste Polycrate, suivant Hermippus. D'autres
attribuent ce discours à Anytus. Phavorinus disait que
la harangue attribuée par quelques-uns à Polycrate
était supposée, parce qu'il y était question des murs
rebâtis par Conon, et que ces murs ne furent re-
construits que six ans après la mort de Socrate. Aux
noms que nous venons de citer, il faut ajouter celui
de l'orateur Lycon, qui conduisit les premières procédures [1].

Mélitus était probablement le même que le poëte
tragique maltraité par Aristophane dans sa comédie
des *Grenouilles* [2]. Les antécédents de Lycon sont in-
connus. Quant à Anytus, Diogène de Laërte affirme
qu'il était le même qu'Anytus, fils d'Anthémion, l'un
des interlocuteurs du dialogue de Platon, intitulé *Ménon*. Platon semble avoir voulu donner, dans ce dialogue, l'histoire de la dispute qui brouilla Socrate avec
Anytus, et qui porta ce dernier à dresser l'acte d'accusation du philosophe. Cet Anytus était un des plus
importants personnages de l'État. Né d'une famille
riche, il avait lui-même rempli les premières dignités de la république [3]. L'orateur Lysias nous apprend
qu'il avait été archonte [4]. Sous la tyrannie des Trente,
Anytus s'était mis à la tête des bannis, et avait combattu avec Thrasybule. Aussi exerçait-il une grande
influence dans Athènes depuis le rétablissement de

1. Diogène de Laërte , *Socrate.*
2. Aristophane , *Grenouilles* , v. 1337.
3. Fréret, *Observations sur les causes et sur quelques circonstances de la condamnation de Socrate.*
4. Lysias, *Discours contre les marchands de blé.*

la liberté. Isocrate regarde Thrasybule et Anytus comme les deux citoyens les plus puissants [1].

Personne n'était plus attaché qu'Anytus aux lois et aux coutumes anciennes. Personne ne représentait mieux cet esprit de restauration politique et religieuse qui avait dominé après les Trente. Il était systématiquement opposé à toute espèce d'innovation, et surtout à celles que les sophistes avaient voulu introduire dans l'éducation. Dans le *Ménon*, il s'élève avec la plus grande énergie contre ces dangereux instituteurs, qui, dit-il, corrompent l'esprit et le cœur de la jeunesse. Il ne comprend pas la folie des parents qui leur confient leurs enfants, ni celle des villes qui les reçoivent et les souffrent dans leur sein, au lieu de les bannir comme une peste publique. Il soutient ensuite que l'éducation domestique, donnée aux enfants par leurs parents, peut seule leur enseigner la vertu. Socrate le contredit, et lui allègue l'exemple des plus illustres Athéniens, ceux de Thémistocle, d'Aristide et de Périclès; il lui fait voir que ni les leçons de ces grands hommes, ni leurs exemples, ni tous les soins de leurs amis n'ont pu donner à leurs enfants un mérite et une capacité qu'ils n'avaient point reçus de la nature. Là-dessus Anytus s'emporte contre Socrate, au lieu de lui répondre : « Vous parlez, lui dit-il, des plus grands hommes de la république avec une liberté criminelle. Prenez-y garde, Socrate, et corrigez-vous, si vous le pouvez : vous êtes dans une ville où cette

---

1. **Isocrate**, *Discours contre Callimaque*.

conduite peut avoir des suites dangereuses. » Et aussitôt il se retire brusquement. « Il me semble, dit Socrate à Ménon, que voilà Anytus qui s'en va bien en colère. J'en sais la raison : c'est qu'il se croit lui-même un de ces grands hommes dont il prend le parti avec tant de chaleur[1]. »

Il paraît, d'après un passage de Xénophon, qu'Anytus avait envoyé pendant quelque temps son fils prendre des leçons de Socrate. Ce jeune homme avait montré d'heureuses dispositions. Les paroles du philosophe avaient ouvert à son esprit des horizons nouveaux, et la science commençait à lui faire dédaigner la profession paternelle à laquelle il était destiné, le commerce des cuirs. Anytus, mécontent, rappela son fils auprès de lui, et se chargea lui-même de son éducation, dans laquelle il réussit fort mal[2]. C'était là le premier grief d'Anytus contre Socrate. L'inimitié paraît avoir éclaté dans l'entretien que Platon nous a transmis. Quelques années plus tard fut portée l'accusation à laquelle Mélitus attacha son nom, mais dont Anytus fut le plus ardent instigateur et le promoteur le plus influent.

Indépendamment de ses adversaires déclarés, Socrate avait à combattre un grand nombre d'ennemis secrets, comme on le voit dans l'apologie que Platon lui a prêtée. « Athéniens, dit-il, j'ai beaucoup d'accusateurs auprès de vous, et depuis bien des années, qui n'avancent rien qui ne soit faux, et que

---

1. Platon, *Ménon.*
2. Xénophon, *Apologie de Socrate.*

pourtant je crains plus qu'Anytus et ceux qui se
joignent à lui, bien que ceux-ci soient très-redou-
tables; mais les autres le sont encore beaucoup plus.
Ce sont eux, Athéniens, qui, s'emparant de la plupart d'entre vous dès votre enfance, vous ont répété, et vous ont fait accroire qu'il y a un certain
Socrate, homme savant, qui s'occupe de ce qui se
passe dans le ciel et sous la terre, et qui d'une mauvaise cause en sait faire une bonne[1]. » Socrate fait
ici allusion à ces sourdes rumeurs qui circulaient
contre lui, dans Athènes, depuis la représentation des
Nuées.

Tous ces ennemis conjurés contre le philosophe,
étaient, selon la parole de Socrate, très-actifs et
très-puissants. C'était d'abord les politiques et les
orateurs, gens qui de loin lui avaient paru de grands
hommes, mais dont il avait découvert le néant en
les approchant. Puis, c'était les poëtes, tant ceux
qui faisaient des tragédies, que les poëtes dithyram-
biques et autres. Socrate, les jugeant par leurs ouvrages, avait cru s'instruire dans leur entretien;
mais bientôt il avait reconnu que les plus habiles
d'entre eux agissaient moins par raison que par in-
stinct, qu'ils n'avaient aucune notion exacte des
choses qu'ils traitaient, et que le plus souvent, semblables aux devins, ils disaient de fort belles choses
sans les comprendre. Après les poëtes venaient les
artisans, les hommes qui travaillaient de leurs mains.
Ceux-là étaient comme les poëtes : ils s'imaginaient

1. Platon, *Apologie.*

que leur habileté dans un art dont ils pratiquaient les règles sans les comprendre, leur donnait la science universelle, et ils s'arrogeaient le droit de décider de tout, même des choses les plus éloignées de leur profession [1].

Pourquoi tous ces hommes, d'humeur et de condition différentes, étaient-ils tous d'accord contre Socrate? C'est que tous ils croyaient savoir ce qu'ils ne savaient point, tandis que lui connaissait et avouait humblement son ignorance. « J'ai confondu, dit Socrate, l'ignorance de ces faux savants; ce fut là toute ma science; mais, par là même, je les ai irrités contre moi; ils sont devenus mes ennemis, et leur haine est la source de tous ces discours par lesquels vous êtes accoutumés à m'entendre calomnier depuis si longtemps. Ils se sont enfin réunis, et ils ont choisi trois d'entre eux pour m'accuser, Mélitus, Anytus et Lycon. Mélitus représente les poëtes; Anytus, les politiques et les artisans; Lycon, les orateurs. »

Dans l'union des deux professions dont Anytus s'est constitué le défenseur, les politiques et les artisans, il y a, selon Fréret, une intention malicieuse. Cet Anytus avait, comme nous l'avons vu, exercé autrefois le métier de corroyeur, et il avait des esclaves qui le continuaient pour son compte; ce qui ne l'avait point empêché de parvenir aux premières dignités de l'État. Fréret fait observer en même temps qu'en énumérant ses ennemis, Socrate

---

1. Platon, *Apologie*.

ne nomme point les sophistes. On désignait ainsi ceux qui philosophaient pour de l'argent ou par ostentation[1]. Il ne faut point confondre ces hommes avec les orateurs dont Lycon soutenait les intérêts : Ceux-ci haranguaient, par état, dans les assemblées publiques ou devant les tribunaux. C'est donc à tort qu'on a attribué aux sophistes une part dans la condamnation du philosophe.

L'accusation avait été portée, comme l'ordonnait la loi athénienne, devant l'archonte-roi, chargé de toutes les affaires qui concernaient la religion. Platon, dans l'*Euthyphron*, fait allusion au commencement du procès : « Eh quoi! Socrate, est-ce que tu aurais un procès devant le roi? — Non pas un procès, Euthyphron : les Athéniens appellent cela une accusation publique. — Et quel est ton accusateur? — Je ne le connais guère personnellement; il paraît que c'est un jeune homme assez obscur; on l'appelle, je crois, Mélitus; il est du bourg de Pithos. Si tu te rappelles quelqu'un de Pithos qui se nomme Mélitus, et qui ait les cheveux plats, la barbe rare, le nez recourbé, c'est mon homme. » Et Socrate ajoute que ce Mélitus l'a accusé de corrompre la jeunesse en inventant de nouveaux dieux[2].

Il s'écoula un certain temps entre l'accusation et le jugement. L'archonte-roi n'était pas chargé de juger la cause; il devait seulement examiner si l'affaire était de sa compétence, et s'il y avait lieu de

1. Sophistæ appellabantur ii qui ostentationis aut quæstus gratia philosophabantur. (Cicéron, *Quest. acad.*, IV, 23.)
2. Platon, *Euthyphron*.

la renvoyer devant un tribunal[1]. Après ce premier examen, l'accusateur et l'accusé comparaissaient devant le magistrat, et prêtaient serment qu'ils ne s'écarteraient point de la vérité, l'un dans l'accusation et l'autre dans la défense. Ce serment, ainsi que tous les autres actes qui avaient rapport à l'affaire, étaient inscrits sur des tablettes que l'on enfermait dans une urne, et que l'on soumettait ensuite au tribunal. Toutes ces formalités durent être accomplies dans le procès de Socrate. Ce fut l'orateur Lycon qui conduisit les procédures préparatoires.

Mais quand l'archonte-roi eut instruit l'affaire, devant quels juges fut-elle renvoyée? Les auteurs anciens ne s'expliquent pas clairement sur cette question. Meursius, dans son traité de l'Aréopage, croit que Socrate fut jugé par ce tribunal[2]. Il est vrai que, depuis la chute des Trente, les lois de Solon ayant été remises en vigueur, l'Aréopage était rentré dans une partie de ses anciennes attributions, et qu'autrefois les accusations d'impiété étaient du ressort de cette assemblée. Mais il y a, dans le procès de Socrate, plusieurs circonstances qui nous empêchent de croire qu'il ait été jugé par les aréopagites. D'abord nous lisons, dans Diogène de Laërte, que Socrate fut condamné par deux cent quatre-vingt-une voix : un tel chiffre ne saurait convenir à l'Aréopage. Puis, les accusateurs parlèrent au tribunal du même ton que les orateurs qui cherchaient à gagner

---

1. Εἰ ὅλως ἐισάγειν χρή. (Suidas, au mot ἐισάγειν.)
2. Meursius, *de l'Aréopage*, chap. 5.

le peuple sur la place publique. Ils représentaient Socrate comme un orateur puissant, contre l'éloquence
duquel les juges devaient se mettre en garde; comme
un homme dangereux qu'ils devaient faire périr dans
leur propre intérêt, parce que, s'ils le renvoyaient
absous, il se vengerait d'eux en corrompant leurs
enfants. Les aréopagites étaient au-dessus de pareils
arguments. Les amis de Socrate, l'engageant à préparer sa défense, lui disaient que les juges avaient
souvent condamné ou absous des innocents à cause
de leurs discours. Ces paroles ne pouvaient s'appliquer à l'Aréopage, où l'on se bornait à la discussion
des faits, et où les développements oratoires étaient
sévèrement interdits[1].

L'accusation portée contre Socrate, étant essentiellement politique, devait être déférée à un tribunal
populaire. Platon dit, dans l'*Euthyphron* : « Mélitus
veut faire condamner Socrate comme impie, sa-
chant bien que de telles accusations sont toujours
bien accueillies par la multitude[2]. » C'était donc le
peuple qui devait juger. Une raison décisive en faveur de cette opinion, c'est qu'il est question, dans
l'*Apologie*, d'un serment par lequel les membres du
tribunal s'étaient engagés à juger selon les lois[3]. Or,
ce serment était précisément celui que prêtaient les
héliastes, c'est-à-dire les juges tirés au sort parmi le
peuple. Démosthène nous a transmis la formule

---

1. Platon, *Apologie de Socrate.* — Meiners, *Hist. des sciences
dans la Grèce*, livre VII, chap. 2.

2. Platon, *Euthyphron.*

3. Platon, *Apologie.*

de ce serment, dans son discours contre Timb-
crate.

Quand l'instruction préparatoire fut achevée, l'archonte-roi procéda à la désignation, par le sort, des
citoyens qui devaient sléger comme juges. Diogène
de Laërte dit, comme nous l'avons vu plus haut, que
Socrate fut condamné par deux cent quatre-vingt-
une voix. Platon nous apprend qu'il n'a manqué à
Socrate que trois voix pour être absous[1] : deux cent
soixante-quinze voix s'étaient prononcées en sa faveur. Le nombre des juges était donc de cinq cent
cinquante-six. Peut-être quelques-uns de ceux qui
avaient été désignés n'ont-ils pu répondre à l'appel,
ou se sont-ils volontairement abstenus. Ainsi, c'étaient
quelques centaines de matelots et de marchands
athéniens qui allaient juger la plus grande cause que
l'antiquité eût jamais eu à débattre : ils avaient entre
les mains la vie ou la mort de celui que la Pythie
avait déclaré le plus sage des hommes.

1. Platon, *Apologie*.

CHAPITRE XIX.

Le jour du jugement approchait, et Socrate, poursuivant ses paisibles études, s'occupait, dans ses entretiens avec ses amis, de toute autre chose que de son procès. « Vous devriez bien, lui dit Hermogène, songer à votre défense. — Quoi ! il ne vous semble pas que je m'en sois occupé toute ma vie? — Et comment? — En m'appliquant sans cesse à considérer ce qui est juste ou injuste, à pratiquer la justice et à fuir l'iniquité. » Socrate ajoutait que plusieurs fois il avait essayé de préparer son apologie, pour la prononcer devant ses juges; mais son génie s'y était toujours opposé. C'était une preuve que les dieux avaient jugé qu'il lui était avantageux de mourir. En effet, il avait été heureux jusqu'à ce jour, parce qu'il avait toujours cherché à se rendre meilleur; et maintenant, en mourant à propos, dans toute sa force et dans toute sa vertu, il échappait aux inconvénients de la vieillesse; il s'assurait une gloire immortelle, et laissait l'opprobre pour châtiment à ses accusateurs [1].

Un des plus célèbres orateurs de ce temps, Lysias, apporta à Socrate une harangue qu'il avait écrite avec soin, l'engageant, s'il la trouvait bonne, à l'ap-

---

1. Xénophon, *Entretiens de Socrate*, IV, 8.

prendre par cœur et à en user pour sa défense. Le philosophe la lut avec plaisir, et dit à l'auteur : « Si vous m'aviez apporté une chaussure de Sicyone très-élégante et faite pour mon pied, je refuserais de m'en servir, parce qu'une telle chaussure ne convient point à un homme. » Et il ajouta que la harangue était habilement faite et bonne pour un orateur, mais que ce n'était pas là un discours viril[1].

Socrate avait donc à peine pensé à sa défense, lorsqu'il parut devant ses juges. Ses ennemis, au contraire, étaient armés de toutes pièces. Non-seulement ils avaient préparé leurs discours, mais ils avaient réuni un grand nombre de témoins; ils en avaient même suborné plusieurs, si l'on en croit Xénophon[2]. Ils avaient soulevé l'opinion, et ils avaient derrière eux ce peuple auquel il est toujours facile de faire croire que le salut public exige quelque grande victime. L'accusation fut longuement développée. Comment Socrate la réfuta-t-il? C'est ce que nous ne pouvons savoir exactement. Ses paroles n'ont point été recueillies telles qu'il les a prononcées, et il n'est pas possible de les dégager complétement de ce que ses disciples y ont ajouté. Les apologies de Platon et de Xénophon ont été écrites après la mort du philosophe : elles avaient pour but, non de sauver sa vie devant le peuple, mais de réhabiliter sa mémoire devant la postérité.

Ce qu'il est permis d'affirmer, c'est que Socrate

---

1. Cicéron, *de l'Orateur*, I, 54.
2. Xénophon, *Apologie de Socrate*.

a mis dans sa défense ce qui lui avait paru manquer au plaidoyer de Lysias, la franchise et l'énergie. Il s'est bien gardé de toute précaution oratoire; il n'a rien caché, rien déguisé, quoiqu'il n'ignorât point que ce qu'il disait ne faisait qu'envenimer la plaie[1]. Cité en justice, dit Cicéron, sous le poids d'une accusation capitale, Socrate ne se présenta point en suppliant ni en accusé, mais il parla aux juges comme s'il était leur précepteur et leur maître[2].

Platon et Xénophon ne sont point d'accord sur les arguments qu'employa Socrate pour repousser l'accusation d'impiété. Selon Platon, il se contenta de prouver qu'il reconnaissait des dieux, qu'il n'était point athée[3]. Selon Xénophon, il prétendit qu'il n'avait jamais porté la moindre atteinte à la religion nationale. « M'a-t-on vu, dit-il, déserteur du culte de Jupiter, de Junon, des dieux et des déesses, sacrifier à des divinités nouvelles ? Ai-je, dans mes serments, dans mes discours, nommé d'autres dieux que les vôtres ?... Mélitus lui-même ne m'a-t-il pas vu prendre part à toutes les fêtes et sacrifier sur les autels publics[4]?... » Xénophon dit que Socrate sacrifiait, selon le rit établi, non-seulement en public, mais dans l'intérieur de sa maison[5].

1. Platon, *Apologie de Socrate*.
2. Ita in judicio capitis pro se ipse dixit Socrates, ut non supplex aut reus, sed magister aut dominus videretur esse judicum. (Cicéron, *de l'Orateur*, I, 54.)
3. Platon, *Apologie*.
4. Xénophon, *Apologie*.
5. Xénophon, *Entretiens de Socrate*, I, 1.

Quand **Mélitus** accusait le philosophe de nier l'existence des dieux du pays et de leur substituer des divinités nouvelles, il faisait allusion à ce que Socrate appelait son *génie*, son *démon*, cette voix intérieure qui lui avait parlé dès son enfance. « Est-ce donc, disait-il, introduire de nouvelles divinités que de dire que la voix de Dieu retentit à mon oreille et dirige mes actions[1]? » Et il ajoutait que la divination était consacrée par la religion. Tous les jours on consultait l'état du ciel et le bruit du tonnerre, le vol ou le chant des oiseaux, les entrailles des victimes; or, ce que d'autres demandaient aux objets extérieurs, Socrate le cherchait en lui-même; par là n'était-il pas plus religieux que ceux qui attribuaient aux choses matérielles la puissance de révéler la volonté divine? On pouvait d'ailleurs soutenir que la croyance aux génies particuliers n'était pas contraire aux traditions du paganisme. C'est ce qu'attestent ces vers de Ménandre cités par Plutarque :

Un bon génie s'attache à chaque homme qui vient au monde, pour guider ses pas et l'initier à la vie[2].

Mais il y avait une question plus haute à résoudre : les idées de Socrate et l'esprit général de son enseignement étaient-ils conformes à la religion de l'État ?

---

1. Xénophon, *Apologie de Socrate.*

2. Ἅπαντι δαίμων ἀνδρὶ συμπαραστατεῖ
Εὐθὺς γενομένῳ, μυσταγωγὸς τοῦ βίου
Ἀγαθός.

(Ménandre, cité par Plutarque, *de la Tranquillité de l'âme*).

Il est permis de douter de l'orthodoxie païenne et de la ferveur pratique que Xénophon a attribuées à son maître. Je ne crois même pas que Socrate ait cherché à se donner ce mérite devant ses juges. Sur ce point, l'apologie de Platon me semble plus près de la vérité. Socrate ne répond point au texte littéral de l'accusation, qui lui reprochait de ne point croire à la religion établie ; il emploie les ressources de sa dialectique à amener Mélitus sur un autre terrain, et il prouve seulement qu'il reconnaît la puissance divine. C'est en ce sens qu'il soutient qu'il est plus religieux que ses accusateurs.

Il y a un dialogue de Platon qui me paraît révéler, mieux encore que *l'Apologie*, les idées de Socrate en matière de morale et de religion, c'est *l'Euthyphron*. La date de ce dialogue se place précisément entre l'accusation et le jugement. Le devin Euthyphron, qui représente la théologie positive de son temps, essaye de fonder la morale sur les fables du paganisme. Comme il rappelle les croyances vulgaires sur Saturne et Jupiter, « c'est là, dit Socrate, ce qui me fait appeler en justice aujourd'hui, parce que, quand on me fait de ces contes sur les dieux, je ne les reçois qu'avec peine. » Euthyphron s'engage à tout expliquer. « Eh quoi ! dit Socrate, tu crois sérieusement qu'entre les dieux il y a des querelles, des haines, des combats, et tout ce que les poëtes et les peintres nous représentent dans leurs poésies et dans leurs tableaux, ce qu'on étale partout dans nos temples, et dont on bigarre ce voile mys-

térieux qu'on porte en procession à l'Acropole, pendant les grandes panathénées [1]. »

Après avoir fait ces aveux, Socrate établit que la
vérité morale est par elle-même sainte et sacrée. Il
va plus loin : il prouve que l'unité de la morale est
incompatible avec une religion qui reconnaît plusieurs dieux. En effet, si le bien ou le saint est ce qui
plaît aux dieux, ces dieux étant divers et souvent en
guerre entre eux, il en résulte qu'on ne peut plaire à
l'un sans déplaire à l'autre, et qu'il n'y a plus de règle
fixe pour les actions humaines [2]. En raisonnant ainsi,
Socrate s'élevait, de toute la hauteur de son génie,
au-dessus des religions antiques; mais, dans le cercle
étroit de la loi athénienne, il donnait raison à Mélitus.

La gloire de Socrate fut de se montrer devant ses
juges tel qu'il était dans ses entretiens particuliers. Il
dut déclarer au tribunal, comme le dit Platon, que
s'il était renvoyé absous à condition de ne plus phi-
losopher, il aimerait mieux mille fois la mort. « O
Athéniens ! je vous honore et je vous aime, mais
j'obéirai plutôt au dieu qu'à vous [3]; » et il ajoute
que tant qu'il lui restera un souffle de vie, il ne ces-
sera de s'appliquer à la philosophie, et d'enseigner à
tous la sagesse et la vérité. Il ne lui est pas plus permis de quitter son poste dans Athènes, qu'il ne
lui était permis de lâcher pied devant l'ennemi à
Délium ou à Potidée.

1. Platon, *Euthyphron.*
2. Platon, *Euthyphron.* — M. Cousin, *Argument de l'Euthyphron.*
3. Platon, *Apologie.*

Ces fières paroles qui, après vingt-deux sièoles, nous font encore tressaillir d'admiration, exoitaient les murmures et la colère des héliastes. Mais Socrate ne ressemblait point aux accusés vulgaires ; ce qui le préoccupait le moins, c'était l'issue de son procès : « O Athéniens! disait-il, soyez persuadés que si vous me faites mourir, vous vous ferez plus de mal qu'à moi. En effet, ni Anytus, ni Mélitus, ne peuvent me faire aucun mal. Peut-être me feront-ils condamner à la mort ou à l'exil, ou à la perte de mes droits de citoyen, et Anytus et les autres prennent sans doute cela pour de très-grands maux ; mais moi je ne suis pas de leur avis : à mon sens, le plus grand de tous les maux, c'est ce qu'Anytus fait aujourd'hui, d'entreprendre de faire punir un innocent. »

Peut-être Socrate ajoutait-il quelques-unes de ces paroles où le sentiment qu'il avait de lui-même, s'exaltant jusqu'à l'orgueil, poussait au dernier degré l'acharnement de ses ennemis : « Ce n'est pas pour l'amour de moi que je me défends ; c'est pour l'amour de vous, de peur qu'en me condamnant vous n'offensiez le dieu dans le présent qu'il vous a fait ; car si vous me faites mourir, vous ne trouverez pas facilement un autre citoyen comme moi, qui semble avoir été attaché à cette ville, la comparaison vous paraîtra peut-être singulière, comme à un coursier puissant et généreux, mais que sa grandeur même appesantit, et qui a besoin d'un éperon qui l'excite et l'aiguillonne. C'est ainsi que le dieu semble m'avoir choisi pour vous exciter et vous aiguillonner, pour gourmander chacun de vous, partout et toujours sans vous laisser aucun relâche. Un tel homme, Athéniens, sera difficile à remplacer[1]. »

En terminant son apologie, Socrate invoqua le témoignage de ceux dont il avait instruit les frères ou les enfants; mais il se garda bien de descendre jusqu'aux prières, et d'imiter ces accusés pusillanimes qui cherchent à attendrir leurs juges en faisant paraître leur famille et leurs amis. « N'attendez pas de moi, ô Athéniens! que j'essaye de vous persuader par des moyens qui ne me semblent ni honnêtes ni justes, et que j'aie recours à ces artifices dans une occasion où je suis accusé d'impiété par Mélitus. Les juges n'ont-ils pas promis de sacrifier leurs affections à la vérité? Si je vous fléchissais par mes prières, au lieu de vous convaincre par mes raisons, je vous ferais violer votre serment ; c'est alors que je vous enseignerais l'impiété, et, en voulant me justifier, je prouverais contre moi-même que je ne crois point aux dieux. » Il finit, selon Platon, en s'abandonnant avec confiance aux suffrages des Athéniens et aux inspirations du dieu de Delphes. C'était encore irriter ses juges; car c'était rappeler l'oracle qui lui avait décerné le prix de la sagesse.

Il paraît que quelques-uns des amis de Socrate prirent la parole en sa faveur ; malheureusement leurs discours n'ont point été recueillis[2]. Un auteur, cité par Diogène de Laërte, dit que Platon monta à la tribune et prononça ces paroles : « Athéniens, quoique

1. Platon, *Apologie*.
2. Xénophon, *Apologie*.

je sois le plus jeune de tous ceux qui se sont présentés
pour parler dans cette occasion.... » Mais les juges
ne lui en laissèrent pas dire davantage, et lui impo-
sèrent silence[1]. Le tribunal était pressé d'en finir : à
Athènes, aucun procès ne pouvait durer plus d'un
jour. Socrate s'est plaint des limites qui étaient imposées à sa défense : « Peut-être, dit-il, auriez-vous
fini par me croire, si vous aviez, comme d'autres
peuples, une loi qui, pour une condamnation à mort,
exigeât un procès de plusieurs jours, tandis qu'en si
peu de temps il est impossible de détruire des calomnies invétérées[2]. »

On alla aux voix sur la question de savoir si Socrate était coupable. Mélitus n'obtint point, par son
influence personnelle, la cinquième partie des suffrages. Dans ce cas, non-seulement l'accusé étai
absous, mais l'accusateur était condamné à un
amende de mille drachmes. Socrate échappa donc
comme Platon le lui a fait dire, à son principal accu
sateur. Mais Anytus et Lycon se levèrent pour appuyer l'accusation ; ils entraînèrent leur amis, e
l'accusé fut déclaré coupable par une majorité d
deux cent quatre-vingt-une voix, sur cinq cent cin
quante-six.

« Athéniens, dit Socrate, le jugement que vou
venez de prononcer m'a peu ému, et pour plus d'un
raison ; d'ailleurs je m'attendais à ce qui est arrivé
Ce qui me surprend bien plus, c'est le nombre de

1. Juste Tibérien, cité par Diogène de Laërte, *Socrate.*
2. Platon, *Apologie.*

voix pour ou contre; j'étais bien loin de m'attendre à être condamné à une si faible majorité; car il n'aurait fallu que trois voix de plus pour que je fusse absous. »

Restait à voter sur l'application de la peine. Mélitus demandait la mort; mais c'était l'usage à Athènes que les juges, avant de prononcer, demandassent à l'accusé de déclarer lui-même quelle était la peine qu'il croyait avoir méritée. Cette question ayant donc été faite à Socrate, il répondit qu'il avait mérité d'être nourri, pendant le reste de sa vie, dans le Prytanée, aux frais de la république[1]. Par cette ironique et orgueilleuse réponse, il dut exciter en même temps l'indignation de ses juges et la douleur de ses amis; c'était provoquer, autant qu'il était en lui, l'application de la peine la plus sévère. Il paraît cependant qu'il se ravisa, et qu'il céda aux instances de ceux qui s'intéressaient à son sort. « Si j'étais riche, dit-il, je me condamnerais volontiers à une amende telle que je pourrais la payer.... Je pourrais aller peut-être jusqu'à une mine d'argent; c'est donc à cette somme que je me condamne. Mais Platon que voilà, Criton, Critobule et Apollodore veulent que je me condamne à trente mines, dont ils répondent. En conséquence je m'y condamne, et assurément je vous présente des cautions qui sont très-solvables[2]. »

Mais il était trop tard; la peine de mort fut pro-

1. Platon, *Apologie*. — Cicéron, *de l'Orateur*, I, 54.
2. Platon, *Apologie*.

noncée, nous ne savons à quelle majorité. Socrate n'en fut pas plus ému qu'il ne l'avait été, quelques instants auparavant, du verdict qui avait déclaré sa culpabilité : « O Athéniens ! dit-il, pour n'avoir pas eu la patience d'attendre un peu de temps, vous allez fournir un prétexte à ceux qui voudront diffamer la république; ils diront que vous avez fait mourir Socrate, un homme sage ; car, pour aggraver votre honte, il m'appelleront sage, quoique je ne le sois point. Mais si vous aviez attendu encore un peu de temps, la chose serait venue d'elle-même; car voyez mon âge : je suis déjà bien avancé dans la vie, et tout près de la mort. » Il avait succombé, comme il le reconnut lui-même, pour s'être défendu en homme libre, et n'avoir pas voulu recourir aux lamentations et aux prières. Mais il aimait mieux mourir que d'avoir racheté sa vie par une lâche apologie : « Ni devant les tribunaux, dit-il, ni dans les combats, il n'est permis ni à moi, ni à aucun autre, d'employer toutes sortes de moyens pour éviter la mort. Tout le monde sait qu'à la guerre, il serait très-facile de sauver sa vie, en jetant ses armes, et en demandant quartier à ceux qui vous poursuivent; de même, dans tous les dangers, on trouve mille expédients pour échapper à la mort, quand on est décidé à tout dire et à tout faire. Eh ! ce n'est pas là ce qui est difficile, Athéniens, que d'éviter la mort; mais il l'est beaucoup plus d'éviter le crime : il court plus vite que la mort. C'est pourquoi, vieux et pesant comme je suis, je me suis laissé atteindre par le plus lent des deux, tandis que le plus agile, le crime, s'est attaché à mes accusateurs, qui ont de la vigueur et de la légèreté. Je m'en vais donc subir la mort à laquelle vous m'avez condamné, et eux ils subiront l'infamie à laquelle la vérité les condamne[1]. »

Se tournant ensuite vers ceux qui l'ont acquitté, Socrate s'entretient avec eux et leur ouvre son âme. Cette voix intérieure qui n'avait cessé de se faire entendre à lui dans tout le cours de sa vie, qui, dans les moindres occasions, n'avait jamais manqué de le détourner de tout ce qu'il allait faire de mal, cette voix divine a gardé le silence en ce jour suprême. Elle ne l'a arrêté ni le matin quand il est sorti de sa maison, ni quand il s'est présenté devant ses juges, ni pendant qu'il leur parlait; il en conclut que ce qui lui arrive est un bien, et il se félicite d'échapper à ceux qui se prétendent ici-bas des juges, pour comparaître bientôt devant la vraie justice. « Je n'ai, dit-il, aucun ressentiment contre mes accusateurs, ni contre ceux qui m'ont condamné; je ne leur ferai qu'une seule prière : lorsque mes enfants seront grands, si vous les voyez rechercher les richesses ou toute autre chose plus que la vertu, punissez-les en les censurant comme je vous ai censurés. S'ils se croient quelque chose, quoiqu'ils ne soient rien, faites-les rougir de leur légèreté et de leur présomption. C'est ainsi que je me suis conduit avec vous. Si vous faites cela, moi et mes enfants nous n'aurons qu'à nous louer de votre justice.

1. Platon, *Apologie.*

Mais il est temps que nous nous quittions, moi
pour mourir, et vous pour vivre. Qui de nous a
le meilleur partage? Personne ne le sait, excepté
Dieu [1]. »

1. Platon, *Apologie.*

CHAPITRE XX.

Derniers entretiens de Socrate avec ses amis. — Sa mort. — Des regrets attribués aux Athéniens après la mort de Socrate.

Il y eut un intervalle de trente jours entre la condamnation de Socrate et sa mort. La veille du jugement, on avait couronné la poupe du navire que les Athéniens envoyaient chaque année à Délos, et la loi défendait qu'aucune sentence de mort ne fût exécutée dans la ville jusqu'au retour du vaisseau sacré[1]. Pendant cet intervalle, Socrate resta enchaîné dans sa prison. Tous les jours, ses amis venaient s'entretenir avec lui, et s'inspirer de ses derniers conseils. Le moment fatal approchait, lorsque un matin, aux premiers feux du jour, l'un des disciples les plus chéris du philosophe, Criton entra dans la prison. Socrate dormait encore; Criton s'assit auprès de lui sans rien dire, contemplant la douceur de son sommeil. Quand Socrate se fut éveillé, Criton lui apprit que le vaisseau, dont le retour était le signal de sa mort, avait paru en vue du cap Sunium. Socrate était prêt à mourir; Criton lui proposa d'échapper, par la fuite, au supplice qu'on lui préparait[2].

Tout était préparé pour sauver la victime. Le geôlier était gagné; les amis de Socrate mettaient

1. Platon, *Phédon*.
2. Platon, *Criton*.

toute leur fortune à sa disposition ; il pourrait passer
en Thessalie, où il trouverait un asile inviolable.
Criton supplia son maître d'accepter ces offres, non-
seulement dans son propre intérêt, mais dans l'intérêt
même de la justice. « Il me semble, dit-il, que ce n'est
pas une action juste que de te livrer toi-même, quand
tu peux te sauver, et de travailler, de tes propres
mains, au succès de la trame ourdie par tes mortels
ennemis. Ajoute à cela que tu trahis tes enfants ; que
tu vas les abandonner, quand tu peux les nourrir et
les élever ; que tu les livres, autant qu'il est en toi,
à la merci du sort et aux maux qui sont le partage
des orphelins. » Criton invoque même l'intérêt des
amis de Socrate, que l'on flétrira, comme les juges,
s'ils ne parviennent à sauver leur maître. « J'ai grand'
peur que tout ceci ne paraisse un effet de notre lâcheté, et cette accusation portée devant le tribunal,
tandis qu'elle aurait pu ne pas l'être, et la manière
dont le procès lui-même a été conduit…. On dira
que c'est par une pusillanimité coupable que nous
ne t'avons pas sauvé, et que tu ne t'es pas sauvé toi-
même, quand cela était possible, facile même, pour
peu que chacun de nous eût fait son devoir[1]. »

On sait avec quel profond sentiment du devoir
Socrate repoussa ces conseils et ces prières. Il écarta
d'abord toutes les considérations secondaires qui
s'appuyaient sur l'opinion ou sur l'intérêt ; puis,
abordant la question de savoir s'il lui était permis
de s'enfuir, il l'eut bientôt résolue négativement.

1. Platon, *Criton.*

Tout citoyen, même injustement condamné, doit obéissance à la loi. C'est une obligation sacrée de ne jamais rendre injustice pour injustice, ni mal pour mal. C'est alors que Platon met dans la bouche de son maître cette éloquente prosopopée des lois, si souvent citée. Socrate se demande ce qu'il aurait à répondre, si, au moment où il franchirait le seuil de la prison, les Lois et la République elle-même lui apparaissaient et lui disaient : « Socrate, que vas-tu faire? l'action que tu prépares ne tend-elle pas à renverser, autant qu'il est en toi, et nous et l'État tout entier? car quel État peut subsister, où les jugements n'ont aucune force et sont foulés aux pieds par les particuliers? Répondrons-nous que la république nous a fait injustice, et qu'elle n'a pas bien jugé? mais les lois répliqueront qu'il faut respecter la patrie dans sa colère, la ramener par la persuasion ou obéir à ses ordres, souffrir sans murmurer ce qu'elle ordonne de souffrir; qu'enfin, si c'est une impiété de faire violence à un père et à une mère, c'en est une bien plus grande encore de faire violence à la patrie? » Criton s'avoue vaincu et déclare qu'il n'a rien à dire. « Laissons donc cette discussion, reprend Socrate, et marchons, sans rien craindre, par où Dieu nous conduit[1]. »

Le lendemain de cette conversation, le vaisseau rentra dans le port. Le jour suivant, les amis de Socrate se réunirent, de plus grand matin que de coutume, sur la place publique, qui était tout près de

----

1. Platon, *Criton*.

la prison. Le geôlier, qui les introduisait ordinaire·
ment, vint au-devant d'eux, et leur dit d'attendre.
« Les Onze, ajouta-t-il, font en ce moment ôter les
fers à Socrate, et donnent des ordres pour qu'il
meure aujourd'hui. » Quelques moments après il
revint, et ouvrit la porte à ceux qui venaient dire un
dernier adieu au philosophe. En entrant, ils trouvèrent Socrate qu'on venait de délivrer de ses fers,
et Xantippe auprès de lui, tenant un de ses enfants
entre ses bras. A peine les eut-elle aperçus, qu'elle
commença à se répandre en lamentations. Socrate
la fit reconduire chez elle par les esclaves de Criton,
et alors commença cet entretien suprême, dont
Platon a pu embellir la forme, mais dont l'esprit ap·
partient à Socrate [1].

En présence de la mort, le philosophe ne paraît
préoccupé que de l'immortalité. Il démontre, en·
s'appuyant sur la logique et sur la foi antique du
genre humain, que l'âme ne peut périr avec le corps,
et que ceux qui ont bien vécu entrent, après cette
vie, dans un monde meilleur. Il essaye même d'an-
ticiper sur la mort en décrivant les mystères de
l'autre vie, et il prolonge son discours le plus longtemps possible, comme pour s'enchanter lui-même·
de ces sublimes espérances.

Quand Socrate eut cessé de parler, il passa dans
une chambre voisine et s'y baigna, pour épargner à
ceux qui lui rendraient les derniers devoirs la peine
de laver un cadavre. Lorsqu'il fut sorti du bain, on

1. Platon, *Phédon*.

lui amena ses trois enfants, deux en bas âge et un qui était déjà assez grand ; on fit entrer Xantippe et quelques autres femmes alliées à la famille de Socrate. Il leur parla quelque temps, et leur donna ses derniers ordres ; ensuite il fit retirer les femmes et les enfants, et revint trouver ses amis. A peine était-il rentré, que le serviteur des Onze parut dans la chambre : « Socrate, dit-il, j'espère que je n'aurai pas à te faire les mêmes reproches qu'aux autres condamnés. Dès que je viens les avertir, par l'ordre des magistrats, qu'il faut boire le poison, ils s'emportent contre moi et me maudissent ; mais, pour toi, depuis que tu es ici, je t'ai toujours trouvé le plus courageux, le plus doux et le meilleur de ceux qui sont jamais venus dans cette prison, et en ce moment je suis bien assuré que tu n'es pas fâché contre moi, mais contre ceux qui sont la cause de ton malheur, et que tu connais bien. Maintenant tu sais ce que je viens t'annoncer ; tâche de supporter avec résignation ce qui est inévitable. » En même temps, il se détourna en fondant en larmes, et se retira. « Voyez, dit Socrate en se tournant vers ses amis, quelle honnêteté dans cet homme ! Tout le temps que j'ai été ici, il m'est venu voir souvent, et s'est entretenu avec moi : c'était le meilleur des hommes ; et, maintenant, comme il me pleure sincèrement ! mais allons, Criton, obéissons-lui de bonne grâce, et qu'on m'apporte le poison, s'il est broyé ; sinon, qu'on le broie au plus tôt[1] »

1. Platon, *Phédon.*

Criton, qui ne songeait qu'à prolonger la vie de
son maître, lui fit observer qu'il pouvait encore
attendre, que le soleil était encore sur les montagnes.
Socrate répondit que s'il buvait un peu plus tard,
tout ce qu'il gagnerait, ce serait de se rendre ridicule
à ses propres yeux en se montrant trop amoureux
de la vie. Le poison fut donc apporté. « Fort bien,
mon ami, dit Socrate à l'esclave qui lui présentait la
coupe ; mais que faut-il que je fasse ? — Pas autre
chose, lui dit cet homme, que de te promener quand
tu auras bu, jusqu'à ce que tu sentes tes jambes s'appesantir ; alors tu te coucheras sur ton lit : le poison
agira de lui-même. » Et en même temps il lui tendit
la coupe. Socrate la prit sans manifester aucune
émotion ; mais, regardant cet homme d'un œil
ferme et assuré : « Dis-moi, est-il permis de répandre
un peu de ce breuvage pour en faire une libation ?
— Socrate, lui répondit cet homme, nous n'en
broyons que ce qu'il est nécessaire d'en boire. —
J'entends, dit Socrate, mais au moins il est permis
de faire ses prières aux dieux, afin qu'ils bénissent
notre voyage et le rendent heureux ; c'est ce que je
leur demande ; puissent-ils exaucer mes vœux ! »
Après avoir prononcé ces paroles, il porta la coupe
à ses lèvres, et la but avec une tranquillité et une
douceur merveilleuses.

Jusque-là les amis de Socrate avaient eu presque
tous assez de force pour retenir leurs larmes ; mais
alors les sanglots éclatèrent ; les larmes coulèrent en
abondance. Socrate seul, toujours maître de lui-
même : « Que faites-vous, dit-il, ô mes amis ? N'était-

ce pas pour éviter de pareilles scènes que j'avais renvoyé les femmes? car j'ai toujours ouï dire qu'il faut mourir avec de bonnes paroles. Tenez-vous donc en repos, et montrez plus de fermeté. » Les cris et les pleurs s'arrétèrent un instant.

Cependant Socrate, qui se promenait, dit qu'il sentait ses jambes s'appesantir; il se coucha sur le dos, comme on le lui avait ordonné. En même temps l'homme qui lui avait donné le poison s'approcha, et, après avoir examiné quelque temps ses pieds et ses jambes, il lui serra le pied fortement et lui demanda s'il le sentait; Socrate ayant répondu qu'il ne sentait rien, cet homme lui serra les jambes; et, portant ses mains plus haut, il nous fit voir que le corps se glaçait et se roidissait; et, le touchant lui-même, il nous dit qu'aussitôt que le froid gagnerait le cœur, Socrate nous quitterait. Déjà tout le bas-ventre était glacé. Alors se découvrant, car il était couvert : « Criton, » dit-il, et ce furent ses dernières paroles, « nous devons un coq à Esculape; n'oublie pas d'acquitter cette dette[1].—Cela sera fait, répondit Criton; mais vois si tu as encore quelque chose à nous dire. » Il ne répondit rien, et un peu de temps après il fit un mouvement convulsif; alors

1. M. Cousin, dans sa traduction de Platon (t. I, p. 322), interprète ainsi cette parole mystérieuse : Socrate recommande de sacrifier un coq à Esculape, en reconnaissance de sa guérison de la maladie de la vie actuelle. C'est le sens que M. de Lamartine a adopté dans son poëme sur la mort de Socrate :

Aux dieux libérateurs, dit-il, qu'on sacrifie !
Ils m'ont guéri ! — De quoi, dit Cébès? — De la vie.

l'homme le découvrit tout à fait : ses regards étaient fixes. Criton, s'en étant aperçu, lui ferma la bouche et les yeux.

Quand le sacrifice fut accompli, les Athéniens repentants ont-ils pleuré la victime qu'ils avaient immolée à leurs dieux? C'est ce qu'ont affirmé plusieurs auteurs anciens. Selon Diodore, le peuple furieux fit mourir sans jugement les accusateurs de Socrate [1]. Diogène de Laërte prétend que les Athéniens, en signe de deuil, firent fermer les lieux où l'on s'exerçait à la lutte et aux jeux gymniques; qu'ils élevèrent à la mémoire de Socrate une statue d'airain, ouvrage de Lysippe ; qu'ils condamnèrent Mélitus à mort, et bannirent les autres accusateurs. Il ajoute que les habitants d'Héraclée chassèrent Anytus de leur ville le jour même qu'il y était entré. Selon une autre tradition, conservée par Plutarque, les accusateurs de Socrate, ne pouvant supporter la haine publique, se seraient pendus de désespoir [2]. Mais tous ces auteurs sont postérieurs de plusieurs siècles à la mort du philosophe, et la critique moderne a eu raison de contester la véracité de leur témoignage. Longtemps avant M. Grote, Barthélemy avait réduit à leur juste valeur les prétendus regrets attribués aux Athéniens après la mort de Socrate. Aux paroles de Diodore, de Diogène et de Plutarque on oppose victorieusement le silence des auteurs contemporains, de Platon et de Xénophon. Tous

1. Diodore, XIV, 37.
2. Diogène de Laërte, *Socrate*.

deux sont morts longtemps après Socrate, et ils
ne parlent nulle part ni du repentir des Athéniens,
ni du supplice des accusateurs. Ce qui prouve que la
mémoire de Socrate était restée impopulaire à Athènes, c'est que Platon quitta la ville immédiatement
après la mort de son maître, et qu'il resta absent
pendant plusieurs années. Un demi-siècle plus tard,
l'orateur Eschine applaudissait à la mort de Socrate,
qu'il flétrissait du nom de sophiste. On croyait avoir
affermi, par cette condamnation, la religion nationale, nécessaire à la démocratie rétablie. Quels que
fussent les regrets et la douleur d'un petit nombre
d'amis fidèles, l'opinion générale avait absous les
juges, et il n'était réservé qu'à la postérité de casser
l'arrêt des héliastes.

CHAPITRE XXI.

La puissance athénienne se releva peu à peu, grâce à la jalousie des Grecs contre Sparte, dont la domination était devenue insupportable. Après avoir vaincu la flotte lacédémonienne à la hauteur de Cnide, Conon rentra dans Athènes, et rebâtit les murs d'enceinte, ainsi que la longue muraille qui joignait le Pirée à la ville (393). Les ennemis de Sparte applaudissaient ; les Thébains avaient même fourni cinq cents ouvriers, et plusieurs autres villes s'étaient associées à ce grand travail. Malheureusement c'était avec le secours de la flotte persane que Conon avait gagné la bataille de Cnide, et c'était avec l'or du grand roi qu'il reconstruisait les murs d'Athènes[1].

Les Grecs ne savaient plus que se disputer l'alliance des Perses, pour s'affaiblir les uns les autres. Quelques années plus tard, Sparte prit sa revanche sur Athènes, et le traité d'Antalcidas livra à Artaxerce la Grèce désarmée (387). La domination persane était rétablie dans l'Asie Mineure et dans l'île de Cypre. Quant aux Grecs d'Europe, toutes les villes,

---

1. Xénophon, *Helléniques*, livre IV, chap. 8. — Diodore, XIV, 85.

grandes ou petites, étaient déclarées indépendantes. Il
n'y avait d'exception que pour Lemnos, Imbros et
Scyros, qui devaient rester au pouvoir des Athéniens[1].
Sous prétexte d'exécuter le traité dont ils étaient
garants, les Lacédémoniens intervinrent dans les
affaires de presque tous les États grecs. En s'emparant
de la Cadmée, ils crurent avoir soumis les Thébains;
mais ceux-ci secouèrent le joug, vainquirent les
Spartiates dans plusieurs batailles, et aspirèrent, à
leur tour, à l'*hégémonie*. Thèbes fut, en effet, comme
l'arbitre de la Grèce jusqu'à la mort d'Épaminondas
(363). Pendant cette période, Athènes n'occupe plus
qu'un rang secondaire : réduite à opter entre deux
villes qu'elle déteste également, elle ne peut combattre les Thébains sans restaurer la puissance de
Sparte; elle ne peut lutter contre Sparte sans contribuer à la grandeur de Thèbes.

A l'intérieur, les traditions de Thrasybule commençaient à s'effacer, et la démocratie retombait insensiblement dans ses anciens excès. Les Athéniens, en
se rendant à l'assemblée, ne songeaient plus qu'à
gagner le salaire qui leur était attribué. Souvent ils
passaient le temps à boire dans l'*Agora*. « Aussi, dit
Aristophane dans une de ses dernières comédies,
tous les décrets, pour qui les examine, semblent être
le rêve de l'ivresse[2]. » Quelquefois même les citoyens
en venaient aux injures et aux coups, et les archers
étaient obligés de les emporter. Les plus sages dis-

---

1. Xénophon, *Helléniques*, V, 1.
2. Aristophane, *l'Assemblée des femmes*, v. 138 et suiv.

cutaient sans rien conclure, ou se plaisaient à défaire
ce qu'ils avaient fait. « Dernièrement, dit le poëte
que nous venons de citer, on délibérait au sujet de
l'alliance; » il s'agit sans doute ici de l'alliance d'Athènes contre les Lacédémoniens, avec Corinthe, Argos
et les villes de Béotie, en 393. « Eh bien! on disait que
tout serait perdu si l'alliance ne se faisait pas; quand
elle fut faite, on s'en indigna; l'orateur qui l'avait
conseillée s'enfuit et ne reparut plus. Le pauvre est
d'avis d'équiper des vaisseaux; les riches et les laboureurs sont d'un avis contraire. » Les chefs de
l'État ne valaient pas mieux que les simples particuliers. « Si l'un d'eux est honnête homme une seule
journée, il est scélérat dix jours.... Aussi la république marche comme Æsimos[1]. »

Mais les Athéniens, eussent-ils été meilleurs que
ne les peint Aristophane, ne pouvaient suffire à
tous les soins qui les accablaient. C'est ce que prouve
parfaitement le livre de la *Politique athénienne*, qui
a été attribué à Xénophon, et qui paraît avoir été
écrit de 392 à 368, c'est-à-dire à l'époque même que
nous étudions. L'auteur de cet ouvrage dit qu'il n'y
avait pas, dans toute la Grèce, un peuple aussi occupé
que le peuple athénien? N'avait-il pas à régler la paix
et la guerre, à voter les lois et les décrets, à juger les
procès des particuliers, à recevoir les comptes des
magistrats? Et si les Athéniens avaient plus d'affaires
que les citoyens des autres républiques, ils avaient

---

1. Æsimos, auquel Aristophane compare la république (*Assemblée des femmes*, v. 208), était un Athénien boiteux.

moins de loisirs pour s'en occuper ; car il y avait à Athènes deux fois plus de fêtes que partout ailleurs. Pendant les jours consacrés, les affaires publiques et la justice étaient interrompues. Aussi les tribunaux étaient-ils surchargés de procès, qu'ils ne pouvaient expédier. Tel particulier attendait quelquefois une année entière, avant de pouvoir présenter sa requête au sénat et au peuple[1]. L'auteur ajoute : « Mais si l'on se présente l'argent à la main, n'est-on pas écouté? Oui, sans doute; avec de l'argent, l'on fait bien des choses à Athènes. » Les citoyens, se jugeant entre eux, se traitaient avec indulgence : par exemple, on laissait dormir les lois qui protégeaient les créanciers ; en acquittant un débiteur qui avait violé sa parole, on cherchait à se ménager à soi-même le droit de manquer à ses engagements et de retenir le bien d'autrui[2]. Démosthène a dit dans un de ses plaidoyers : « L'indulgence réciproque à l'égard des crimes et des délits est la source principale de la concorde parmi les citoyens[3]. »

Les avocats cherchaient souvent à déterminer l'opinion des juges par des motifs étrangers au procès. Dans le discours d'Isée sur l'héritage de Dicéogène, l'orateur demande à son adversaire sur quoi il ose fonder l'espérance de gagner sa cause, lui qui n'a jamais contribué pour les frais de la guerre, ni équipé de trirème, ni fait aucune campagne[4]. Dans le discours

---

1. Xénophon, *Politique athénienne*, chap. 3.
2. Isocrate, *Aréopagitique*.
3. Démosthène, *Discours contre Aristogiton*.
4. Isée, *Discours sur la succession de Dicéogène*.

sur la succession d'Apollodore, les intéressés parlent des sacrifices qu'ils sont prêts à s'imposer, c'est-à-dire qu'ils osent marchander une sentence favorable[1].

Malgré leur serment d'entendre impartialement les deux parties, les juges entravaient quelquefois la liberté de la défense. Isocrate, indigné de la légèreté avec laquelle se décidaient les affaires les plus importantes, alla jusqu'à dire aux Athéniens : « C'est le hasard, plus que la justice, qui dicte vos arrêts[2]. » Le même orateur a justement flétri les honteuses spéculations auxquelles donnaient lieu les procès. Un sycophante de profession, Callimaque, accuse Patroclès, et se désiste de l'accusation moyennant dix mines. Puis il attaque un autre citoyen, nommé Lysimaque, auquel il arrache de la même manière une somme de deux cents drachmes. Enfin il en accuse un troisième, qui consent aussi à transiger et qui paye ses deux cents drachmes. Après avoir reçu la somme, Callimaque le cite encore, et pour la même cause[3]; mais cette fois l'affaire est portée devant les juges : c'est Isocrate qui plaide et qui foudroie l'accusateur.

On avait cru rétablir les anciennes mœurs en immolant la philosophie; mais il y avait, au fond des âmes, des haines impitoyables et des convoitises effrénées. Les Athéniens ne comprenaient plus ces relations mystérieuses qui, dans tous les temps, unis-

1. Isée, *Discours sur la succession d'Apollodore*.
2. Τύχῃ μᾶλλον ἢ τῷ δικαίῳ κρίνεται τὰ παρ' ὑμῖν. (Isocrate, *Discours contre Callimaque*.
3. Isocrate, *Discours contre Callimaque*.

sent les pauvres aux riches, et qui soutiennent la
société par l'inégalité même des rangs et des fortunes. « Autrefois, dit Isocrate, les pauvres, loin
de porter envie aux riches, avaient autant de zèle
pour la prospérité des grandes maisons que pour
leurs propres intérêts : ils pensaient que le bonheur
même des riches tournait à leur profit. Les riches,
de leur côté, loin de mépriser l'indigence, regardaient comme une honte pour eux la pauvreté de
leurs compatriotes. Ils secouraient les indigents de
toutes leurs forces : ils leur donnaient des fermes à
un prix modéré, les associaient à leur commerce ou
leur avançaient des fonds. Ils étaient aussi tranquilles
sur l'argent qu'ils prêtaient que sur celui qu'ils gardaient entre leurs mains; car alors une dette était
chose sacrée, et l'on ne voyait point les juges en-
courager les débiteurs par une fatale connivence. »
La société reposait sur sa seule base légitime, sur des
services mutuels : « Les fonds étaient assurés aux
propriétaires; les fruits étaient communs et partagés
avec les citoyens pauvres [1]. »

Mais c'était en vain qu'Isocrate employait toute
l'harmonie de son langage à remettre en honneur
ces excellentes maximes. Les Athéniens trouvaient
qu'elles sentaient leur vieux temps, et ils n'écou-
taient plus que leurs passions. Le pauvre voulait
toujours emprunter, mais ne plus rendre. Qu'arri-
vait-il? Qu'on ne trouvait plus de prêteur. Les ca-
pitaux se cachaient; le travail était interrompu, et,

---

1. Isocrate, *Aréopagitique*.

comme le remarque très-bien Isocrate, si les riches
étaient privés d'un léger profit, c'était surtout le
menu peuple qui souffrait. Le pauvre s'était mis en
guerre contre le riche, et il recueillait le seul fruit
possible de cette guerre insensée : il tombait un peu
plus bas dans la misère.

Au lieu de ramener le peuple à la raison et au bon
sens, quelques esprits pervers ou égarés l'entraî-
naient jusqu'aux plus folles chimères. C'était la société qui avait tort : il fallait la renverser de fond en
comble, pour la reconstruire sur des bases toutes
nouvelles. L'égalité absolue entre les personnes,
sauf les esclaves, bien entendu, la communauté des
biens, la réhabilitation politique de la femme, telles
étaient les thèses qu'on discutait à Athènes, et qui
ont inspiré les dernières comédies d'Aristophane. Le
poëte ne pouvait plus, comme autrefois, attaquer à
son gré les personnages en crédit : une loi nouvelle
défendait de traduire sur la scène aucun citoyen[1].
Mais, si la muse d'Aristophane était forcée de ménager les personnes, elle s'en vengeait en flagellant
les travers du peuple et les systèmes que les sophistes
avaient mis à la mode.

Dans *les Harangueuses*, nous dirions aujourd'hui
dans *le Club des femmes*, les Athéniennes s'intro-
duisent dans l'Assemblée sous le costume de leurs
maris, et font passer un décret qui met les femmes
en possession du gouvernement. C'était, dit un des
personnages de la pièce, la seule nouveauté dont

1. Samuel Petit, *Lois attiques.*

on ne se fût pas encore avisé à Athènes[1]. L'article fondamental de la constitution nouvelle, c'est la communauté des biens, des femmes et des enfants. Tout appartiendra désormais à tous. Quoi de plus juste? *Les propriétaires actuels ne sont-ils pas les plus grands voleurs[2]?*

Le plus difficile, ce n'est pas de porter de pareils décrets, c'est de les exécuter. Il y a une partie des Athéniens qui sont prêts à mettre leurs biens en commun : ce sont ceux qui n'ont rien; les autres hésitent à se dessaisir de ce qu'ils possèdent. Le plus récalcitrant dit : « Pensez-vous qu'un citoyen sensé aille livrer son bien? cela n'est pas dans nos mœurs: nous ne savons que prendre. » Et quand on annonce le grand banquet, symbole du nouveau régime, l'Athénien qui n'a pas voulu contribuer est le premier à se mettre à table : « Par Jupiter! dit-il, il faut que j'invente quelque ruse pour garder ce que je possède, et en même temps pour avoir ma part de la cuisine commune. » Quant aux inconvénients de la communauté des femmes, le poëte les expose avec une licence que la traduction et même l'analyse peuvent à peine reproduire. Cette comédie paraît avoir été représentée, comme l'indique un passage que nous avons cité plus haut, l'an 393 avant J. C.

---

1. D'après le témoignage de Varron, cité par saint Augustin (*De civitate Dei*, XVIII, 9), les femmes athéniennes auraient eu le droit de suffrage au temps de Cécrops. Nous n'avons pas besoin de dire que ce fait n'a aucune vraisemblance.

2. Οὔκουν καὶ νῦν οὗτοι μᾶλλον κλέπτουσ', οἷς ταῦτα πάρεστι Aristophane, *l'Assemblée des femmes*, v. 609).

Dans le *Plutus*, qui a été joué deux fois, la première fois en 409, la seconde en 390, et dont le texte actuel semble un composé des deux éditions[1], il s'agit de corriger l'injuste et inégale répartition des richesses parmi les hommes. Plutus est aveugle, et donne au hasard; qu'il recouvre la vue, et tout ira bien. Aristophane introduit la Pauvreté, qui prouve aux Athéniens qu'elle est nécessaire à l'ordre du monde : « Que Plutus, dit-elle, recouvre la vue et se donne à tous également, personne ne voudra plus faire aucun métier, ni apprendre aucun art. Si chacun peut vivre oisif et consommer sans produire, qui voudra forger le fer, construire des vaisseaux, fabriquer des roues, couper le cuir, faire de la brique, blanchir, corroyer, ou sillonner la terre pour en tirer les dons de Cérès[2]? »

Tandis que les démagogues et les sophistes rêvaient le nivellement absolu des conditions, les philosophes et les politiques trouvaient qu'il n'y avait que trop d'égalité dans la république. Xénophon dit que les étrangers et les esclaves avaient de grands priviléges à Athènes. « Un esclave dispute le pas à un homme libre. Il n'y a rien, ni dans le maintien, ni dans l'habillement, qui distingue le citoyen de l'esclave ou de l'étranger. Les esclaves vivent dans l'abondance, quelques-uns même dans le luxe[3]. » Démosthène dit qu'à Athènes les esclaves parlent plus librement que

1. Aristophane, traduit par M. Artaud, sujet de la comédie de *Plutus*.
2. Aristophane, *Plutus*, v. 510 et suiv.
3. Xénophon, *Politique athénienne*, chap. 1.

les citoyens ne le font dans d'autres États[1]. De tels
usages pourraient nous faire penser que les mœurs
athéniennes étaient sinon plus pures, du moins plus
douces que celles des autres Grecs. Xénophon explique ces faits par des motifs politiques. Dans un
pays où la marine est le principal élément de la
puissance publique, comme on ne peut se passer du
concours des esclaves, il faut les ménager, leur
laisser une certaine liberté, et même leur donner
une part des bénéfices. Il en est de même des étrangers : la ville doit les traiter avec bienveillance ; car
elle a besoin de leurs services, soit pour la marine,
soit pour les arts de toute espèce.

Xénophon est au fond très-opposé au principe du
gouvernement athénien, parce qu'il le juge plus favorable aux mauvais citoyens qu'aux honnêtes gens ;
mais il prétend que les Athéniens, ayant adopté le
régime démocratique, ont employé les vrais moyens
de le maintenir, et qu'ils ont eu raison de faire bien
des choses que les autres Grecs leur ont reprochées
comme des fautes[2]. C'est à ce point de vue qu'il
approuve l'avantage donné à la multitude sur les
nobles et les riches, l'élection des magistrats par le
sort, la participation de tous au gouvernement et
à la justice. Isocrate, au contraire, croit que la démocratie athénienne a dévié de la route que lui
avaient tracée ses fondateurs, et que dans l'état de
corruption où elle est tombée, elle conduit le peuple

1. Démosthène, *Philippique* III.
2. Xénophon, *Politique athénienne*, chap. 1.

à sa ruine. Il se plaint de l'égoïsme et de l'ambition qui tourmentent tous les citoyens. On aspire à cette égalité fausse et injuste, qui traite sans distinction les bons et les méchants, et l'on rejette la véritable égalité, sœur de la justice, qui rétribue chacun selon ses œuvres[1].

· On croyait remédier à tout par des décrets. Mais, dit Isocrate, il ne faut pas se figurer que le bonheur d'un peuple ou sa moralité se mesure au nombre de ses lois. Le grand nombre des lois est, au contraire, un signe de décadence : ce sont autant de digues qu'il a fallu opposer aux crimes et aux délits à mesure qu'ils se sont multipliés. Platon sourit aussi de ces prétendus politiques, qui s'imaginent tuer tous les abus à force de règlements, et qui ne font que couper les têtes de l'hydre[2]. Ce n'était donc pas seulement la constitution de l'État, c'étaient les mœurs qu'il fallait réformer à Athènes. Il fallait rendre au peuple l'idée morale qu'il avait perdue, fixer son humeur légère, réprimer ses passions, ou du moins les tourner vers un but généreux ; car, comme le dit très-bien Isocrate, ce n'est point par des décrets, c'est par les mœurs qu'une république est bien gouvernée.

1. Isocrate, *Aréopagitique*.
2. Platon, *République*, IV.

CHAPITRE XXII.

Personne n'était plus convaincu que Platon des vices de la démocratie athénienne. Dans sa jeunesse, il avait pensé un instant à s'occuper des affaires publiques ; mais, quand il eut aperçu les ressorts secrets du gouvernement populaire, il s'éloigna avec dégoût[1]. Après la mort de Socrate, il voyagea pendant plusieurs années. Il visita l'Égypte, où il observa des traditions et des lois dont on retrouve la trace dans ses ouvrages politiques. Il alla voir à Cyrène Théodore le mathématicien, Euclide à Mégare, et en Italie les derniers pythagoriciens. De retour dans sa patrie, il acheta un petit jardin qui touchait à l'Académie, gymnase embelli par Cimon dans un des faubourgs d'Athènes. Là il vécut dans la retraite, toujours étranger aux affaires publiques, et partageant ses loisirs entre ses entretiens avec ses disciples et la composition de ces ouvrages qui devaient être l'enseignement de la postérité.

Le *Gorgias* est une protestation éloquente contre toutes les misères de l'*Agora*, et surtout contre cette fausse rhétorique qui s'était rendue maîtresse du gouvernement. Mais ce n'était point assez pour le disciple de Socrate d'avoir fait la critique des insti-

1. Platon, *Ep.* VII.

tutions contemporaines : il voulut leur opposer un
type de gouvernement que son génie avait conçu.
Pour qui examine attentivement la *République*, la
cité idéale que le philosophe bâtit dans les nuages
est, sur tous les points, le contraire de la cité ter-
restre que Platon avait sous les yeux.

La société athénienne, c'est la lutte perpétuelle
des intérêts et des passions ; c'est l'individualisme
poussé jusqu'à ses dernières limites. La *République*,
qui a pour fondement la vertu, absorbe tous les individus dans sa puissante unité.

A Athènes, on avait peu à peu abaissé toutes les
barrières qui séparaient autrefois les différentes
classes de la population. Tout avait été livré à tous.
Chaque citoyen était législateur, juge, soldat, ad-
ministrateur même, puisqu'il recevait les comptes
de tous les magistrats, et cette confusion n'avait fait
qu'aboutir à des luttes sans fin entre les partis et les
individus. Platon, au contraire, pour organiser
l'État, s'appuie sur cet axiome de Socrate : « que
les hommes naissent inégaux, avec des aptitudes diverses, et qu'il est impossible qu'un seul homme
fasse bien plusieurs métiers à la fois [1]. »De là la nécessité de plusieurs classes qui ne doivent jamais se
confondre : d'abord les magistrats ou gouvernants ;
puis les guerriers ou gardiens de l'État ; enfin le
reste du peuple, laboureurs ou artisans. Chacune
de ces classes a des attributions distinctes, est
soumise à des règlements divers, et c'est cette

---

1. Platon, *République*, II.

diversité même qui maintient l'unité de la république.

L'État, ainsi organisé, doit avoir au plus haut point les quatre qualités essentielles qui sont la perfection de l'individu, la prudence, le courage, la tempérance et la justice. La prudence est représentée par les gouvernants. C'est la classe la moins nombreuse, ce sont les premiers parmi les meilleurs, une aristocratie de science; opposée à cette multitude ignorante qui règne en souveraine dans l'*Agora*.

Le courage a sa représentation naturelle dans la classe des guerriers. On ne pouvait pas dire qu'à Athènes on manquât de courage; mais chaque citoyen employait son courage à son gré et dans des vues particulières. Dans la *République*, le courage est la force conservatrice, c'est le rempart des maximes sacrées qui président à l'organisation de l'État[1].

La cité platonicienne est éminemment tempérante; « car les désirs de la multitude, composée d'hommes vicieux, y sont dominés par la prudence et la volonté des moins nombreux, qui sont aussi les plus sages. » Ce n'est pas tout à fait ainsi que les choses se passaient à Athènes. Dans la *République*, la tempérance n'est pas le propre d'une seule classe; c'est le lien entre les classes diverses; elle est à la fois dans ceux qui commandent et dans ceux qui obéissent : c'est comme l'harmonie du corps social.

1. Platon, *République*, IV.

La justice est encore une vertu générale, qui n'appartient point à une classe en particulier, mais qui est répandue dans tout l'État. C'est elle qui maintient chaque citoyen à sa place et dans son droit. Elle inspire les magistrats lorsqu'ils jugent les procès, et qu'ils empêchent que personne ne s'empare du bien d'autrui ou ne soit privé du sien. C'est par la pratique de cette vertu que tous les membres de la cité, femmes, enfants, hommes libres, esclaves, artisans, gouvernants et gouvernés se bornent chacun à son emploi, sans se mêler de celui des autres. Réunir des fonctions diverses, ou passer de l'une à l'autre sans en être digne, est ce qu'il y a de plus injuste et de plus funeste : c'est un véritable crime[1].

Platon ne va pas jusqu'à établir dans sa république les castes immuables de l'ancienne Égypte. Il dit aux membres de l'État : « Le Dieu qui vous a formés a mêlé de l'or dans la substance de ceux d'entre vous qui sont appelés à gouverner les autres, de l'argent dans la composition des guerriers, du fer et de l'airain dans celle des laboureurs et des artisans. Comme vous avez tous une origine commune, vous aurez pour l'ordinaire des enfants qui vous ressembleront. Cependant, d'une génération à l'autre, l'or deviendra quelquefois argent, comme l'argent se changera en or, et il en sera de même des autres métaux. Le Dieu recommande aux magistrats de prendre garde sur toute chose au métal qui se trou-

1. Platon, *République*, IV.

vera mêlé à l'âme des enfants. Si leurs propres enfants ont quelque mélange de fer ou d'airain, il veut
absolument qu'ils ne leur fassent point grâce, mais
qu'ils les relèguent dans l'état qui leur convient,
parmi les artisans ou parmi les laboureurs. Si ces
derniers ont des enfants en qui se montre l'or ou
l'argent, il veut qu'on élève ceux-ci au rang des
guerriers, ceux-là au rang des magistrats [1]. »

Une des questions les plus difficiles à résoudre
dans un État nouveau, c'est de constituer le pouvoir
dirigeant. Platon ne s'explique pas sur la manière
dont seront élus les magistrats suprêmes; mais ce
qu'il ne veut pas, c'est que le pouvoir soit, comme
à Athènes, le prix de l'intrigue ou de la violence.
Ici la pensée du philosophe se montre sans aucun
voile : « Partout où l'on voit courir aux affaires publiques des mendiants, des gens affamés de biens, ou
qui n'en ont aucuns, et qui s'imaginent que c'est là
qu'ils doivent en aller prendre, il n'y a pas de bon
gouvernement possible. Le pouvoir devient une proie
qu'on se dispute, et cette guerre domestique finit
par perdre et les hommes qui se disputent le gouvernement de l'État et l'État lui-même [2]. »

Après avoir posé cette excellente maxime, « que
le pouvoir doit toujours être confié à ceux qui ne
sont pas jaloux de le posséder, » Platon se demande
à qui l'on imposera la garde de l'État, et il conclut
qu'on ne doit la confier qu'aux philosophes; car

1. Platon, *République*, III.
2. Platon, *République*, VII.

seuls ils sont capables d'exercer le pouvoir, et seuls
ils ne le désirent point, du moins Platon le dit, et il
explique longuement pourquoi le vrai philosophe est
seul en état de commander aux hommes.

Les guerriers sont choisis avec soin par les magistrats. L'art de la guerre, que Bossuet a appelé le
premier des arts, parce que les autres s'exercent à
son ombre, n'est pas, selon Platon, accessible à la
masse des citoyens : « Ce métier est-il si facile qu'un
laboureur, un cordonnier ou quelque autre artisan
puisse être en même temps guerrier, tandis que pour
être excellent joueur de dés ou d'osselets, on doit
s'y appliquer sérieusement dès l'enfance [1] ? » Pour
devenir gardien de l'État, il faut réunir certaines
dispositions naturelles. Comme le chien de garde
auquel Platon le compare, le guerrier doit avoir la
sagacité qui découvre l'ennemi, la vitesse qui le
poursuit, la force et le courage qui le combattent
après l'avoir atteint. Il ne peut être courageux s'il
n'est enclin à la colère ; car la colère est quelque
chose d'indomptable, qui rend l'âme intrépide et incapable de céder au danger. Et cependant il doit y
avoir dans l'âme du guerrier un fonds inépuisable
de bienveillance ; car il faut qu'il soit aussi doux pour
ses compatriotes que terrible pour l'ennemi. Il faut
même que son esprit soit naturellement philosophe,
c'est-à-dire qu'il aime et recherche la vérité.

Les qualités du guerrier étant données, il reste à
les perfectionner par l'éducation, et à les perpétuer

1. Platon, *République*, II.

par un régime spécial. C'est ici que Platon accumule
les préceptes et les règlements, et qu'il entre dans
ces détails minutieux, étranges, qu'on a souvent
critiqués. Nous devons remarquer avant tout, que
ces règlements s'appliquent, non pas au corps entier
des citoyens, mais à cette troupe d'élite qui est pré-
posée à la garde de l'État.

L'éducation, chez les Grecs, consistait à former le
corps par la *gymnastique*, et l'âme par la *musique*.
On commençait par la musique : on amusait les enfants avec des fables, avant de les envoyer au gymnase. Aussi Platon veut-il que l'on choisisse avec le
plus grand soin les premières paroles qui frapperont
l'oreille de ses guerriers. Il engage les nourrices et
les mères à ne raconter aux enfants que des fables
dont on aura fait choix, et à s'en servir pour former
leurs âmes avec encore plus de soin qu'elles n'en
mettent à former leur corps. « Quant aux fables dont
elles les amusent aujourd'hui, il faut, dit-il, en rejeter le plus grand nombre[1]. »

On sait comment l'auteur d'*Émile* a critiqué certaines fables de La Fontaine que l'on fait apprendre
par cœur aux enfants. Ainsi Platon, que Rousseau a
pris pour modèle, critique, dans Hésiode et dans
Homère, plusieurs passages qui lui paraissent défi-
gurer le caractère des dieux ou des héros. Ici sont
exprimées, sur le polythéisme athénien, des opinions analogues à celles que Socrate professe dans
l'*Euthyphron*. « Si nous voulons que les gardiens de

----

1. Platon, *République*, II.

l'État regardent comme une infamie de se quereller
entre eux à tout propos, nous nous garderons bien
de leur apprendre les guerres des dieux, les piéges
qu'ils se dressent et leurs querelles. Il n'y a d'ailleurs
rien de vrai dans ces fables. » Platon ne veut pas
qu'on dise, avec Homère :

Jupiter est le distributeur des biens et des maux ;

ou avec Eschyle :

Quand Dieu veut la ruine d'une famille, il fait naître l'occasion
de la punir.

On doit enseigner, dit Platon, que Dieu n'est pas
l'auteur de tout, mais seulement du bien. Le philosophe n'admet pas toutes ces métamorphoses que les
poëtes s'étaient plu à multiplier. « Chacun des dieux,
étant de sa nature aussi excellent qu'il peut être,
doit conserver la forme qui lui est propre dans une
immuable simplicité. » Platon reproche à Homère
de représenter le séjour des morts

Comme un lieu d'épouvante et d'horreur, redouté des dieux
eux-mêmes.

Il est même d'avis de rejeter les noms odieux et for-
midables de Cocyte, de Styx, de Mânes, d'Enfers
et d'autres du même genre, qui font frémir ceux
qui les entendent prononcer. Il ne veut pas que l'on
prête aux guerriers des lamentations et des faiblesses
indignes de leur vertu[1]. En un mot, il ne proscrit

1. Platon, *République*, III.

pas toute espèce de poésie, mais seulement celle qui serait susceptible de fausser l'esprit ou d'amollir le courage.

Quand l'éducation des guerriers est faite, ils doivent vivre de telle sorte qu'ils réalisent par leurs actions tout ce qui leur a été enseigné, et qu'ils soient toujours les dignes gardiens de l'État. « Je veux premièrement, dit Platon, qu'aucun d'eux ne possède rien en propre, à moins que cela ne soit absolument nécessaire.... Je veux qu'ils vivent ensemble, comme des guerriers au camp, assis à des tables communes.... Qu'à eux seuls, parmi tous les citoyens, il soit interdit de posséder, de toucher même l'or ou l'argent. » Et le philosophe donne les motifs de ces prescriptions : « Dès que les guerriers auront en propre des terres, des maisons, de l'argent, de gardiens qu'ils sont ils deviendront économes et laboureurs ; ils ne seront plus les défenseurs de l'État, mais ses ennemis et ses tyrans. Alors ce ne seront plus que haines et embûches réciproques ; les ennemis du dedans seront plus redoutés que ceux du dehors, et l'État se trouvera à chaque instant plus près de sa ruine[1]. »

A une autre époque, quand on a fondé, non des communautés militaires, mais des corporations religieuses, on leur a interdit la propriété particulière ; mais à cette défense on a joint l'obligation du célibat. Platon, qui craint aussi pour ses guerriers les inconvénients du mariage, les affranchit

1. Platon, *République*, III.

des liens de famille par un moyen tout opposé, par
la communauté des femmes et des enfants. En éta-
blissant cette loi nouvelle, le philosophe sent bien
qu'il s'aventure sur un terrain glissant. « Lorsqu'on
parle, dit-il, comme je le fais, avec doute et en cherchant encore, on doit craindre, non de faire rire (cette
crainte serait puérile), mais de s'écarter du vrai et
d'entraîner avec soi ses amis dans l'erreur. » Cependant il se rassure, et s'efforce de défendre sa proposition. Par la communauté des biens et des femmes, les guerriers seront délivrés de tout ce qui
divise les hommes ordinaires. Ils n'auront plus les
embarras et les soucis qu'entraînent l'éducation des
enfants et le soin d'amasser du bien pour sa famille.
Libres de tout intérêt personnel, ils seront tous unis
dans la pensée du bien public; et, à l'abri des petites
misères de la vie privée, ils mèneront une vie plus
heureuse que celle des athlètes couronnés aux jeux
olympiques [1].

Cette partie de la *République* tombe dans ces folles
idées de réforme sociale qu'Aristophane a réfutées
par le ridicule. Platon réclame pour les femmes,
non pas le droit de commander aux hommes,
comme dans la comédie des *Harangueuses*, mais le
partage de toutes les occupations viriles. Les femmes
commenceront par recevoir la même éducation que
les hommes : elles s'exerceront dans les gymnases,
où la vertu leur tiendra lieu de vêtements. Elles
apprendront à monter à cheval et à manier les ar-

1. Platon, *République*, V.

mes. Plus tard, elles devront partager avec leurs époux les travaux de la guerre et tous les soins qui se rapportent à la garde de l'État ; seulement la faiblesse de leur sexe devra leur faire attribuer la part la plus légère dans le même service.

Les enfants des citoyens d'élite, à mesure qu'ils naîtront, seront portés au bercail commun, et confiés à des gouvernantes qui auront leur demeure à part dans un quartier de la ville. Pour les enfants des citoyens moins estimables et même pour ceux des autres qui auraient quelque difformité, on les cachera dans un endroit secret, qu'il sera interdit de révéler[1]. Cette prescription est destinée à conserver, dans toute sa pureté, la race des guerriers ; c'est un souvenir d'une loi lacédémonienne, qui ordonnait d'exposer les enfants nés difformes ou avec un tempérament faible.

Quelque étranges que paraissent ces règlements, ils ont tous pour but, dans la pensée de Platon, de donner à l'État la plus haute unité possible, et, par l'unité, la concorde et la paix. Mais Aristote a trèsbien prouvé que vouloir établir l'unité absolue, c'est détruire la société elle-même, qui se compose de dissemblances et de contrastes[2]. Le problème social ne consiste pas à abolir toute propriété, à éteindre toute passion individuelle, mais à régler ces éléments divers et à les faire concourir à l'ordre général. La *République* de Platon était donc une

---

1. Platon, *République*, V.
2. Aristote, *Politique*, livre II, chap. 1 et suiv.

conception purement idéale, qui ne pouvait se
réaliser nulle part. Si elle avait pu s'établir en
quelque lieu, son premier résultat eût été, non
pas de réformer le gouvernement, mais d'anéantir
l'humanité.

CHAPITRE XXIII.

Les *Lois* de Platon.

En composant sa *République*, Platon n'avait consulté que son génie; il n'avait tenu compte ni des
circonstances extérieures, ni même de la nature humaine. Comme les Athéniens de la comédie des
Oiseaux, il avait bâti une ville dans les airs. Dans
le livre des *Lois*, le philosophe consent à descendre
d'un degré et à se rapprocher de la terre. La *République*, tendant à la perfection absolue, n'avait besoin ni de lois, ni de code pénal; elle reposait exclusivement sur les mœurs, sur la raison, c'est-à-dire
sur la loi intérieure que Dieu a gravée dans la
conscience. Ici Platon n'abandonne pas son idéal,
mais il veut le réaliser; il est donc forcé de le modifier; il l'accommode à la faiblesse humaine, en ajoutant aux mœurs le frein et la sanction de lois[1]. Le
traité des *Lois* est, selon l'expression d'Aristote, un
amendement à la *République*[2].

Le premier sacrifice que s'impose Platon, c'est
celui de ces institutions singulières, qu'il avait présentées comme le type de la perfection. Il renonce à
la communauté des biens : « Que nos citoyens par-

1. Voy. l'argument philosophique des *Lois*, dans la traduction de Platon, par M. Cousin, t. VII.
2. Aristote, *Politique*, II, 3.

tagent entre eux la terre et les habitations, et qu'ils
ne labourent point en commun, puisque ce serait
trop demander aux hommes d'aujourd'hui; mais
que chacun se persuade que sa propriété n'est pas
moins à l'État qu'à lui [1]. » Dans l'origine, c'est
l'État lui-même qui a distribué le territoire entre les
habitants. Cette propriété est un fonds inaliénable
qui ne peut être ni vendu, ni acheté; on peut y
ajouter jusqu'au quadruple. Mais il est défendu à
tout particulier d'avoir chez soi de l'or ou de l'argent.
Il ne l'est pas moins de mettre de l'argent en dépôt
comme gage de sa foi, ou de prêter à usure; dans
ce dernier cas, l'emprunteur est autorisé à ne rendre
ni l'intérêt ni le capital [2].

Le nombre des foyers doit toujours rester le
même, et, pour des raisons mathématiques qu'il est
inutile de reproduire, Platon le fixe à 5040, ni plus
ni moins. Si, malgré les précautions du législateur,
le nombre des familles vient à s'augmenter, on se
débarrassera de l'excédant en fondant des colonies
au dehors. Si, au contraire, le nombre diminue par
suite de quelque accident, tel que la guerre ou les
maladies, on attendra que le temps ait comblé les
vides; mais on se gardera bien de suppléer à cette
disette en introduisant dans la cité des étrangers, qui
n'auraient reçu qu'une éducation bâtarde. Platon
est aussi sévère pour les étrangers que les lois athéniennes étaient indulgentes à leur égard. Il ne les

1. Platon, *Lois*, V.
2. Platon, *ibid*.

admettait point dans la *République*; dans les *Lois*, il leur permet d'habiter la cité, et même d'y rester toute leur vie, s'ils ont rendu de grands services; mais ni eux, ni même leurs enfants ne peuvent être naturalisés à aucune condition.

Il n'est plus question de la communauté des femmes : le mariage est admis, mais avec des précautions sévères, et à condition que la femme n'aura point de dot. Le père conserve la propriété de ses enfants : s'il a plusieurs garçons, il choisit celui qui doit lui succéder comme chef de la famille; il cède les autres à ceux de ses compatriotes qui n'auraient point d'enfants mâles. D'après le droit athénien, le père pouvait déshériter son enfant selon son caprice; dans les *Lois*, il ne peut le faire sans consulter un conseil de famille, devant lequel le fils doit être entendu[1].

L'auteur des *Lois* voudrait bien établir l'usage des repas en commun; mais il n'ose l'imposer à tous les membres de l'État, et il comprend qu'il faut en excepter au moins les femmes : « Aujourd'hui, dit-il, les choses sont si peu favorablement disposées à cet égard, que dans les cités où les repas en commun n'ont jamais été établis, la prudence ne permet pas même d'en parler. Comment ne s'y rendrait-on pas ridicule, si l'on entreprenait d'assujettir les femmes à manger et à boire en public[2]? » C'est à regret que Platon s'éloigne de ses conceptions fa-

1. Platon, *Lois*, XI.
2. Platon, *Lois*, VI.

vorites. Comme dit très-bien M. Cousin, il y a dans
toutes les parties des *Lois* un retour continuel et
comme un soupir vers la république [1].

Platon renonce aussi à cette division des citoyens
qui rappelait les castes de l'Inde et de l'Égypte. Dans
les *Lois*, c'est la fortune, c'est le cens qui divise la
population en quatre classes, emprunt fait à Solon,
l'un des ancêtres du philosophe. Les citoyens peuvent
donc monter ou descendre d'une classe à une autre,
selon que leur fortune augmente ou décroît. Mais le
législateur, craignant à la fois l'extrême richesse et
l'extrême pauvreté comme des causes de sédition, a
posé, des deux côtés, une limite qu'il n'est pas permis
de dépasser. Le minimum pour la quatrième classe,
c'est la portion inaliénable, primitivement donnée
par l'État et évaluée une mine ou cent drachmes;
le maximum est de deux mines pour la troisième
classe, de trois pour la seconde et de quatre pour
la première. Il n'y aura donc dans l'État ni citoyens
très-riches, ni citoyens très-pauvres. Aussi Platon
a-t-il interdit sévèrement la mendicité : « Si quelqu'un s'avise de mendier et d'aller amasser de quoi
vivre à force de prières, que les *agoranomes* le
chassent de la place publique, les *astynomes* de la
cité, et les *agronomes* de tout le territoire, afin que
le pays soit tout à fait délivré de cette espèce d'ani-
mal [2]. »

Le pouvoir suprême est confié à des magistrats

1 M. Cousin, *Argument philosophique des Lois*, p. xvj.
2. Platon, *Lois*, XI.

qui portent le titre de *nomophylaques* ou gardiens des lois, et qui sont au nombre de trente-sept. On ne peut arriver à cette dignité avant cinquante ans, et l'on ne peut la conserver passé soixante-dix ans. Mais ces magistrats ne sont point pris, comme dans la *République*, dans une caste supérieure qui gouverne par une sorte de droit divin : c'est le peuple qui les choisit. Le droit de suffrage appartient à tous les citoyens qui portent les armes comme fantassins ou comme cavaliers, et qui ont déjà fait une campagne. L'élection se fait dans le temple réputé le plus saint de toute la ville. Chacun dépose sur l'autel même son suffrage, signé de son nom. Les magistrats, après avoir recueilli les votes, proclament les noms des trois cents citoyens qui ont obtenu le plus de voix. Parmi ces trois cents, une nouvelle élection en choisit cent, parmi lesquels on choisit encore ; et les trente-sept qui ont eu le plus de suffrages dans ce dernier tour de scrutin, sont déclarés gardiens des lois[1].

A côté des magistrats, il y a un sénat composé de trois cent soixante membres, pris en égal nombre dans le sein de chaque classe. Le premier jour tous les citoyens sont forcés, sous peine d'amende, de voter pour l'élection des sénateurs de la première classe. Le lendemain, tous sont encore obligés de proposer les sénateurs à prendre dans la seconde classe. Le jour suivant, on propose ceux de la troisième classe : ici encore il y a obligation de voter,

1. Platon, *Lois*, VI.

sous peine d'amende, pour les citoyens des trois premières classes ; mais ceux de la dernière peuvent s'abstenir sans être passibles d'aucune peine. Le quatrième jour, tous proposent les sénateurs de la dernière classe ; il n'y a point d'amende pour ceux de la troisième et de la quatrième classe qui ne votent point ; mais ceux de la seconde sont condamnés à payer au triple l'amende du premier jour, et ceux de la première au quadruple. Le cinquième jour, les magistrats proclament les résultats du vote. Alors tous, sans exception, sont obligés de faire un nouveau choix parmi ceux qui ont été proposés. Cent quatre-vingts sont ainsi choisis dans chacune des classes ; puis le sort en désigne la moitié. Les élus subissent les épreuves ordinaires, et sont déclarés sénateurs pour l'année.

Ce mode d'élection paraît excellent à Platon, « parce qu'il tient le milieu entre la monarchie et la démocratie, milieu essentiel à tout bon gouvernement. » La justice et l'intérêt public veulent l'égalité ; mais, comme Isocrate dans un passage que nous avons cité plus haut, Platon distingue deux espèces d'égalité : l'une, toute matérielle, consiste dans le poids, le nombre, la mesure : il appartient au premier législateur venu de l'introduire dans ses lois ; c'est elle que les Athéniens se sont attachés à établir, en attribuant au sort l'élection de leurs magistrats. L'autre s'appuie sur la morale et sur la justice ; elle donne plus à celui qui est plus grand, moins à celui qui est moindre, proportionnant ainsi les honneurs au mérite et à la vertu. C'est la vraie et parfaite égalité, dont le discernement appartient à

Jupiter, que la plupart des hommes ne font qu'entrevoir, et qu'un bon législateur doit réaliser dans l'État [1].

Ce n'est pas le seul passage du traité des *Lois* où l'auteur ait reconnu l'avantage des gouvernements mixtes. Dans le troisième livre, il soumet à un examen approfondi la monarchie persane et la démocratie athénienne, et il conclut que ces deux gouvernements sont condamnés à périr, parce qu'ils sont exclusifs, parce que tous deux ont poussé leur principe jusqu'à ses dernières limites, sans jamais le tempérer par un principe opposé. « Si la puissance des Perses a toujours été s'affaiblissant de plus en plus, c'est que les rois ayant donné des bornes trop étroites à la liberté de leurs sujets, et ayant porté leur autorité jusqu'au despotisme, ont ruiné par là l'union et la communauté d'intérêts qui doit régner entre tous les membres de l'État.... Athènes s'est affaiblie de son côté, mais par une cause opposée : parce qu'elle a porté l'excès de la liberté aussi loin que les Perses avaient porté l'excès du despotisme. » L'exemple de ces deux États nous enseigne donc que pour fonder un gouvernement durable, qui donne des garanties égales à l'ordre et à la liberté, il faut combiner ensemble le principe monarchique et le principe démocratique, en les modérant l'un par l'autre, et Platon finit en citant cette belle maxime d'Hésiode : « Souvent la moitié est plus que le tout [2]. »

1. Platon, *Lois*, VI
2. Platon, *Lois*, III.

Aristote, dont la ferme raison avait si bien aperçu
les côtés faibles de la *République*, n'a pas rendu justice à certaines parties des *Lois*, pas même à cette
remarquable théorie des gouvernements mixtes. Il
l'a attaquée par des critiques de détail, que M. Cousin a victorieusement réfutées [1]. Aristote a plus justement accusé le système d'élection établi dans les
Lois, de pencher vers l'oligarchie [2]. Tous, en effet,
sont appelés à choisir les sénateurs ; mais il n'y a
que les citoyens des deux premières classes qui soient
toujours obligés de voter sous peine d'amende; ceux
de la quatrième et même ceux de la troisième peuvent,
dans certains cas, s'abstenir impunément. Cette distinction tend à mettre les élections aux mains des plus
riches. Il faut cependant remarquer que les citoyens
des premières classes, même lorsqu'ils votent seuls,
sont obligés d'élire un certain nombre de sénateurs
parmi les plus pauvres. D'ailleurs, en laissant le
dernier mot au sort qui choisit définitivement parmi
les candidats, Platon fait la part de cette égalité
matérielle si chère à la démocratie.

L'une des institutions auxquelles Platon attache,
avec raison, le plus d'importance, c'est l'organisation judiciaire. Avant tout, il pose en principe que
la justice doit être rendue publiquement. Il a en horreur ces tribunaux muets qui examinent les affaires
en cachette, et dérobent leurs jugements à la connaissance du public : Platon semble avoir deviné

---

1. M. Cousin, *Argument philosophique des Lois*, p. xrz, et suiv.
2. Aristote, *Politique*, II, 3.

les *francs juges*. Mais il n'a pas plus de confiance dans ces tribunaux nombreux, bruyants comme des théâtres, où les affaires sont d'autant moins étudiées qu'il y a plus de juges pour s'en occuper, où l'on rit tout haut des parties et des avocats, et où les arrêts sont rendus au milieu du tumulte[1] : ici Platon pensait aux *héliastes*. La meilleure garantie lui paraît être le petit nombre des juges et leur capacité.

Il y a trois degrés de juridiction. S'il s'élève un différend entre deux citoyens, l'affaire est d'abord soumise à l'arbitrage de leurs voisins et de leurs amis : c'est une sorte de jury de famille, qui prononce en premier ressort. La cause est ensuite portée à un tribunal qui ressemble à nos tribunaux civils : il y en a un dans chacune des douze tribus dont se compose le territoire. Platon fait une grande concession aux idées et aux habitudes athéniennes en admettant tous les citoyens à siéger dans ces tribunaux. « Il faut, dit-il, autant qu'il se pourra, que tous interviennent dans les jugements en matière civile ; car ceux qui ne participent point à la puissance judiciaire, se croient complétement privés des droits de citoyen[2]. » Comme à Athènes, c'est le sort qui désigne les juges des tribus ; mais ils sont soumis à de sévères épreuves.

Enfin, au-dessus de ces tribunaux, il y a une cour suprême qui juge en dernier ressort et sans

1. Platon, *Lois*, IX.
2. Platon, *Lois*, VI.

appel. Mais ce n'est plus le sort qui choisit les membres de ce tribunal : « Le dernier jour avant le mois qui suit le solstice d'été[1], tous les magistrats en exercice s'assemblent dans un des temples de la cité, et là, après avoir pris le dieu à témoin de leur serment, ils lui offrent en quelque sorte les prémices de tous les corps de magistrature, en choisissant pour juge, dans chacun d'eux, le magistrat qui jouit d'une plus grande réputation de probité, et leur paraît devoir rendre la justice aux citoyens avec plus de lumière et d'intégrité. » Ces fonctions sont annuelles. Les juges donnent leur suffrage publiquement. Les sénateurs et tous les autres magistrats qui les ont élus, sont tenus d'asister au jugement ; les autres citoyens y assistent si bon leur semble. Si un juge est accusé d'avoir prononcé une sentence injuste, l'accusation est portée devant les gardiens des lois, qui punissent le coupable avec la dernière sévérité[2].

A l'égard des crimes d'État, c'est le peuple qui est juge. « Il est nécessaire, dit Platon, que le peuple ait part au jugement des délits politiques, puisque tous les citoyens sont lésés lorsque l'État est attaqué. » C'est donc au peuple que ces affaires sont portées d'abord ; c'est lui qui décide s'il y a lieu à suivre. La procédure s'instruit par-devant trois des premiers corps de magistrature, choisis du commun consentement de l'accusateur et de l'accusé ; s'ils ne

1. L'année athénienne commençait au solstice d'été.
2. Platon, *Lois*, VI.

peuvent s'entendre sur ce choix, c'est le sénat qui règle la question. La cause est ensuite portée au peuple, qui juge sans appel.

Pendant qu'il était en train de réformer la justice, Platon n'aurait pas été fâché de la débarrasser des avocats. Il paraît que cette profession s'était discréditée à Athènes par la corruption et la cupidité de ceux qui l'exerçaient. Le philosophe, n'osant supprimer les avocats, leur impose du moins une législation sévère, qui nous rappelle une ordonnance d'un de nos anciens rois[1]. Mais Platon va bien plus loin que Philippe le Hardi : il interdit aux avocats l'avarice et la chicane sous peine de mort.

Rien n'échappe au législateur, ni les contrats, ni les actions, ni aucune forme de la procédure. Il règle les successions, et restreint, au profit de l'État, le droit de tester qui appartient aux particuliers. Il soumet à ses prescriptions les professions diverses, et encourage surtout l'agriculture, qu'il préfère aux arts mécaniques. Il supprime le commerce extérieur, et interdit à la fois l'importation et l'exportation. Comme dans la *République*, il se préoccupe beaucoup de l'éducation[2], qui doit préparer des citoyens accomplis, instruits à obéir et à commander selon la justice. Il règle minutieusement tout ce qui se rapporte à la gymnastique, et, pour que la femme devienne une compagne digne de l'homme, il veut qu'elle partage tous les exercices virils. Il traite avec une

1. Ordonnance du 23 octobre 1274, dans le *Recueil des ordonnances des rois de France*, t. I, p. 300.

2. Platon, *Lois*, I, II et VII.

extrême rigueur les poëtes qui abusent de leur génie
pour exciter les mauvaises passions. Il voudrait réformer jusqu'à la musique, qui avait secoué le joug
des anciennes règles. Telle est, selon Platon, la première cause de la décadence d'Athènes. C'est dans
la musique que l'anarchie a commencé, et de là elle
s'est répandue dans tout le reste. Le gouvernement
athénien n'est plus qu'une mauvaise *théâtrocratie*[1].

Pas plus qu'Aristote, Platon ne conteste le principe de l'esclavage; il reconnaît seulement que l'esclave est une possession embarrassante; et, dans
l'intérêt du maître, plus que par un sentiment d'humanité, il adresse deux conseils aux citoyens : le premier, c'est de ne point avoir d'esclaves d'une seule
et même nation, afin que ne parlant point la même
langue ils ne puissent se concerter contre leur maître; le second, c'est de les bien traiter. « Ce bon
traitement, dit Platon, consiste à ne se point permettre d'outrages envers eux, et à être, s'il se peut,
plus justes vis-à-vis d'eux qu'à l'égard de nos égaux.
En effet, c'est surtout dans la manière dont on en
use avec ceux qu'on peut maltraiter impunément,
que l'on fait voir si on aime sincèrement la justice[2]. »
Si un esclave en tue un autre en se défendant, il est
innocent; mais tout esclave qui tue un citoyen,
même en cas de défense légitime, est réputé homicide. Il y a cependant une loi plus humaine qui
limite le droit du maître sur la vie de ceux qui le

1. Platon, *Lois*, III.
2. Platon, *Lois*, VI.

servent : « Si un citoyen tue un esclave qui ne lui faisait aucun tort, il sera puni pour ce meurtre comme pour celui d'un homme libre. »

Les lois pénales remplissent la plus grande partie des derniers livres. Platon s'attache à proportionner les peines aux délits, et à les graduer selon la justice. Il ne se place pas au point de vue matérialiste des sociétés barbares, qui ne voient dans le crime qu'un tort fait à autrui, et dans la peine qu'une satisfaction donnée à l'offensé ou à sa famille. C'est l'infraction au devoir, c'est la violation de la loi morale qui constitue le crime, et qui détermine la gravité du châtiment. La peine est utile, elle défend la société par le salutaire effroi qu'elle inspire ; mais au fond c'est une expiation. Si le crime est trop grand pour que le coupable paraisse pouvoir se corriger, le législateur lui inflige le dernier supplice. Si, au contraire, le délit est moins grave, et que celui qui l'a commis soit susceptible de s'amender, Platon le renferme dans le *Sophronistère*[1], c'est-à-dire dans la maison pénitentiaire, que les modernes croient avoir inventée.

Toutes les offenses envers les particuliers, envers l'État ou envers les dieux ont leur peine déterminée ; mais il n'y a point de crime qui soit poursuivi avec plus de rigueur que l'impiété. Platon savait que les lois écrites tirent toute leur force des lois éternelles dont elles sont l'image. Aussi, pour assurer la durée de l'édifice qu'il veut construire, il lui donne la reli-

1. Platon, *Lois*, X.

gion pour base et pour appui. Il prouve éloquemment
l'existence d'une cause toute-puissante, qui a fait
l'ordre du monde et qui le maintient ; il démontre
la Providence, en la conciliant avec l'exercice de la
liberté humaine. Mais ce n'est point assez de ces
maximes abstraites : il admet la nécessité des sym-
boles consacrés, et, plus que dans ses autres ouvrages, il se rapproche de la religion établie. « Soit
qu'on bâtisse une cité nouvelle, soit qu'on en réta-
blisse une ancienne, il ne faut point, si l'on a du
bon sens, qu'à l'égard des dieux et des temples à
élever dans la ville, on fasse aucune innovation contraire à ce qui aura été réglé par l'oracle de Delphes, de Dodone, de Jupiter Ammon, ou par d'anciennes traditions, sur quelque fondement qu'elles
soient appuyées, comme sur des apparitions ou des
inspirations. Dès qu'en conséquence de ces sortes
de croyances, il y a eu des sacrifices institués avec
des cérémonies, et que sur ces traditions on a consacré des oracles, érigé des statues, des autels, des
temples, ou planté des bois sacrés, il n'est plus permis au législateur d'y toucher le moins du monde.
De plus, il faudra que chaque classe de citoyens ait
sa divinité, son démon ou son héros particulier;
et, dans le partage des terres, le premier soin du
législateur sera de mettre en réserve l'emplacement
nécessaire aux bois qu'on leur consacre, et de fixer
tout ce qui convient à leur culte[1]. » Quand on
bâtit la ville, le centre, où l'on construit la citadelle,

1. Platon, *Lois*, V.

est consacré à Vesta, à Jupiter et à Minerve. Les
élections se font dans les temples, sous l'œil des
dieux. Cependant Platon n'absorbe pas la religion
dans l'État. Quoiqu'il ait étudié l'Égypte et l'Orient,
il sait ce qui convient à la Grèce, et ce n'est pas
une théocratie qu'il se propose de constituer : il fait
élire les prêtres par le peuple, et ne leur livre pas
tout le pouvoir[1].

Un des plus justes reproches qu'on pût faire aux
Athéniens, c'est qu'ils ne savaient pas conserver
leurs lois, quand par hasard elles étaient bonnes ; ou
s'ils les conservaient, ils en laissaient altérer le sens
primitif. Pour prévenir ces inconvénients, Platon
imagine un conseil suprême, un *conseil divin*,
comme il le nomme, chargé de conserver intact le
dépôt de la religion, de la science et des maximes
d'État. Ce corps est composé des dix plus anciens
gardiens des lois, de ceux qui ont obtenu le prix de
la vertu ou qui ont voyagé au loin pour s'instruire,
et de quelques citoyens plus jeunes, qui ne peuvent
être admis qu'à l'unanimité des suffrages[2]. Les séan-
ces ne se tiennent qu'à la fin de la nuit, à l'heure
ou l'esprit, reposé par le sommeil, n'est pas encore
distrait des grandes pensées par les soucis de la journée. Ce conseil, que Platon appelle l'ancre de l'État,
a quelque ressemblance avec l'Aréopage. Mais le
sénat *d'en haut*, tel que Solon l'avait constitué, joignait à certaines attributions politiques la part la

1. Platon, *Lois*, VI.
2. Platon, *Lois*, XII.

plus importante de la puissance judiciaire, tandis que le conseil spirituel de Platon n'a point de pouvoirs déterminés, et l'on ne voit pas clairement comment il pourra s'y prendre pour perpétuer l'esprit qui doit animer l'État.

Tel est le second monument que Platon a élevé à la science politique. Le génie du philosophe s'était à demi dégagé de l'idéal, et, en traçant ce bel ensemble de lois, il a souvent pensé à corriger les défauts de la législation athénienne. Le résultat n'a pas répondu à ses espérances. Les doctrines de Platon n'étaient pas plus populaires à Athènes que celles de son maître. Quoiqu'il ait loué quelque part la tyrannie éclairée[1], et qu'il ait fait plus d'une concession à l'esprit démocratique, au fond il inclinait vers l'aristocratie. Après ses conceptions personnelles, les institutions politiques qu'il préférait, c'étaient celles de Sparte. Il est vrai que Platon voulait une aristocratie qui fût vraiment le gouvernement des meilleurs. Quoi de plus noble et de plus populaire que le rôle qu'il impose aux principaux citoyens? Il faut qu'ils intéressent à leur fortune un grand nombre de clients, qu'ils sacrifient une partie de leurs richesses pour assurer l'autre, et qu'ils sachent innover à propos, pour éviter les révolutions[2]. Mais les Athéniens ne voulaient d'aristocratie d'aucune sorte, et ils aimaient mieux périr par le principe démocratique que de se sauver par les maximes opposées. Aussi

1. Platon, *Lois*, IV.
2. Platon, *Lois*, V.

l'auteur des *Lois* a bien pu former quelques hommes
d'État dans les écoles philosophiques; mais il n'a
eu d'action ni sur le peuple, ni sur les institutions
qui l'entouraient. C'était une voix solitaire que l'a-
venir devait entendre, mais qui n'eut point d'écho
dans Athènes.

CHAPITRE. XXIV.

L'*Aréopagitique* d'Isocrate.

L'œuvre politique que Platon avait conçue, se divisait en trois parties. « Il faut, dit-il, proposer d'abord la meilleure forme de gouvernement, puis une seconde, puis une troisième, et en laisser le choix à qui a droit de décider[1]. » La première forme, c'est la *république*, c'est-à-dire le gouvernement modèle, la perfection absolue. Puis vient l'État qui s'en rapproche le plus, celui que Platon a essayé d'organiser dans le livre des *Lois*. « Pour le troisième, ajoute-t-il, nous en exposerons le plan dans la suite, si Dieu nous le permet. »

Quel était ce troisième gouvernement qui devait être révélé plus tard? Nous l'ignorons, et M. Cousin a très-bien prouvé qu'il n'est pas permis à la critique la plus ingénieuse et la plus savante de deviner un secret que Platon a emporté avec lui[2]. Voulait-il descendre des hauteurs où il plane encore dans les *Lois*, et, se plaçant au point de vue politique des Athéniens, entreprendre la réforme de leur démocratie? Il n'est pas probable qu'un esprit aussi spéculatif eût jamais consenti à s'abaisser à ce point dans la réalité. Mais

---

1. Platon, *Lois*, V.
2. *Argument philosophique des Lois*, p. IV et suiv.

ce que le philosophe ne pouvait faire, un orateur contemporain l'a essayé. Isocrate, dans son discours intitulé l'*Aréopagitique*, se propose de démontrer à ses concitoyens qu'ils ne peuvent se sauver qu'en rétablissant les lois anciennes, et que pour purifier la démocratie athénienne, il faut la retremper dans sa source. On l'avait déjà tenté à l'époque de la révolution de Thrasybule; mais on ne l'avait fait qu'à demi, et depuis on s'était bien éloigné de ces salutaires maximes. Isocrate veut qu'on reprenne l'œuvre, qu'on la pousse jusqu'au bout, et qu'on en assure la durée.

C'est une question très-controversée de savoir dans quelles circonstances et à quelle époque ce discours a été prononcé. A qui s'adresse Isocrate? Est-ce à l'Aréopage, au sénat ou au peuple? Ce titre d'*Aréopagitique* ne prouve nullement que ce soit devant l'Aréopage qu'il parle. Rien ne prouve non plus que ce discours soit adressé au sénat. Isocrate dit dans son exorde, et répète dans sa conclusion, que c'est lui qui a convoqué l'assemblée à laquelle il communique ses idées. Mais on sait qu'il n'était point permis à un simple particulier de réunir une assemblée du peuple. D'ailleurs l'orateur ne se sert pas du mot qui désigne ordinairement l'assemblée populaire ('Εκκλησία) [1]. Il s'agirait donc seulement d'une assemblée particulière des principaux citoyens, ou des disciples, des amis de l'orateur qui étaient nombreux. Mais nous inclinons à croire que ce discours a été

---

1. Τὴν πρόσοδον ἐποιησάμην. (Isocrate, *Aréopagitique*.)

composé à loisir pour exprimer les idées politiques
de l'orateur, et qu'il n'a jamais été prononcé.

Il reste à déterminer à quelle époque se rapporte
l'*Aréopagitique*, et dans quelles circonstances il a
été écrit. Isocrate trace d'abord un tableau assez
flatteur de la situation de la république. « Athènes
est tranquille ; elle a dans ses ports plus de deux
cents vaisseaux ; elle commande sur la mer ; elle
compte beaucoup d'alliés, dont plusieurs sont toujours prêts à la secourir, et dont un grand nombre
encore sont aussi exacts à lui payer des tributs que
fidèles à exécuter ses ordres. » Mais ce tableau est
plutôt un souvenir du passé que l'image du présent ;
car l'auteur ajoute un peu plus loin : « Après la bataille navale de Conon [1] et les exploits de Timothée,
toute la Grèce nous fut soumise ; mais notre prospérité n'a pas été de longue durée, et nous n'avons
pas tardé à la détruire de nos propres mains....
Après avoir perdu toutes les villes que nous possé-
dions dans la Thrace, et dépensé sans fruit plus de
mille talents pour solder des troupes étrangères,
nous nous trouvons aujourd'hui décriés dans l'esprit
des Grecs, ennemis du grand roi, abandonnés de
plusieurs de nos alliés, et forcés de défendre les
amis des Thébains. »

L'allusion à la perte des villes de Thrace a fait
croire à un traducteur d'Isocrate que ce discours
avait été prononcé vers l'an 348, après la prise d'O-

---

1. Isocrate veut sans doute parler de la bataille de Cnide,
gagnée en 394, par Conon et Pharnabaze, sur la flotte lacédémonienne.

lynthe par Philippe[1]. Mais ce qui nous empêche d'admettre cette opinion, c'est que le roi de Macédoine n'est pas nommé une seule fois dans le discours. Il serait plus vraisemblable de rapporter les paroles d'Isocrate à la fin de la guerre sociale, vers 356. Déjà, à cette époque, les Athéniens avaient perdu plusieurs villes de Thrace, entre autres Amphipolis. Les villes alliées, Chio, Cos, Rhodes et Byzance, s'étaient soulevées contre Athènes. Après la déposition de Timothée et d'Iphicrate par les intrigues de Charès, le roi de Perse s'était déclaré pour les villes rebelles, et avait forcé les Athéniens à reconnaître leur indépendance. Peut-être même pourrait-on faire remonter l'*Aréopagitique* à l'année 364, au temps où Épaminondas, voulant donner l'empire de la mer à sa patrie, soulevait contre Athènes les habitants de Chio, de Rhodes et de Byzance[2]. Ce qui est certain, c'est que le discours d'Isocrate a été composé soit à la fin de la domination thébaine, soit au moment où la puissance macédonienne commençait à poindre dans le nord. La suprématie hellénique était perdue sans retour pour les Athéniens.

Cet abaissement extérieur, Isocrate l'attribue à la décadence du gouvernement. A ses yeux, ce sont les formes politiques qui font la faiblesse ou la grandeur des nations. « Le gouvernement, dit-il, est dans la société ce que l'intelligence est dans l'homme : il en est l'âme[3]. » Et il se déclare nettement partisan

1. Auger, *Traduction d'Isocrate*.
2. Diodore de Sicile, XV, 79.
3. Isocrate, *Aréopagitique*.

de la démocratie ; mais il veut une démocratie bien
réglée, et il cite, comme modèle, l'ancien gouvernement des Athéniens.

Platon regrettait aussi les institutions qui avaient
autrefois régné dans Athènes, et nous avons vu qu'il
leur avait fait plus d'un emprunt. « Dans le temps,
dit-il, où les citoyens étaient divisés en quatre classes,
d'après leur fortune, une certaine pudeur régnait
dans tous les esprits.... Le peuple n'était pas alors,
comme aujourd'hui, le maître absolu : il était, pour
ainsi dire, esclave volontaire des lois.... Aussi les
Athéniens, étroitement unis entre eux, trouvaient-
ils la force de repousser les Perses, et de commander à la Grèce, après l'avoir sauvée[1]. »

Telle est la pensée que développe Isocrate dans
l'*Aréopagitique*. « Autrefois, dit-il, les Grecs avaient
tant de confiance dans notre gouvernement, que la
plupart reconnaissaient les Athéniens pour leurs
chefs. » Les barbares les redoutaient et les respec-
taient, et l'orateur rappelle les clauses du glorieux
traité qui suivit les victoires de Cimon. « Aujour-
d'hui les choses en sont venues à ce point, que
les Grecs nous haïssent et que les barbares nous
méprisent[2]. » D'où a pu venir un pareil changement ?
De ce que le gouvernement a changé de maximes,
et de ce que le gouvernement lui-même est changé.
Les Athéniens ont vu décliner leur puissance, à mesure qu'ils se sont éloignés des lois et des coutumes

1. Platon, *Lois*, III.
2. Isocrate, *Aréopagitique*.

de leurs pères. Donc, si l'on veut retrouver la prospérité passée, il faut revenir à la démocratie de Solon et de Clisthène.

Ici l'orateur fait entre les temps anciens et les temps nouveaux un parallèle, dont nous avons déjà eu occasion de citer quelques traits, et où chaque compliment adressé aux générations passées est une épigramme indirecte contre les contemporains. L'amour de l'argent était devenu le vice le plus commun à Athènes. Aux époques de décadence, c'est toujours la passion dominante, parce qu'elle donne le moyen de satisfaire toutes les autres. Isocrate fait ressortir le désintéressement des Athéniens de la guerre médique. « Alors, dit-il, on croyait que c'était un devoir pour ceux qui avaient des revenus suffisants et qui pouvaient vivre sans travail, d'administrer les biens publics comme leurs biens propres; que s'ils s'étaient conduits avec intégrité, ils avaient droit à des éloges, seule récompense due à leur vertu; et que, s'ils avaient prévariqué, ils devaient s'attendre aux châtiments les plus sévères. Peut-on imaginer une démocratie plus solide et plus raisonnable que celle qui met les riches à la tête de l'administration, et les soumet eux-mêmes au contrôle du peuple[1]? »

C'est là que se trouve un passage qui nous a servi d'argument pour prouver que dans les premiers temps, la désignation des magistrats n'était pas livrée au sort. A cette époque, où chacun était traité selon

---

1. Isocrate, *Aréopagitique.*

son mérite, les Athéniens choisissaient eux-mêmes les plus vertueux et les plus capables. Isocrate rappelle aussi qu'autrefois le service militaire était gratuit : « Aujourd'hui, dit-il, quand on se met en campagne, la première chose que l'on fait, c'est de tendre la main pour recevoir de l'argent. » Et quoiqu'on cherche à en recueillir par tous les moyens possibles, comme on sacrifie tout ce qu'on possède au luxe et au plaisir, on est bientôt réduit à la pauvreté. « Autrefois on ne voyait aucun citoyen déshonorer sa patrie en mendiant son pain ; maintenant ceux qui n'ont rien sont plus nombreux que ceux qui possèdent[1]. » Ce passage d'Isocrate constate le progrès du paupérisme à Athènes.

Les rites religieux n'avaient pas été mieux conservés que les traditions politiques. Isocrate se plaint de cette dévotion capricieuse, qui tantôt immolait sans motif des centaines de victimes, tantôt oubliait de sacrifier aux plus grands jours. Il réclame contre ces fêtes étrangères, accompagnées de festins, qui altéraient la majesté du culte national. « Il faut, dit-il, à l'exemple de nos ancêtres, ne rien retrancher des rites antiques et n'y rien ajouter de nouveau. » Ces paroles nous montrent que la réaction religieuse, dont Socrate avait été victime, avait produit peu de résultats. Le plus grand nombre était retombé dans l'indifférence, ou dans des pratiques superstitieuses qui ne valaient pas mieux que l'in-

---

1. Νῦν δὲ πλείους εἰσὶν οἱ σπανίζοντες τῶν ἐχόντων. (Isocrate, *Aréopagitique*.)

crédulité. Platon nous fait assister à une de ces cérémonies étrangères dont le goût était déjà très-répandu. Au commencement de la *République*, il est question de la fête de Bendis, la Diane de Thrace, qu'on célébrait au Pirée pour la première fois. Le soir, la course des flambeaux se fit à cheval, spectacle nouveau qui excita au plus haut point la curiosité athénienne[1].

Il y avait jadis à Athènes une grande institution qui maintenait toutes les autres, c'était celle dont Isocrate a entrepris l'éloge, on pourrait dire la restauration, l'Aréopage. C'était la clef de voûte de l'État : en y touchant, on avait tout ébranlé. L'orateur déclare que ce n'est point à la génération contemporaine qu'il faut attribuer le mal. « Ceux qu'on aurait droit d'accuser, dit-il, ce sont ceux qui un peu avant nous ont gouverné la république. Ce sont eux qui ont ouvert la porte à la licence, en détruisant le pouvoir de l'Aréopage[2]. » Ces expressions *un peu avant nous* nous font croire que cette haute cour, qui s'était relevée à l'époque de Thrasybule, avait subi tout récemment de nouvelles attaques.

Mais, tout mutilé qu'était l'Aréopage, il exerçait encore une influence salutaire. « On peut juger, dit Isocrate, de ce qu'il était autrefois par ce qu'il est encore de nos jours. Les épreuves qui étaient imposées aux membres de cette assemblée, ne se sont pas conservées dans toute leur rigueur. Aussi y voit-

1. Platon, *République*, I.
2. Isocrate, *Aréopagitique*.

on quelquefois siéger des hommes dont la vie n'a pas
été irréprochable; mais sitôt qu'ils sont entrés dans ce
sanctuaire, ils sont comme transformés : ils font taire
la voix de leurs passions, et ne savent plus qu'obéir
aux lois qui règnent dans cette illustre compagnie. »

Cette surveillance morale que les aréopagites exercent sur eux-mêmes, s'étendait autrefois sur tous
les citoyens : ceux dont la vie n'était pas régulière
étaient cités devant la haute cour, qui avertissait les
uns, menaçait les autres, ou leur infligeait un juste
châtiment. Isocrate résume en deux mots les anciennes attributions de l'Aréopage. « Veiller à ce
que tout soit à sa place[1]. » Lorsque l'autorité de ce
tribunal était en vigueur, la ville n'était pas remplie
de plaintes et de procès, de troubles et de discordes,
d'exactions et de misères. Unis et tranquilles chez
eux, les Athéniens vivaient en paix avec les États
voisins, et inspiraient autant de confiance aux Grecs
que de terreur aux barbares. Donc, si l'on veut sauver Athènes et toute la Grèce avec elle, il faut rétablir l'Aréopage dans l'intégrité de ses droits, et faire
revivre en même temps toutes les institutions politiques et toutes les coutumes religieuses des premiers
temps de la république[2].

Nous ne mettons pas en question les bonnes in-
tentions d'Isocrate et son dévouement au bien public;
mais il ne nous paraît point avoir prouvé avec
assez d'évidence l'efficacité du remède qu'il propose

---

1. Ἐπιμελεῖσθαι τῆς εὐκοσμίας. (Isocrate, *Aréopagitique*.)
2. Isocrate, *Aréopagitique*.

à son pays. Il n'examine point si ces lois anciennes,
dont il est l'éloquent défenseur, peuvent toutes se
concilier avec les circonstances nouvelles où se trouve
la république. Fallait-il donc ne tenir aucun compte
de l'immense changement qui s'était opéré dans
Athènes, par le progrès de sa puissance maritime ?
Jusqu'où d'ailleurs aurait-on dû remonter dans le
passé ? Toutes les innovations ne dataient pas de
Cléon ou de Périclès ; dans leur temps, Thémistocle
et Aristide lui-même avaient été des novateurs.
L'orateur oublie trop que, si l'amour des nouveautés
est un danger, l'immobilité et le retour en arrière
ont aussi leurs inconvénients et leurs périls. C'était
entre ces deux écueils qu'il fallait naviguer, si l'on
voulait conduire au port cette société athénienne,
battue de tant d'orages.

Mais si les expédients proposés par l'orateur ne
paraissent point infaillibles, la critique de la situation
présente ne laisse rien à désirer. La science d'Isocrate, comme celle de beaucoup de médecins, consiste surtout à connaître la maladie. Au reste, il
n'était pas le seul de son temps qui trouvât que le
gouvernement athénien ne valait rien : c'était à peu
près l'opinion générale à Athènes. « Dans les assemblées, dit Isocrate, nous nous élevons contre l'état
actuel des choses ; nous disons que notre démocratie
ne fut jamais aussi mal réglée ; mais, au fond et dans
l'usage, nous la préférons au gouvernement que nous
avaient transmis nos pères[1]. » Les Athéniens ne pé-

1. Isocrate, *Aréopagitique.*

chaient donc point par ignorance, mais par légèreté et par habitude. Ni les conseils des philosophes, ni les paroles des orateurs ne pouvaient les rendre plus sages. L'expérience et le malheur même ne les avaient point corrigés : ils voyaient l'abîme ouvert devant eux, et ils y couraient.

CHAPITRE XXV.

Progrès de la Macédoine. — Premiers démêlés de Philippe avec les
Athéniens. — Commencements de Démosthène.

Tandis que les villes grecques s'épuisaient en sté-
riles discordes, la Macédoine grandissait en silence,
et se préparait à les mettre d'accord en les réduisant
toutes. Les orateurs d'Athènes affectaient de regarder les Macédoniens comme des barbares. Démosthène dit, en rappelant l'époque où les Athéniens
étaient tout-puissants : « Le roi de Macédoine leur
obéissait comme un barbare doit obéir à des Grecs[1]. »
Cependant cette nation, avec ses rois héraclides et
son dialecte d'origine dorienne, avait bien quelque
droit de se considérer comme une branche de la famille hellénique.

Diodore de Sicile regarde Philippe, fils d'Amyntas
et père d'Alexandre, comme le véritable fondateur
du royaume de Macédoine[2]. Ce prince avait été élevé
à Thèbes, dans la maison d'Épaminondas, où il
étudia la philosophie pythagoricienne. Il s'était
aussi formé à l'exercice de la parole ; il avait lu les
poëtes, et ce fut, dit-on, un passage d'Homère qui
lui inspira l'idée de donner à la phalange plus de
liaison et de profondeur.

1. Démosthène, *Olynthienne II.*
2. Diodore de Sicile, XVI, 1.

Devenu roi (360), Philippe avait commencé par
délivrer son pays de la domination illyrienne; il
avait triomphé d'un prétendant que les Athéniens
lui avaient opposé, et il avait vaincu les peuples voisins, Thraces et Péoniens, toujours prêts à envahir
la Macédoine. Aussitôt qu'il eut assuré les frontières
de son royaume, il s'occupa de l'agrandir. Il s'empara d'Amphipolis, cette ville qui avait autrefois
appartenu aux Athéniens, si importante par sa position sur le Strymon, par le voisinage des bois de la
Thrace et des mines du mont Pangée. Il soumit ensuite Pydna dans la Piérie; il prit d'assaut Potidée;
il chassa de cette ville la garnison athénienne, mais
il la traita humainement et la renvoya à Athènes;
car, dit Diodore, il redoutait beaucoup les Athéniens, ainsi que l'influence et la gloire de leur cité [1].
Il livra Pydna aux Olynthiens, pour se ménager leur
alliance; puis il envahit la Thrace méridionale, et
s'avança jusqu'à Crénides, où il établit une colonie
macédonienne à laquelle il donna son nom. La
frontière de Macédoine se trouvait reculée jusqu'au
Nestus. Il y avait dans ce pays des mines d'or qui
avaient été jusque-là fort peu productives; Philippe,
en les exploitant avec habileté, s'en fit un revenu
de plus de mille talents. Telle fut la principale source
de ces immenses richesses qui ont contribué, autant
que ses armes, à augmenter sa puissance.

Pourquoi les Athéniens ne s'étaient-ils pas opposés aux premiers progrès de Philippe dans la Thrace?

---

1. Diodore de Sicile, XVI, 8.

C'est qu'ils étaient depuis longtemps occupés d'une guerre contre leurs alliés. Avant la paix d'Antalcidas, et depuis, à la faveur des démêlés de Sparte et de Thèbes, Athènes, ayant encore une marine puissante, avait rétabli son influence chez ses alliés, à Byzance et dans les îles de Chio, de Cos et de Rhodes. Mais ces alliés étaient toujours prêts à rompre, et Athènes était réduite à leur faire la guerre pour les intimider, guerre longue, désastreuse et sans résultat. En 368, la marine thébaine, ouvrage d'Épaminondas, avait été un puissant secours pour les rebelles. Après la mort du général thébain, ils étaient retombés sous la dépendance d'Athènes; mais cette dépendance, le peuple athénien la rendit odieuse par ses exactions et ses cruautés. De là une nouvelle ligue entre Chio, Cos, Rhodes et Byzance (358). Chabrias, bon citoyen, brave général, et Charès, général incapable et démocrate effréné, furent chargés de la conduite de la guerre. Chabrias mourut sur son navire, en voulant forcer l'entrée du port de Chio. Cet événement donna l'avantage aux alliés : ils ravagèrent Imbros et Lemnos; ils vinrent mettre le siége devant Samos. Les Athéniens, de leur côté, tournèrent toutes leurs forces contre Byzance : Charès avait déjà soixante vaisseaux; ils en armèrent soixante autres, dont ils donnèrent le commandement à Iphicrate et à Timothée. Mais les alliés levèrent le siége de Samos, pour venir au secours de Byzance, et toutes les flottes se trouvèrent concentrées dans l'Hellespont. Le combat allait s'engager, quand tout à coup une tempête s'élève et s'y

oppose. Charès veut combattre en dépit de la nature, Iphicrate et Timothée s'y refusent ; Charès, en
présence des soldats qu'il prend à témoin, accuse
ses collègues de trahison, écrit à Athènes, et les dé-
nonce au peuple comme ayant manqué à leur devoir [1]. Timothée, condamné à une amende de cent
talents, se retira dans l'Eubée. Iphicrate plaida sa
cause, entouré de ses soldats, avec un poignard sous
sa robe : il fut absous ; ce qui prouve que le peuple
athénien cessait d'être partial et jaloux, quand il
avait peur.

Chargé seul du commandement de la flotte entière, Charès eut recours à un moyen étrange pour
épargner aux Athéniens les dépenses de la guerre.
Artabaze, satrape rebelle du roi de Perse, n'avait
qu'un petit nombre de soldats pour se défendre ;
Charès vint, avec toutes ses troupes, au secours du
satrape, et battit l'armée royale. Pour reconnaître ce
service, Artabaze donna à Charès une forte somme
d'argent, avec laquelle le général pourvut à la subsistance de son armée. Dans le premier moment,
les Athéniens approuvèrent la conduite de Charès ;
mais, lorsque le roi de Perse envoya des députés à
Athènes, pour se plaindre de ce qui s'était passé,
les Athéniens désavouèrent leur général ; car on
avait répandu le bruit que le roi avait promis aux
alliés d'armer trois cents navires pour faire la guerre
à Athènes. Le peuple, craignant l'accomplissement

---

1. Diodore de Sicile, XVI, 7 et 21. — Cornelius Nepos,
Chabrias, Iphicrate et *Timothée.*

de cette menace, se hâta de traiter avec les villes rebelles et reconnut leur indépendance (356).

Le roi de Macédoine avait profité de la guerre sociale pour s'agrandir en Thrace. Il avait même commencé, en 357, à intervenir dans les affaires de Thessalie. Il avait détruit les tyrans qui dominaient dans ce pays, et il avait rendu la liberté aux villes, en y rétablissant l'ancienne aristocratie. Mais Philippe ne faisait rien pour rien : il avait vendu chèrement ses secours : les Thessaliens lui avaient abandonné les revenus publics de Pagase, et lui avaient ouvert leurs ports sur le golfe Thermaïque [1].

L'ambition du Macédonien ne devait pas s'arrêter là : la guerre sacrée lui ouvrit bientôt la Grèce centrale. Les Phocidiens avaient été condamnés par le conseil amphictyonique, pour avoir labouré le champ Cirrhéen, consacré à Apollon (355). Ils se débattirent pendant plusieurs années contre les Thébains et plusieurs autres peuples grecs, qui avaient pris les armes pour assurer l'exécution de l'arrêt. Au commencement de la guerre, Philippe s'abstint prudemment d'y prendre part. Il observait tout, et il attendait l'occasion d'agir, entretenant habilement la querelle, prêtant secours au plus faible, tendant des embûches à tous, et prêt à mettre sous un joug commun vainqueurs et vaincus [2].

1. Le *Scoliaste* de Démosthène, *Olynthienne I.*

2. Philippus, velut e specula quadam, libertati omnium insidiatus, dum contentiones civitatum alit, auxilium inferioribus ferendo, victos pariter victoresque subire regiam servitutem coegit. (Justin, VIII, 1.)

Athènes, qui se déclara pour les Phocidiens, commençait à s'inquiéter du progrès de la Macédoine.
Depuis que Philippe s'était emparé de plusieurs
villes de la Piérie et de la Thrace, et que les Thessaliens lui avaient livré leurs ports, il avait créé la marine macédonienne. Avec cette marine, il enleva aux
Athéniens les îles d'Imbros et de Lemnos. Athènes
trouva un dédommagement dans la Chersonèse. Un
roi de Thrace, Kersoblepte, traita avec les Athéniens, qu'il avait d'abord combattus : il s'unit à eux
contre Philippe, et leur céda toutes les villes de la
Chersonèse, excepté Cardia. Le peuple d'Athènes
envoya dans ces villes des colons qui se partagèrent
le territoire. Charès s'était déjà emparé de Sestos; il
avait massacré les habitants adultes, et vendu les
autres comme esclaves. La ville de Méthone, dans la
Piérie, commençait à servir de point de ralliement
aux ennemis de la Macédoine : Philippe vint mettre
le siége devant cette place. La population se défendit
quelque temps avec vigueur; Philippe s'obstina; il y
perdit un œil, mais il prit la ville (353). Il la détruisit de fond en comble, et distribua les terres
aux Macédoniens [1].

Après la prise de Méthone, Philippe crut qu'il
était temps d'intervenir dans la guerre sacrée. Il
s'empara de Pagase, place importante sur laquelle
il avait déjà quelques droits. De là il veillait sur la
Thessalie, et il dominait les mers de la Grèce. Plus
tard, sous prétexte de châtier le sacrilége des Pho-

1. Diodore de Sicile, XVI, 34

cidiens, il essaya de s'emparer des Thermopyles (352). Les Athéniens, sous la conduite de Nausiclès, fermèrent ce défilé aux Macédoniens; mais le danger n'était point passé, et ce fut pour le conjurer que Démosthène prononça sa première *Philippique.*

Démosthène était né à Athènes, vers l'an 381, de l'un des plus riches citoyens qu'on appelait le *Fourbisseur*, parce qu'il avait un atelier où il employait plusieurs esclaves à fabriquer des armes[1]. Orphelin à l'âge de sept ans, il était tombé aux mains de tuteurs infidèles, qui avaient négligé son éducation et dissipé sa fortune. On sait à quels travaux il condamna sa jeunesse, et par quelles épreuves il assouplit un organe rebelle, comme pour montrer que le talent, qui est avant tout un don de la Providence, est aussi l'œuvre de la volonté. Il débuta au barreau par un procès contre ses tuteurs, et ce fut en gagnant sa cause qu'il apprit à plaider celle des autres. Il avait vingt-sept ans, lorsqu'il commença à se mêler des affaires publiques, pendant la guerre sacrée[2].

La troisième année de la cvi^e olympiade (354 avant J. C.), Démosthène prononça un discours sur les *Symmories*, c'est-à-dire sur les classes de citoyens chargées de construire et d'équiper les vaisseaux. Le bruit s'était répandu que le roi de Perse se disposait à faire la guerre aux Grecs, et les Athéniens

---

1. Théopompe, cité par Plutarque, *Démosthène.*
2. Démosthène, *Discours sur la Couronne.*

voulaient le prévenir; Démosthène prit la parole
dans l'Assemblée, pour calmer cette ardeur guerrière. L'orateur commence par déclarer qu'il regarde le roi de Perse comme l'ennemi commun de
tous les Grecs; cependant il ne conseille pas à ses
concitoyens d'entreprendre seuls la guerre contre
lui, parce que les Grecs ne sont pas unis entre eux,
et que quelques-uns seraient même tout prêts à se
joindre aux Perses contre Athènes. Il ne faut point
se donner les premiers torts en rompant les traités;
mais il faut se préparer à la guerre, en mettant la
flotte sur un pied formidable. Démosthène explique
comment la construction et l'équipement des navires
doivent être répartis entre les citoyens des différentes
tribus, à proportion de leur fortune. Il règle tout
ce qui se rapporte aux arsenaux, aux équipages,
et cette partie du discours montre combien il avait
étudié la question maritime, à laquelle l'existence
d'Athènes était attachée. Il exagère un peu les ressources financières de sa patrie, lorsqu'il dit en
parlant d'Athènes : « Il y a presque autant d'argent
dans cette seule ville que dans toutes celles de la
Grèce ensemble. » Mais il a parfaitement raison,
quand il s'oppose à ce qu'on épuise les citoyens
riches, en élevant sans motif le chiffre de l'impôt.
Il se défie d'ailleurs de l'emploi qu'on fait des deniers publics. Il vaut mieux laisser l'argent entre les
mains de ceux qui le possèdent : nulle part il ne
peut être mieux gardé pour la république; vienne
le danger, les citoyens l'offriront d'eux-mêmes pour
le salut commun.

Dans une autre harangue, dont on ne sait pas la date précise, mais qui fut sans doute prononcée vers la même époque, Démosthène fait la critique de la manière dont sont employés les fonds de l'État[1]. On sait qu'on en distribuait une large part aux citoyens. L'orateur ne blâme point cet usage, pourvu que l'argent soit le prix d'un service réel. « Si vous décidez qu'en recevant les deniers de l'État on sera tenu de le servir, vous assurerez le bien général; mais si une fête, si le moindre prétexte suffit pour dissiper ces deniers, et qu'on ne veuille pas même entendre parler des services dont ils doivent être le prix, cette distribution est la ruine de la république ». Les fonds doivent être répartis selon la justice, en raison des services militaires ou civils rendus par chaque citoyen. La première dette de tout homme libre envers l'État, c'est le service militaire : il faut donc que les citoyens, au lieu de se fier à des mercenaires, portent les armes en personne, et s'enrôlent dans une armée qui soit réellement l'armée d'Athènes. On se croit quitte envers l'État, quand on a voté dans l'*Agora* ou jugé dans les tribunaux. On s'imagine avoir sauvé le gouvernement, lorsqu'on a prononcé une sentence rigoureuse contre les généraux. Ne ferait-on pas mieux de les bien choisir, et de les seconder en payant de sa personne ? Démosthène rap-

---

1. Πιρὶ Συντάξεως, c'est-à-dire *sur le Règlement des impôts*. Nous ne pouvons adopter l'opinion d'Auger, qui traduit *sur le Gouvernement de la république.*

pelle aux Athéniens un double devoir qu'ils étaient
trop portés à oublier : « Il faut être terrible sur
le champ de bataille et humain dans les tribunaux. »

Périclès n'aurait pas désavoué la harangue pour *les
Mégalopolitains*, qui fut prononcée dans la quatrième année de la cvrᵉ olympiade (353 avant J. C.).
Tandis que la Macédoine se fortifiait dans le nord,
Sparte travaillait à rétablir sa puissance dans le
midi. Le roi de Lacédémone, Archidamus, avait proposé de rétablir le corps hellénique dans l'état où
il était avant la dernière guerre. Thespies et Platée,
villes de Béotie que les Thébains avaient détruites, devaient être rétablies et déclarées indépendantes. D'un autre côté, Mégalopolis et Messène, ces villes de création récente, ces barrières
qu'Épaminondas avait élevées contre Sparte, devaient être détruites, et leurs habitants dispersés.
Sous prétexte de rétablir l'ancien état, les Lacédémoniens voulaient tout simplement affaiblir leurs
ennemis, et redevenir les maîtres du Péloponèse.
Ils tâchaient d'intéresser les Athéniens à ce projet,
en promettant de leur faire rendre la ville d'Orope,
sur la frontière de Béotie, dont les Thébains s'é-
taient emparés. Et avant que ce plan eût reçu l'as-
sentiment de la Grèce entière, Archidamus commença à l'exécuter : il marcha avec une armée
contre Mégalopolis. Les habitants de cette ville envoyèrent des députés à Athènes, pour demander des
secours. Telle fut l'occasion du discours pour les
Mégalopolitains.

Démosthène conseille à ses concitoyens de ne pas abandonner Mégalopolis, et en général de ne pas souffrir que les forts oppriment les faibles. C'était une politique habile autant que généreuse. L'orateur prouve très-bien qu'une fois Mégalopolis tombée, Messène ne tardera pas à subir le même sort ; et quand Messène ne sera plus, il n'y aura plus aucun obstacle à la domination lacédémonienne. Démosthène démasque la politique artificieuse des Spartiates : ils disent bien haut qu'il faut rendre à chacun ses anciennes possessions, la Triphylie aux Éléens, Tricarane aux Phliasiens, et aux Athéniens Oropè ; ce n'est pas qu'ils désirent beaucoup voir chacun rentrer dans son bien, c'est qu'ils se réservent à eux-mêmes la plus grosse part. Les Athéniens doivent être peu touchés des considérations relatives à la ville d'Oropè : cette place leur appartient et doit leur être rendue, lors même que Mégalopolis et Messène resteraient debout, comme c'est leur droit. « Mais quand même, ajoute Démosthène, il serait évident qu'en nous opposant à la destruction de Mégalopolis, nous perdons l'occasion de nous ressaisir d'Oropè, je pense qu'il vaudrait mieux renoncer à cette ville que d'abandonner le Péloponèse aux Lacédémoniens[1]. »

L'avis de Démosthène fut adopté : une armée athénienne, envoyée à Mégalopolis, veilla sur cette ville, et y rappela les familles qui avaient commencé à retourner dans leurs anciennes bourgades. L'am-

1. Démosthène, *Discours pour les Mégalopolitains.*

bition de Sparte fut arrêtée ; mais à peine ce danger était-il passé, que Philippe frappa aux Thermopyles. Démosthène se retourne alors de ce côté ; il prononce sa première *Philippique*, et engage contre la monarchie macédonienne ce duel acharné qui ne doit finir qu'à la mort de l'orateur.

CHAPITRE XXVI.

La premiere *Philippique* de Démosthène. — Discours sur *la Liberté des Rhodiens*. — Les trois *Olynthiennes*.

« Quand donc, ô Athéniens, ferez-vous ce qu'il faut faire?... Ne saurez-vous jamais que vous promener sur la place publique, en vous demandant les uns aux autres : Que dit-on de nouveau? Eh! que peut-il y avoir de plus nouveau qu'un Macédonien vainqueur d'Athènes et arbitre de la Grèce? Philippe est-il mort? — Non, mais il est malade. — Eh! que vous importe? S'il lui arrive malheur, vous vous ferez bientôt un autre Philippe, en continuant à soigner ainsi vos affaires[1]. »

C'est ainsi que Démosthène cherche à stimuler l'ardeur des Athéniens. Ce n'est ni aux dieux, ni à la fortune qu'ils doivent attribuer leurs malheurs, mais à leur indolence et à leur légèreté. Et, à la langueur des Athéniens, l'orateur oppose l'activité infatigable de leur ennemi : il rappelle la conquête d'Imbros et de Lemnos, et ces incursions perpétuelles dans la Chersonèse, à Olynthe, aux Thermopyles. N'a-t-il pas osé, tout récemment, s'avancer jusqu'à la côte de Marathon et enlever la galère paralienne?

Pour conjurer de pareils dangers et pour sauver

1. Démosthène, *Philippique I.*

ce qui reste encore à la république, il ne faut point
délibérer : il faut agir avec autant de promptitude
que d'énergie. Démosthène flétrit l'indigne emploi
qu'on fait de l'argent qui devrait être consacré au
salut de la patrie. Les dépenses le plus mal réglées
à Athènes, ce sont celles de la guerre. Les fêtes de
Bacchus et les Panathénées se célèbrent toujours au
temps prescrit. On sait d'avance qui doit, dans sa
tribu, remplir les fonctions de *chorége* ou de *gymna-
siarque.* Tout est prévu, tout est réglé pour les fêtes ;
rien ne l'est pour la guerre. Pour se mettre en défense, on attend les coups de l'ennemi. « Athéniens,
dit Démosthène, vous vous défendez contre Philippe, comme ces barbares qui combattent dans les
jeux publics : à mesure qu'ils sont frappés à une
partie du corps, ils y portent la main ; mais voir venir
leur adversaire, se mettre en garde et parer ses
coups, c'est ce qu'ils ignorent complétement. C'est
ainsi que vous agissez avec Philippe : marche-t-il vers
le Chersonèse ? vous décrétez qu'il faut secourir la
Chersonèse ; veut-il passer les Thermopyles ? vous
courez aux Thermopyles ; va-t-il d'un autre côté ?
tourne-t-il à droite ou à gauche ? vous faites exactement les mêmes mouvements ; c'est lui qui est votre
général ; vous n'avez d'autre plan de campagne que
celui qu'il vous a tracé, et vous ne voyez les choses
qu'au moment où elles se font ou quand elles sont
faites. Au point où en sont les affaires, persister dans
un pareil système, ce serait vouloir la ruine de l'État[1]. »

1. Démosthène, *Philippique I.*

L'orateur développe un long plan de réformes, qui nous montre quel désordre s'était introduit dans toutes les parties de l'administration publique, mais surtout dans les finances et dans l'organisation militaire. Il insiste sur la nécessité de faire la guerre en personne : « Si nous nous tenons renfermés dans nos murs, sans autre occupation que d'écouter des orateurs qui s'accusent et se déchirent les uns les autres, rien ne nous réussira jamais. » Démosthène va jusqu'à dire que le seul moyen de salut, c'est d'oser attaquer Philippe dans ses États : si l'on diffère de porter la guerre en Macédoine, on s'expose à la voir embraser l'Attique.

Mais le temps des résolutions héroïques était passé. Le peuple applaudit l'orateur, et négligea ses conseils. A cette époque, la démocratie athénienne était redevenue ce qu'elle avait été pendant la guerre du Péloponèse, aux plus mauvais jours de Cléon et d'Hyperbolus. Des étrangers et des hommes de condition servile s'étaient glissés dans les tribus ; c'était la multitude qui était maîtresse des délibérations.

Xénophon l'avait dit dans un de ses premiers ouvrages : il n'y avait plus de sécurité à Athènes que pour les pauvres. Voilà pourquoi Charmide, un des interlocuteurs du *Banquet*, est si heureux et si fier de sa pauvreté. « Autrefois, dit-il, quand j'étais riche, je craignais toujours qu'on ne m'enlevât mon argent, et qu'on ne me fît à moi-même un mauvais parti ; j'étais forcé de faire ma cour aux sycophantes. C'était à n'y pas tenir : tous les jours de nouveaux impôts à payer, et jamais la liberté de quitter la ville pour voyager. Maintenant que je ne possède plus aucune terre et qu'on a vendu mes meubles à l'encan, je dors tranquille. La république ne se défie plus de moi ; je ne suis plus menacé : c'est moi, au contraire, qui commence à menacer les autres. En ma qualité d'homme libre, je puis à mon gré voyager ou rester dans Athènes. Quand je parais, les riches se lèvent et me cèdent le pas. Jadis je payais le tribut ; aujourd'hui c'est la république qui est devenue tributaire envers moi et qui me nourrit. Je n'ai rien à perdre, et j'espère toujours attraper quelque chose.... En un mot, riche, j'étais esclave, et pauvre, je suis vraiment roi[1]. »

Le séjour de la ville était devenu insupportable aux principaux citoyens. Chabrias, comme le fait observer son biographe, s'éloignait d'Athènes le plus souvent qu'il le pouvait[2]. Les plus illustres personnages de cette époque s'efforçaient de se dérober aux regards et à la jalousie du peuple : Conon vécut presque toujours dans l'île de Cypre, Iphicrate en Thrace, Timothée à Lesbos, et Charès lui-même à Sigée[3]. Cependant ce dernier, en sa qualité de démagogue, pouvait résider impunément à Athènes, où il était tout-puissant.

On s'était bien éloigné des sages règlements que Solon avait imposés à l'assemblée du peuple. Le législateur, en donnant à tous le droit de voter, avait

---

1. Xénophon, *Banquet*, chap. 4. — M. Troplong, *Mémoire sur les Républiques de Sparte et d'Athènes.*

2. Cornelius Nepos, *Chabrias.*

3. Théopompe, cité par Athénée, *Banquet*, XII, 43.

prudemment limité la liberté de la parole. Nul ne pouvait haranguer le sénat ou le peuple, s'il n'avait atteint l'âge de trente ans, s'il n'avait donné des garanties publiques par sa conduite et par ses mœurs, s'il n'avait des enfants légitimes et s'il ne possédait des biens en Attique [1]. Les digressions et les injures étaient sévèrement interdites aux orateurs. En outre, c'était aux citoyens les plus âgés que la parole était d'abord accordée. Quand l'assemblée avait été purifiée d'après les formes prescrites, le héraut disait à haute voix : « Quels sont les citoyens au-dessus de cinquante ans qui veulent prendre la parole? » Ces lois anciennes étaient tombées en désuétude ; Eschine parle d'une loi nouvelle qui voulait que, dans chaque assemblée, une des tribus fût spécialement chargée de maintenir l'ordre parmi les orateurs [2]. Les brouillons, les intrigants, les hommes perdus de mœurs, comme ce Timarque flétri par Eschine, se liguèrent pour se débarrasser de toutes ces barrières et conquérir la liberté illimitée de la parole. Cependant les citoyens honnêtes se piquaient toujours de respecter ces vieux usages : Démosthène, qui n'avait que trente ans quand il prononça son premier discours contre Philippe, s'excusa dans son exorde d'être monté le premier à la tribune.

Si la première *Philippique* ne corrigea point les défauts du peuple athénien, elle éveilla du moins son

1. Le scoliaste d'Aristophane, *Nuées*, v. 530. — Eschine, *Discours contre Timarque*. — Dinarque, *Discours contre Démosthène*.

2. Eschine, *Discours contre Timarque*.

attention sur les dangers qui le menaçaient. Elle paraît même avoir produit quelque impression sur le roi de Macédoine; car, après sa vaine tentative sur les Thermopyles, Philippe ajourna ses projets sur la Grèce centrale. Pendant deux ans renfermé dans Pella, il semblait ne plus songer qu'à la civilisation intérieure de ses États : il construisait des monuments, encourageait les lettres et les sciences, appelait à sa cour les hommes les plus distingués de la Grèce, savants, peintres, sculpteurs, architectes, comédiens. Athènes put tourner ses regards d'un autre côté, et ce fut alors que Démosthène parla *pour la liberté des Rhodiens.*

Après la guerre des alliés, l'île de Rhodes était devenue indépendante; mais elle était bientôt tombée sous le joug du roi de Carie, Mausole, qui lui fit regretter la domination athénienne. Ce prince étant mort, sa veuve Artémise, si souvent citée comme un modèle d'affection conjugale, crut devoir à la mémoire de son mari de persécuter les Rhodiens. Ils menaçaient de se soulever; la reine mit une garnison dans la citadelle. Elle était soutenue dans sa politique par le roi de Perse, qui avait des vues sur le port de Rhodes, et qui voulait en faire une station pour ses vaisseaux, au moment où il s'efforçait de réduire l'Égypte révoltée. Les Rhodiens implorèrent le secours d'Athènes, et Démosthène se fit leur avocat (351). Il engagea le peuple à oublier ses vieilles rancunes, et à se montrer généreux envers les Rhodiens. « Le roi de Carie, qu'ils croyaient leur ami, les a dépouillés de leur liberté; les habi-

tants de Byzance et de Chio, qu'ils avaient pris pour
alliés, les ont abandonnés dans leur malheur; et
vous qu'ils redoutaient, vous qu'ils ont combattus,
vous serez les seuls qui les aurez sauvés. Cette conduite apprendra à toutes les villes grecques à regarder votre amitié comme un gage de salut [1]. » C'est
d'ailleurs l'intérêt d'Athènes de soutenir partout les
peuples d'origine grecque et le gouvernement démocratique.

On ignore quel fut le résultat de ce discours; mais
il ne paraît pas que les Athéniens aient pris les armes
pour défendre leurs anciens alliés. Du reste, la mort
d'Artémise, qui arriva cette année là-même [2], rendit
sans doute la liberté aux Rhodiens. Philippe, qui
avait cherché à se faire oublier pendant deux ans,
reprit l'exécution de ses projets de conquête. Les
Phocidiens avaient rétabli les tyrans de la Thessalie; le Macédonien s'empara de la ville de Phères,
où régnait Pitholaüs (349). Il mit une garnison dans
la citadelle, sans doute afin d'assurer son indépendance, comme dit ironiquement un orateur athénien [3].

Philippe cherchait à se glisser dans l'Eubée, dit
Plutarque [4]; il y faisait passer des troupes, et il attirait les villes dans son parti, par le moyen des tyrans
qui les gouvernaient. Celui d'Erétrie appela les Athé-

1. Démosthène, *Discours pour la Liberté des Rhodiens.*
2. Diodore de Sicile, XVI, 45.
3. *Discours sur l'Halonèse.* Cette harangue, attribuée à Démosthène, est probablement d'Hégésippe.
4. Plutarque, *Phocion.*

niens au secours de l'île. Le peuple chargea de cette
expédition un des hommes les plus honnêtes et les
plus braves de l'époque, Phocion, qui, par la gravité de sa conduite et de ses manières, faisait con-
traste avec le caractère athénien. Laconique dans ses
paroles et ne préparant ses discours que pour les
abréger, riant peu et fronçant toujours le sourcil,
comme on le lui reprochait, il se souciait si peu de
la popularité, qu'il croyait s'être trompé si par hasard il la rencontrait : « M'est-il donc échappé
quelque sottise? » disait-il un jour que le peuple l'a-
vait applaudi. A une époque où les fonctions militaires et les fonctions civiles n'étaient plus réunies
dans les mêmes mains, où les uns, comme Démosthène, Lycurgue et Hypéride ne faisaient que haranguer le peuple, et où les autres, comme Diopithe, Léosthène et Charès s'occupaient surtout de
la guerre, Phocion aima mieux imiter la manière des
anciens, celle de Solon, d'Aristide et de Périclès,
qui excellaient à la fois dans les armes et dans le
gouvernement. Ce qu'il y avait de plus singulier,
c'est que cet homme qui faisait si bien la guerre,
dans l'Assemblée votait presque toujours pour la paix,
tandis que les citoyens les moins capables de tenir le
glaive étaient ordinairement très-belliqueux dans
leurs discours. Un jour que le peuple était très-dis-
posé à combattre, Phocion l'engageait à négocier.
« Eh quoi! lui dit un de ces orateurs qui faisaient
métier d'accuser les autres, oses-tu bien détourner
les Athéniens de faire la guerre quand ils ont déjà
les armes à la main? — Oui, sans doute, je l'ose, ré-

pondit Phocion, quoique je sache fort bien que si l'on fait la guerre, c'est moi qui te commanderai, et que si l'on fait la paix, je serai forcé de t'obéir. »

Phocion fut élu quarante-cinq fois général sans avoir été une seule fois présent aux élections. Chargé de l'expédition de l'Eubée, il la dirigea avec sa valeur et son habileté ordinaires : non-seulement il fut vainqueur des Macédoniens, mais il affranchit l'île de ses tyrans, et chassa d'Érétrie celui-là même qui avait appelé les Athéniens. Le peuple eut la maladresse de remplacer Phocion par un certain Molossus, dont l'incapacité compromit le sort de l'Eubée[1].

Les villes grecques de la Chalcidique, Gera, Stagire, Mecyberne, Torone, tombaient l'une après l'autre au pouvoir des Macédoniens. Mais le principal objet de l'ambition de Philippe, c'était Olynthe, dont la position dominait tout le pays, et qui était à la tête d'une confédération de trente-deux villes. Quand les Olynthiens se virent menacés, ils invoquèrent le secours des Athéniens : Démosthène appuya leur demande, et parla trois fois en leur faveur, montrant que leur intérêt était lié à celui d'Athènes, et que, si l'on ne voulait pas porter la guerre en Thrace, on serait bientôt réduit à la repousser de l'Attique[2].

Les trois *Olynthiennes*, qui furent prononcées la 4e année de la cvii olympiade (349 avant J. C.), nous prouvent que le peuple athénien n'était pas

1. Plutarque, *Phocion*.
2. Démosthène, *Olynthienne I*.

sorti de sa léthargie, et qu'aucune réforme n'avait
été tentée dans le gouvernement et dans les lois.
« Pourquoi, s'écrie l'orateur, tout allait-il autrefois
si bien, et tout va-t-il aujourd'hui si mal? C'est
qu'autrefois le peuple osait se mettre lui-même en
campagne, c'est qu'il était le maître absolu du gouvernement, le dispensateur souverain de toutes les
grâces. Aujourd'hui vous abandonnez à un petit
nombre le droit de tout faire. Vous, citoyens avilis,
peuple énervé, sans alliés et sans finances, on vous
regarde comme des manœuvres, ou comme une populace qui n'est bonne que pour faire nombre : trop
heureux qu'on vous fasse part des deniers du théâtre,
ou qu'on vous distribue votre part de bœuf; et ce
qui est le comble de la lâcheté, vous vous croyez
redevables à ceux qui vous donnent ce qui est à
vous [1]. »

Si Athènes veut triompher de ses ennemis, il faut
qu'elle commence par se réformer elle-même : «Choi-
sissez des nomothètes, dit Démosthène, non pour
établir des lois, car vous en avez bien assez; mais
pour abolir celles qui sont aujourd'hui fatales à la
république : je veux parler de celles qui concernent
le *théorique*, et de celles qui règlent le service militaire : les unes destinent au théâtre les fonds que
réclame la guerre, et les distribuent aux citoyens qui
restent dans leurs foyers; les autres assurent l'impunité à ceux qui ne veulent point servir à leur tour.[2] »

1. Démosthène, *Olynthienne III.*
2. Démosthène, *ibid.*

Malgré les efforts de Démade, orateur vendu à
Philippe, l'opinion de Démosthène l'emporta : on
ne toucha point aux lois sur le théâtre, qui étaient
sacrées pour le peuple; mais on vota des secours
aux Olynthiens. On envoya d'abord des mercenaires,
puis un certain nombre de citoyens; deux mille fantassins et trois cents cavaliers athéniens daignèrent
servir en personne, sous le commandement de Charès. Mais il était trop tard : Philippe fut vainqueur
dans plusieurs combats, et il s'empara d'Olynthe,
après avoir corrompu les deux principaux magistrats,
Euthycrate et Lasthène (348). Il saccagea la ville,
et vendit les habitants comme esclaves. Par ce moyen,
il se procura beaucoup d'argent pour les dépenses
de la guerre, et en même temps il intimida les autres villes qui auraient été tentées de lui résister[1].

Cependant les Athéniens ne désespéraient pas de
la lutte : ils envoyèrent des députés dans toutes les
villes, pour engager les citoyens à défendre leur indépendance. Eschine lui-même, qui fut plus tard du
parti macédonien, fut envoyé dans le Péloponèse, et,
dans une assemblée à Mégalopolis, il engagea les
Arcadiens à prendre les armes contre Philippe. Les
Athéniens lui déclarèrent ouvertement la guerre, et
commencèrent les hostilités. Démosthène voulait
profiter des circonstances pour rendre à sa patrie le
protectorat de la Grèce[2]. Mais Philippe s'inquiétait
peu de ces projets · il avait de l'or pour diviser les

---

1. Diodore de Sicile, XVI, 53.
2. Diodore de Sicile, XVI, 54.

orateurs, et il savait ce que valaient ces armées
grecques, où, selon la parole de Phocion, il y avait
tant de capitaines et si peu de soldats[1]. Il faisait célébrer des jeux en l'honneur de la prise d'Olynthe[2];
il offrait aux dieux de pompeux sacrifices, étonnait
la Macédoine par le luxe de sa cour, et conviait les
arts de la Grèce à embellir sa victoire.

1. Plutarque, *Phocion.*
2. Diodore de Sicile, XVI, 55.

CHAPITRE XXVII.

Après la prise d'Olynthe, les Athéniens ne restèrent pas longtemps unis. « Notre malheur, dit Démosthène, c'est qu'après avoir fait bien des pertes par notre faute, nous ne savons pas nous entendre sur les moyens de conserver ce qui nous reste [1]. » Philippe profitait habilement de ces divisions : il soulevait encore l'Eubée et menaçait la Chersonèse ; ses pirates inquiétaient le commerce des Athéniens, et infestaient les côtes de l'Attique. Il avait même déjà des relations avec le Péloponèse, sur lequel il se proposait de dominer plus tard. Les Athéniens comprirent enfin la nécessité de la paix, et Démosthène lui-même la conseilla. Les premières ouvertures furent faites par des comédiens, qui allaient et venaient sans cesse de la Macédoine à Athènes, et que Philippe traitait avec une faveur particulière.

On résolut d'envoyer une ambassade au roi de Macédoine. Le peuple nomma cinq députés, qui s'adjoignirent cinq autres citoyens, parmi lesquels étaient Démosthène, Eschine et le comédien Aristodème. Les Athéniens voulaient sauver l'Eubée, la Phocide et les

---

1. Démosthène, *Discours sur la Paix.*

États de leur allié Kersoblepte[1]. Philippe reçut fort bien les députés, particulièrement Eschine et Philocrate. Eschine en convient et s'en vante ; Démosthène lui reproche de s'être laissé corrompre et d'être devenu Macédonien. Le roi renvoya l'ambassade avec de belles paroles et un projet de traité. Ensuite il fit partir pour Athènes quelques-uns de ses généraux, Euryloque, Parménion et Antipater, pour conférer avec le peuple et avec ses représentants ; leur mission secrète était de faire naître des difficultés et de gagner du temps.

Pendant qu'on parlait à Athènes, Philippe agissait en Thrace : il soumettait les côtes méridionales de ce pays et les États de Kersoblepte jusqu'à Cardia ; il s'emparait même des forteresses de la Chersonèse. Cependant l'ambassade repartit pour conclure définitivement la paix ; elle marcha très-lentement : Démosthène en accuse vivement ses collègues dans son *Discours sur l'Ambassade*. Les députés d'Athènes mirent vingt-deux jours à faire le voyage de Macédoine, et il s'en écoula cinquante jusqu'au retour de Philippe à Pella. Le traité fut enfin conclu : la Chersonèse était rendue aux Athéniens ; Philippe gardait Amphipolis et plusieurs villes enlevées à Kersoblepte ; Les Phocidiens étaient exclus de la paix. Indépendamment du traité, les ambassadeurs rapportèrent quelques-unes de ces belles promesses dont Philippe n'était pas avare : Thespies et Platée devaient être rétablies ; les Phocidiens garderaient leur indépendance

1. Eschine et Démosthène, *Discours sur l'Ambassade*.

après la guerre sacrée ; l'Eubée serait donnée aux Athéniens, pour les dédommager de la perte d'Amphipolis[1].

Au retour de l'ambassade, Démosthène tonna contre ses collègues et contre Philippe. Tandis que les Athéniens discutaient dans l'*Agora*, Philippe franchit le pas des Thermopyles, et vint terminer la guerre sacrée, c'est-à-dire prendre possession de la Phocide. Toutes les villes de ce pays furent détruites; les Phocidiens furent désarmés, exclus du temple de Delphes et du conseil amphictyonique. Les deux voix qui leur appartenaient dans le conseil, furent données au roi de Macédoine[2]. Philippe exécuta le décret avec rigueur; il mit une garnison dans Nicée, et par là il resta maître des Thermopyles. En travaillant pour ses intérêts, il semblait le vengeur de la religion. Une statue lui fut élevée dans le temple de Delphes. On put dire alors qu'Apollon était du parti macédonien, et que la Pythie *philippisait*.

Philippe avait parmi les Grecs deux espèces de partisans : les uns courtisaient sa fortune et lui vendaient leur patrie ; les autres croyaient sincèrement que, dans l'état où se trouvait la Grèce, le meilleur parti était de se rallier au roi de Macédoine. Telle fut la pensée qui inspira à Isocrate son *Discours à Philippe*. L'orateur avait alors quatre-vingt-six ans. Il n'avait jamais eu de goût pour les discussions de l'*Agora*. « Je n'avais, dit-il, ni assez de voix, ni assez

---

1. Démosthène, *Discours sur l'Ambassade.*
2. Diodore de Sicile, XVI, 60.

de hardiesse pour paraître devant le peuple, et pour faire assaut d'invectives avec ces orateurs qui assiégent la tribune[1]. » Dans sa vieillesse, il était plus persuadé que jamais que ces brillants combats de paroles produisaient peu de résultats. « Parler à tous les citoyens dans nos grandes assemblées, c'est ne parler à personne. Toutes les harangues qu'on y débite sont aussi vaines que ces lois et ces républiques écloses du cerveau des philosophes. » C'était une double épigramme, à l'adresse de Démosthène et de Platon. Isocrate ajoutait : « Un orateur qui, peu jaloux de se consumer en déclamations frivoles, croit avoir trouvé un projet utile à toute la Grèce, doit laisser ses rivaux haranguer la foule, et faire part de ses idées à un seul personnage qui sache les comprendre, et qui ait la force de les réaliser. »

C'est donc à Philippe que s'adresse Isocrate. Après avoir rappelé l'origine argienne des rois de Macédoine comme un lien entre ce pays et la Grèce, il engage le fils d'Amyntas à bien user de la puissance que les dieux lui ont donnée. Il faut d'abord qu'il règne sur les Macédoniens en roi, et non en tyran. Qu'il s'attache ensuite à réconcilier les États grecs, si longtemps divisés. S'il parvient à mettre d'accord Athènes, Argos, Thèbes et Lacédémone, toutes les petites villes qui sont dans leur dépendance suivront leur exemple, et toute la Grèce sera unie. L'orateur parle à Philippe avec franchise : il ne lui dissimule pas les bruits qui se répandent sur son ambition, sur

1. Isocrate, *Discours à Philippe*.

ses projets : « On dit aujourd'hui que vous vous préparez à secourir Messène, dès que vous aurez réglé les affaires de la Phocide, et que vous ne pensez qu'à vous assujettir le Péloponèse. On ajoute que les Thessaliens, les Thébains, et tous les peuples qui participent au droit amphictyonique, sont prêts à vous suivre ; les Grecs d'Argos, de Messène, de Mégalopolis se joindront à vous pour détruire la puissance de Sparte, et toute la Grèce sera bientôt sous vos pieds. Il est un moyen bien simple de faire taire ceux qui vous accusent et de vous concilier toute la Grèce : c'est de témoigner à tous les peuples la même affection ; c'est de ne plus vous déclarer l'ami de certaines villes, tandis que vous agissez en ennemi avec d'autres ; c'est enfin de vous présenter à tous les Grecs comme un ami sincère et un arbitre impartial[1]. »

Quand toutes les tribus helléniques seront réunies en un seul corps sous les auspices de la Macédoine, Philippe devra occuper leur activité par une grande entreprise qui lui donnera une gloire immortelle : qu'il marche à leur tête contre les Perses. Union entre les Grecs et guerre aux barbares ! Telle était jadis la politique de Cimon : telle est celle d'Isocrate. Ce grand projet, l'orateur l'avait jadis proposé à sa patrie dans son *Panégyrique d'Athènes;* mais sa voix n'avait point été entendue. Les Grecs n'étaient occupés que de leurs querelles intestines. Bien loin de se rendre redoutables aux barbares, ils aidaient quelquefois le roi de Perse à faire rentrer dans le devoir

1. Isocrate, *Discours à Philippe.*

ses sujets révoltés. Tout récemment, en effet, quand la Phénicie, l'île de Cypre et l'Égypte s'étaient soulevées contre les Perses, Ochus avait demandé aux Grecs de lui fournir des auxiliaires, et huit mille d'entre eux étaient venus réduire l'île de Cypre, sous le commandement de Phocion. Dix mille Argiens ou Thébains s'étaient joints à l'armée persane, qui soumit la Phénicie et l'Égypte[1]. Ainsi les mercenaires grecs avaient rétabli l'empire des Perses dans son intégrité.

Cette gloire que les Athéniens ont laissé échapper, Isocrate l'offre à la Macédoine; et il s'efforce de prouver qu'une telle entreprise n'a rien de chimérique. Il rappelle les expéditions que les Grecs ont déjà tentées en Asie, celle de Cléarque à la suite du jeune Cyrus et celle d'Agésilas. Il explique pourquoi ces expéditions ont échoué, et comment il faut s'y prendre pour réussir. Il montre la faiblesse réelle de cet empire qui paraît si formidable : les satrapes souvent en lutte contre le roi, les provinces maritimes toujours prêtes à se soulever, et toutes ces villes grecques de l'Asie Mineure sur lesquelles on peut compter comme sur des alliés naturels. D'ailleurs, cette guerre aura pour résultat de débarrasser la Grèce de ces bandes mercenaires dont elle est infestée; la conquête fondera en Orient des villes où se fixeront ces troupes vagabondes qui portent partout le ravage[2]. Ce discours d'Isocrate est comme

1. Diodore de Sicile, XVI, 46 et suiv.
2. Isocrate, *Discours à Philippe.*

son testament politique : il prouve que son esprit est encore ferme, et que son cœur bat toujours pour sa patrie. Ce n'est pas une gloire médiocre pour l'orateur octogénaire d'avoir tracé, de sa main mourante, ce vaste plan de campagne dont l'exécution était réservée à Alexandre.

Mais les temps n'étaient pas venus, et tous les Grecs n'avaient pas encore accepté la suprématie macédonienne. Après la guerre sacrée, Philippe se fit ordonner par le conseil amphictyonique de réprimer la tyrannie de Sparte dans le Péloponèse. Les Lacédémoniens envoyèrent des ambassadeurs à Athènes, pour solliciter son alliance. Les députés d'Argos, de Messène et de Thèbes poussaient les Athéniens dans le sens opposé. C'est alors que Démosthène prononce sa seconde *Philippique* (344). Il révèle au peuple les projets de Philippe sur le Péloponèse : « Le Macédonien, dit-il, s'entend avec Messène et Argos pour écraser Sparte ; déjà il envoie des troupes et de l'argent dans la péninsule, où il est lui-même attendu [1]. »

Le but de ce discours était de prouver que l'alliance de Sparte et d'Athènes était le seul moyen de préserver la Grèce de la domination macédonienne. Jamais Démosthène n'avait parlé avec plus de verve et d'énergie. C'est une justice que Philippe lui-même lui a rendue ; il dit après avoir lu cette harangue : « J'aurais donné ma voix à Démosthène pour me faire déclarer la guerre, et je l'aurais nommé géné-

---

1. Démosthène, *Philippique II.*

ral. » Les Athéniens étaient eux-mêmes très-disposés
à suivre les conseils de l'orateur ; mais Philippe les
prévint par la rapidité de ses mouvements. Pendant
que les Corinthiens fortifiaient l'isthme où ils attendaient l'invasion, on apprit que les Macédoniens
avaient abordé en Laconie, près du cap Ténare. Les
Lacédémoniens s'empressèrent de traiter. Philippe
exigea des garanties pour la liberté d'Argos, de Messène et de l'Arcadie ; il traça lui-même les limites de
ces différents États, et, en revenant à travers le Péloponèse, il fut salué partout comme un libérateur.

Athènes voyait avec jalousie grandir la puissance
macédonienne. Cependant, depuis la fin de la guerre
sociale, la république s'était un peu relevée de ses
désastres. Le gouvernement n'était pas mieux réglé,
mais il y avait moins de désordre dans les finances.
On lit dans la quatrième *Philippique* : « Il n'y a pas
longtemps que nos revenus ne montaient pas à plus
de cent trente talents ; ils montent aujourd'hui à
quatre cents talents [1]. » On peut, d'après l'opinion
de M. Bœckh, attribuer les cent trente talents aux
années qui suivirent immédiatement la guerre sociale, et les quatre cents à la fin de la 109ᵉ olympiade, époque à laquelle se rapporte la quatrième
Philippique [2]. Les revenus publics avaient beaucoup
souffert par suite de la défection des alliés et des dépenses de la guerre ; ils avaient augmenté par la re-

1. Démosthène, *Philippique IV*.
2. M. Bœckh, *Économie politique des Athéniens*, III, 19.

prise des relations commerciales et surtout par une
meilleure administration.

C'est sans doute vers cette époque qu'il faut placer
l'intendance de l'orateur Lycurgue, que M. Bœckh
a proclamé « un véritable financier, le seul peut-être
de l'antiquité. » Il fut pendant douze années chargé
de l'administration générale des revenus publics ; ce
qui comprenait à la fois les recettes et les dépenses.
On ne peut indiquer avec précision où commence et
où finit cette période de douze ans ; mais il est probable qu'elle doit se placer entre la fin de la guerre
sociale et la bataille de Chéronée [1]. Lycurgue admi-
nistra les finances avec intégrité : ses comptes, souvent rendus, le montrèrent irréprochable. On dit
qu'il éleva les revenus de l'État jusqu'à douze cents
talents [2]. Cette prodigieuse augmentation, que
M. Bœckh ne sait comment expliquer, ne viendrait-
elle pas de la cession des villes de la Chersonèse que
Kersoblepte avait abandonnées aux Athéniens ?

L'argent qui s'amassait dans le trésor, en sortait
bientôt pour être appliqué à des dépenses utiles.
Lycurgue construisit ou répara quatre cents vaisseaux ; il fit fabriquer beaucoup d'armes et cinquante
mille traits qui furent déposés dans la citadelle, des
vases d'or et d'argent pour les pompes solennelles,
une Victoire en or et des ornements du même métal
pour cent canéphores ; il construisit et planta le gymnase du Lycée ; il acheva plusieurs ouvrages com-

1. Diodore de Sicile, XVI, 88.
2. *Biographie des dix Orateurs*, attribuée à Plutarque

mencés, les chantiers, l'arsenal, le théâtre de Bacchus, le stade des Panathénées, et il orna la ville de beaucoup d'autres édifices[1]. Tous les travaux publics étaient exécutés à Athènes par des esclaves qui appartenaient à l'État. Les conditions du travail avaient été réglées par Diophante, archonte en 394[2].

Les progrès continuels de Philippe furent bientôt la cause d'une nouvelle guerre. Le roi de Macédoine s'était emparé de l'île d'Halonèse sur les pirates qui l'occupaient. Cette île avait appartenu autrefois aux Athéniens; Philippe leur écrivit, comme pour s'entendre avec eux à ce sujet; mais il prétendait que cette conquête était sa propriété légitime. Démosthène parla sur cette question., comme le dit Eschine; mais la critique attribue avec raison à un autre orateur, à Hégésippe, le *Discours sur l'Halonèse,* qui se trouve dans les œuvres de Démosthène. Philippe s'était aussi rendu maître de l'île de Thasos, célèbre par ses mines d'or; pour les exploiter, il y établit le rebut de la population macédonienne, donnant ainsi l'exemple d'un système que les modernes ont imité dans leurs colonies.

En même temps Philippe reculait toutes les frontières de ses États; ses intrigues et ses projets sont vivement exposés dans la 3e *Philippique,* qui fut prononcée la 3e année de la cixe olympiade (342). Mais ce qui inquiétait le plus les Athéniens, c'est que Philippe s'avançait vers Byzance,

1. Décret cité dans la *Biographie des dix Orateurs.*
2. Aristote, *Politique,* II, 5.

et que, maître de Cardia, il menaçait toutes les
villes de la Chersonèse qui appartenaient encore
à la république[1]. Ce fut là ce qui fit rompre la paix.
Par les conseils de Démosthène, la guerre commence, mais non pas encore une guerre ouverte. Un
des amis de l'orateur, Diopithe, va attaquer les villes
macédoniennes de l'Hellespont. Il fait des prisonniers, et pille tout sur son passage. Il lève même de
fortes contributions sur les colonies grecques d'Asie.
Ces colonies se plaignent à Philippe, qui avait lui-
même des griefs : le général avait fait mettre en prison un envoyé du roi de Macédoine. Philippe demande justice à Athènes; ceux du parti macédonien
accusent Diopithe; Démosthène le défend : c'est le
sujet du *Discours sur la Chersonèse*, prononcé la
même année que la troisième Philippique[2].

Jamais le langage de l'orateur ne fut plus entraî-
nant, ni plus hardi. Ce n'est point assez pour Démosthène de justifier Diopithe : il exalte ses services,
et lui fait des titres d'honneur des actes mêmes qu'on
lui reproche. Bien plus, ce sont les Athéniens qu'il
accuse : « Eh quoi! nous n'avons ni la volonté de
contribuer de notre fortune, ni le courage de payer
de notre personne; gardant pour nous seuls tous les
revenus publics, nous laissons notre général manquer d'argent; et, au lieu de lui savoir gré de l'abondance qu'il se procure à lui-même, nous nous atta-
chons à épier ses démarches, à décrier ses entreprises,

1. Démosthène, *Philippique III*.
2. Denys d'Halicarnasse, *première Lettre à Ammœus*.

à blâmer les moyens dont il se sert pour nous sauver [1]! » Démosthène avoue que Diopithe a levé des contributions à Chio, à Érythres et ailleurs ; que peut-être même il a pris dans certaines villes ce qu'on n'était pas disposé à lui donner ; mais pouvait-il faire autrement ? « Ne recevant rien de vous et n'ayant rien par lui-même, où voulez-vous qu'il prenne de quoi nourrir et payer ses soldats? L'argent lui tombera-t-il du ciel? Il n'y a pas lieu de l'espérer ; il faut donc qu'il se soutienne avec ce qu'il prend, ce qu'il emprunte ou ce qu'on lui donne. »

Les paroles de Démosthène remuèrent si bien le peuple que Diopithe, au lieu d'être condamné, fut maintenu dans le commandement. Mais ses jours étaient comptés : il fut tué en combattant près de Cardia. Philippe vint assiéger Périnthe, qui avait fait alliance avec les Athéniens. Attaquer Périnthe, c'était affamer Athènes ; car l'Attique n'avait jamais suffi à sa subsistance, et Démosthène dit que la république tirait annuellement du Bosphore quatre cent mille médimnes de blé [2]. Malgré la défense désespérée de ses habitants, Périnthe aurait succombé si les Byzantins n'étaient venus à son aide, et si le roi de Perse ne lui avait envoyé de puissants secours. Le renom des Macédoniens avait retenti jusqu'en Asie. Ochus, à qui la puissance de Philippe commençait à devenir suspecte, écrivit aux gouverneurs des provinces maritimes de secourir les Périnthiens

1. Démosthène, *Discours sur la Chersonèse.*
2. Démosthène, *Discours contre Leptine.*

de toutes leurs forces. Les satrapes, s'étant concertés à ce sujet, firent passer à Périnthe des troupes mercenaires, de fortes sommes d'argent, des vivres, des armes et des munitions de guerre de toute espèce. Philippe laissa un de ses lieutenants devant Périnthe, et vint mettre le siége devant Byzance[1].

C'est ici qu'il faudrait placer la quatrième *Philippique*, prononcée selon Denys d'Halicarnasse [2], sous l'archontat de Nicomaque (341 avant Jésus-Christ). Mais le discours qui nous a été transmis sous ce titre, ne paraît pas à plusieurs critiques appartenir réellement à Démosthène. Il faut croire au moins qu'on y a interpolé plusieurs passages qui ne sont pas l'œuvre de l'orateur. Comment supposer en effet qu'après avoir tant de fois signalé comme un danger public les lois relatives au *théorique*, il en soit devenu tout à coup le plus ardent défenseur, et qu'il déclare mauvais citoyens ceux qui les attaquent? Quant à ce qui est dit de l'alliance persane dans cette quatrième Philippique, Démosthène ne le desavouerait pas : « Il faut envoyer au plus tôt une ambassade au roi de Perse et s'entendre avec lui, sans écouter ce qu'on répète depuis si longtemps : *C'est un barbare, c'est l'ennemi commun des Grecs*, sans s'arrêter à ces vieux préjugés qui nous ont déjà fait tant de mal. Pour moi, quand je vois quelqu'un redouter ce prince, qui réside à Suse et à Ecbatane, prétendre qu'il a de mauvais desseins contre notre république,

1. Diodore de Sicile, XVI, 75.
2. Denys d'Halicarnasse, *première Lettre à Ammœus.*

lui qui l'a déjà aidée à se rétablir, et qui tout récemment encore lui offrait des conditions avanta-
geuses; quand je vois quelqu'un redouter ce monarque et tout pardonner à ce brigand qui étend sa
puissance dans le cœur de la Grèce et jusqu'à nos
portes, j'admire en vérité et je crains cet homme,
quel qu'il soit, qui lui-même ne craint pas Philippe[1]. »

C'était bien là la politique de Démosthène, et
quelques auteurs ont prétendu qu'il n'était pas désintéressé en la soutenant. Plutarque dit, d'après
Démétrius de Phalère, que Démosthène n'était pas
incorruptible, et qu'au moment même où il se montrait inaccessible à tout l'or de Philippe, il se laissait
prendre par celui de Suse et d'Ecbatane. Ces accusations lui furent adressées de son vivant, et il s'en est
défendu avec énergie dans son discours sur *la Paix* :
« Si je sais, dit-il, prévoir les événements et vous
donner de bons conseils, c'est que je pense et que
je parle sans intérêt. Je défie mes ennemis de prouver qu'un seul présent ait jamais influé sur mes
discours ou sur ma conduite politique[2]. »

Philippe, qui savait quelle était la puissance de
l'opinion à Athènes, ne dédaignait pas de répondre
aux invectives dont il était l'objet. Il adressa au sénat et au peuple une lettre où il exposait ses griefs,
et où il accusait les généraux athéniens d'avoir commencé les hostilités. Cette lettre, qui se trouve ordi-

1. *Philippique IV.*
2. Démosthène, *Discours sur la Paix.*

nairement dans les œuvres de Démosthène, l'orateur la réfuta, en rejetant les premiers torts sur le roi de Macédoine. Ce dernier discours fut prononcé sous l'archontat de Théophraste, la 1ʳᵉ année de la cxᵉ olympiade (340). Le peuple trancha la question en votant la guerre : il ordonna, par un décret, d'abattre la colonne érigée en mémoire du traité conclu avec Philippe, d'équiper des vaisseaux, et de pousser avec vigueur tous les préparatifs de la lutte[1].

Bientôt Charès, envoyé au secours de Byzance avec un grand nombre de galères, est battu près de Chalcédoine par la flotte macédonienne. Charès était si décrié, que les villes alliées ne voulaient pas le recevoir dans leurs ports. Il était réduit à longer les côtes, rançonnant les amis d'Athènes et méprisé des ennemis. Il y a là un fait triste à constater, c'est que la plupart des généraux athéniens ne savaient plus faire que le métier de pirates. Le peuple, à Athènes, était furieux contre les alliés, et il regrettait d'avoir envoyé des secours à Byzance. Phocion dit qu'il ne fallait point être en colère contre les alliés qui se défiaient, mais contre les généraux qui donnaient lieu à cette défiance. L'assemblée changea d'avis sur l'heure, et chargea Phocion lui-même d'aller, avec des forces nouvelles, continuer la guerre contre Philippe. Ce fut cette mesure qui sauva Byzance ; car Phocion était connu dans cette

1. Philochore, Fragment de l'*Histoire de l'Attique*, cité par Denys d'Halicarnasse, *première Lettre à Ammœus*.

ville. Les Byzantins ne souffrirent point qu'il campât
hors des murs comme il le voulait ; ils lui ouvrirent
leurs portes et le reçurent dans la place ; les Athéniens justifièrent cette confiance par leur courage et
par leur conduite irréprochable. En même temps
les habitants de Chio, de Cos et de Rhodes envoyèrent des renforts à Byzance. Philippe, craignant de
voir tous les Grecs se coaliser contre lui, leva
le siége des deux villes, et fit la paix avec les Athéniens [1].

Pendant cette dernière guerre, Démosthène ne
se borna point à servir l'État par ses harangues :
Étant *épistate* ou intendant de la marine, il fit une
réforme importante dans l'équipement des vaisseaux.
Les riches avaient trouvé moyen de se dérober aux
charges qui leur étaient imposées ; ils s'associaient
jusqu'au nombre de seize pour fournir un vaisseau ;
la charge retombait donc sur les citoyens pauvres ou
peu aisés, qui ne pouvaient y suffire. L'État était mal
servi, et la guerre survenant trouvait la marine au
dépourvu. Démosthène proposa et fit adopter une
loi nouvelle, qui proportionna cette contribution à
la fortune, à raison d'une galère pour une valeur de
dix talents. Ceux qui possédaient davantage pouvaient
être obligés de fournir jusqu'à trois vaisseaux et une
chaloupe. Ceux qui possédaient moins devaient s'unir
ensemble pour la construction d'un navire [2]. « Ainsi,
dit Démosthène, je rappelai les riches à leur devoir,

1. Diodore de Sicile, XVI, 77.
2. Loi citée par Démosthène, *Discours sur la Couronne.*

je délivrai les pauvres, et, ce qui importait le plus à l'État, je fis en sorte qu'on n'attendît plus les forces maritimes dont on avait besoin. »

C'était une révolution complète dans le système des *triérarchies*. Tel qui autrefois ne contribuait que d'un seizième à l'armement d'un seul vaisseau, se trouvait obligé d'en équiper deux ou trois. Les privilégiés s'efforcèrent de détourner le coup. Les chefs des *symmories*, c'est-à-dire des anciennes classes d'armateurs, offrirent des sommes considérables à Démosthène, pour l'engager à ne point proposer sa loi, ou du moins à faire en sorte qu'elle ne passât point. L'orateur fut incorruptible. Ceux qui n'avaient pu le séduire, essayèrent de l'intimider. On l'accusa comme infracteur des lois; il gagna sa cause, et l'accusateur n'obtint pas la cinquième partie des suffrages. « L'expérience, dit Démosthène, ne tarda point à prouver l'utilité de la loi nouvelle. Tant que cette loi a été suivie, aucun armateur n'a présenté de requête au peuple comme étant trop chargé; aucun ne s'est réfugié dans le temple de Diane; aucun n'a été mis en prison par les intendants de la marine; aucune galère ayant mis à la voile n'a été enlevée à la république, ou n'est restée dans le port faute de pouvoir partir; ce qui n'arrivait que trop souvent quand les anciennes lois subsistaient.... J'ai donc contribué, par mon administration, à la gloire et à la puissance de l'État [1]. »

---

1. Démosthène, *Discours sur la Couronne.*

C'est aussi l'honneur de Démosthène d'avoir compris l'importance de l'Aréopage, et d'avoir contribué à rétablir son autorité. Un certain Antiphon s'était vendu à Philippe, et lui avait promis de brûler les arsenaux maritimes des Athéniens. Il s'était introduit dans la ville, et il se préparait à commettre son crime. Démosthène le surprit au Pirée, et le fit comparaître devant le peuple. Eschine parla pour cet homme, et parvint à le faire acquitter. Mais l'affaire fut portée devant l'Aréopage, qui ordonna l'arrestation de l'incendiaire, et le renvoya devant le peuple; cette fois, il fut condamné à mort [1]. Plutarque dit que Démosthène accusa aussi la prêtresse Théoris, qui avait prévariqué dans les fonctions de son ministère, et qui enseignait, dit-on, aux esclaves à tromper leur maître; elle fut condamnée à la peine capitale.

Indépendamment de cette haute juridiction qui en faisait, à Athènes, une sorte de cour de cassation, l'Aréopage avait conservé quelques droits sur les affaires politiques, surtout lorsque ces affaires touchaient à la religion. Eschine avait été chargé par le peuple de défendre devant les Amphictyons les droits d'Athènes sur le temple de Délos. L'Aréopage assemblé cassa la décision du peuple, et chargea Hypéride de cette mission, à la place d'Eschine, qui n'eut pas même une seule voix [2].

Les réformes que Démosthène avait tentées et l'impulsion vigoureuse qu'il avait cherché à donner

1. Démosthène, *Discours sur la Couronne.* — Plutarque, *Démosthène.*

2. Démosthène, *Discours sur la Couronne.*

au gouvernement, ne faisaient, à des hommes
comme Phocion, aucune illusion sur l'avenir de la
république. L'idée qui dominait cet austère citoyen,
c'est qu'Athènes et la Grèce ne pouvaient plus rien
par elles-mêmes, et qu'il fallait chercher au dehors
un point d'appui. Il avait d'abord servi la Perse,
parce qu'il avait cru l'alliance du grand roi utile à
son pays, parce qu'alors la puissance macédonienne
n'était pas encore formée. Plus tard, quand la fortune s'est prononcée pour Philippe, il est du parti
macédonien, non par intérêt, mais par conviction;
réduit à opter entre la Perse et la Macédoine, il
croit cette dernière alliance plus naturelle et plus
nationale pour les Grecs; il immole sa patrie à la
grande unité hellénique. Démosthène, au contraire,
veut combattre jusqu'au bout pour l'indépendance
athénienne. L'homme d'État s'incline devant les faits
accomplis, et pressent les vues de la Providence, qui
ne sacrifie une seule ville que pour former une
nation; l'orateur proteste contre la destinée, et
veut faire redire à sa patrie ces paroles héroïques:
J'échapperai malgré les dieux.

CHAPITRE XXVIII.

La première guerre sacrée avait commencé la fortune de Philippe : elle lui avait ouvert le conseil amphictyonique et livré la Phocide. Il ne lui restait plus qu'à s'avancer, à travers la Béotie, jusqu'à la pointe méridionale de l'Attique. Les Athéniens étaient inquets ; Démosthène leur avait souvent répété : « Quand Philippe s'empare des Thermopyles et de l'Hellespont, c'est comme s'il attaquait l'Attique et le Pirée. » Les Béotiens eux-mêmes, quoique peu renommés pour leur pénétration, commençaient à s'apercevoir qu'ils avaient été trompés : ils reprochaient au roi de Macédoine d'avoir conservé Nicée, et de ne pas leur avoir rendu Orchomène. La guerre était donc inévitable ; les dissensions des Grecs la firent encore éclater.

Les Locriens d'Amphissa commirent le crime que les Phocidiens avaient si durement expié : ils labourèrent le champ sacré. Une assemblée générale des Amphictyons fut convoquée pour punir ce sacrilége [1]. Philippe était alors bien loin de la Grèce, occupé à combattre les Scythes ; mais il pouvait revenir d'un

1. Eschine, *Discours sur la Couronne.*

instant à l'autre, et les Athéniens n'avaient point
oublié les résultats de la première guerre sacrée.
Sur la proposition de Démosthène, ils défendirent à
leurs députés d'assister à l'assemblée amphictyonique. Amphissa fut condamnée; mais les Locriens,
soutenus par Athènes, ne payaient point l'amende,
et le conseil était impuissant à se faire obéir. Alors
il se trouva par hasard que Philippe était revenu de
la Scythie. L'assemblée, composée en majorité de
Thessaliens, sur lesquels il avait tout pouvoir,
lui dépêcha Cottyphus pour le prier de venir
en aide au dieu et aux Amphictyons. Philippe
était trop religieux pour se faire attendre. Il vint
en toute hâte, réduisit les Amphissiens, vainement défendus par quelques auxiliaires d'Athènes.
Il poussa même la piété jusqu'à occuper Élatée :
c'était la clef de la Béotie et par conséquent de
l'Attique.

Quelle terreur dans Athènes, quand on apprit
l'occupation d'Élatée ! La nouvelle en arriva le soir,
bien tard, au moment où les prytanes prenaient
leur repas accoutumé. La trompette d'alarme sonna
toute la nuit. Le lendemain, dès la pointe du jour,
le sénat se réunit; le peuple accourut au théâtre
avant même que les magistrats l'eussent convoqué.
Mais, quand l'assemblée fut ouverte, quand le héraut
eut prononcé ces paroles : « Qui veut haranguer le
peuple? » tous les citoyens étaient tellement frappés
de stupeur que personne ne se présenta. La formule
fut plusieurs fois répétée, et toujours même silence
parmi les généraux et parmi les orateurs. Tous les

regards étaient tournés vers Démosthène : celui-ci
prit la parole, s'efforça de ranimer le courage du
peuple, et proposa d'envoyer immédiatement des
députés à Thèbes, pour engager les Béotiens à faire
cause commune avec Athènes [1].

Cette proposition, c'était la guerre : elle fut adoptée par acclamation. Le décret passa sans contradiction, tel que l'orateur l'avait rédigé [2]. Ce fut
Démosthène lui-même qui fut envoyé à Thèbes. Il
l'emporta sur Python, qui plaida la cause de Philippe, dans l'assemblée des Béotiens. Vaincu par la
parole, le roi de Macédoine se vengea par les armes,
et ce fut alors que se livra cette bataille de Chéronée (338), où Alexandre, à dix-huit ans, rompit le
bataillon sacré des Thébains. Tout l'effort des Athéniens, commandés par des généraux inhabiles, vint
échouer contre la phalange, emblème de cette puissance compacte qui s'était organisée dans le nord.
A dater de ce jour, la prévision de Phocion était
accomplie : l'unité grecque était constituée au profit
de la Macédoine.

A Athènes, quand on apprit le désastre de Chéronée, la consternation se tourna en une sorte de rage.
Lysiclès, qui avait partagé avec Charès le commandement de l'armée vaincue, fut condamné à mort,
et Diodore a conservé quelques-unes des foudroyan-
tes paroles que Lycurgue prononça dans cette occasion : « Tu commandais l'armée, ô Lysiclès ! et

1. Démosthène, *Discours sur la Couronne.* — Plutarque, *Démosthène.* — Diodore de Sicile, XVI, 84.

2. Décret de Démosthène, dans le *Discours sur la Couronne.*

mille citoyens ont péri, deux mille ont été faits prisonniers; un trophée a été élevé contre la république; la Grèce entière est devenue esclave! Tous ces malheurs sont arrivés quand tu commandais nos soldats: et tu oses vivre! tu oses voir la lumière du soleil, te montrer sur la place publique, toi, monument de honte et d'opprobre pour la patrie[1]! »

La démocratie athénienne, qui se sentait frappée d'un coup mortel, tenta un dernier effort. Démosthène, qui avait, dit-on, abandonné son bouclier dans la bataille [2], fit réparer les murs et fut nommé intendant des vivres. L'orateur Hypéride proposa de renfermer dans le Pirée les choses saintes, les femmes et les enfants. Les membres du sénat des Cinq-Cents, ordinairement dispensés du service militaire, durent prendre les armes et veiller à la sûreté du port[3]. Hypéride proposait aussi de réhabiliter les citoyens dégradés, d'accorder le droit de cité aux métèques, d'affranchir et d'armer les esclaves. Ces décrets furent adoptés, et cette fière attitude des Athéniens après leur défaite leur fit obtenir des conditions plus favorables : Philippe leur permit d'enlever leurs morts[4]. Les plus ardents voulaient continuer la guerre, et traînaient Charidème à l'Assemblée, pour le faire nommer stratége; mais les principaux citoyens, comprenant qu'il y allait de l'existence même

1. Diodore de Sicile, XVI, 88.
2. Eschine, *Discours sur la Couronne.* — Plutarque, *Démosthène.*
3. Lycurgue, *Discours contre Léocrate.*
4. *Biographie des dix Orateurs.*

d'Athènes, eurent recours à l'Aréopage, et, par leurs
larmes et leurs prières, ils obtinrent, quoique avec
peine, qu'on remît la ville entre les mains de Phocion[1]. Cette décision était un triomphe pour le parti
aristocratique, qui était en même temps le parti macédonien.

Phocion commença par déclarer qu'il fallait poser les armes, et se résigner aux conditions proposées
par Philippe. Du reste, le vainqueur traita les Athéniens avec humanité : il leur renvoya leurs prisonniers sans rançon; il leur restitua la ville d'Orope,
qui était tombée au pouvoir de Thèbes; mais il les
força de renoncer à Samos, position importante qui
devait compléter la puissance maritime de la Macédoine. Les Thébains furent traités plus durement,
parce qu'ils étaient plus redoutables : les chefs du
parti démocratique furent exilés de la ville, et une
garnison macédonienne fut installée dans la Cadmée.

Les orateurs athéniens qui étaient depuis longtemps du parti de Philippe, ou qui s'étaient ralliés
à ce prince depuis la victoire de Chéronée, cherchaient à se venger de leurs adversaires en les traî-
nant devant les tribunaux. Hypéride fut accusé par
Aristogiton d'avoir proposé, immédiatement après la
bataille, un décret contraire aux lois. L'orateur se
justifia en disant « qu'ébloui par les éclairs du glaive
macédonien, il n'avait pu porter les yeux sur les
lois. » Il fut absous de l'accusation[2]. On tenta

---

1. Plutarque, *Phocion.*
2. *Biographie des dix Orateurs*

aussi de faire condamner Démosthène ; les orateurs médiocres se liguaient contre son génie. « J'étais, dit-il, accusé presque tous les jours[1]. » Mais le peuple le couvrait de sa protection, et, bien loin de le condamner, lui décernait de nouveaux honneurs. Quand les ossements de ceux qui étaient morts à Chéronée furent rapportés à Athènes, ce fut Démosthène qui fut chargé de prononcer leur éloge. « Les Athéniens montraient par là, dit Théopompe, que non-seulement ils supportaient leur malheur avec courage, mais qu'ils honoraient celui qui leur avait conseillé cette guerre, et qu'ils ne se repentaient nullement d'avoir suivi ses conseils[2]. » Le vieil Isocrate avait loyalement soutenu la suprématie macédonienne ; mais, ne voyant plus dans le triomphe de Philippe que la honte de sa patrie, il se laissa mourir de douleur, le jour même où l'on rendit les derniers devoirs aux victimes de Chéronée.

Le roi de Macédoine recueillit les fruits de sa victoire : une grande assemblée hellénique fut convoquée à Corinthe (337); là il fut nommé généralissime, avec des pouvoirs illimités, pour punir, au nom de tous les Hellènes, les sacriléges autrefois commis par les Perses dans les temples de la Grèce. Ce fut lui qui régla les contingents en hommes et en argent que chaque État devait fournir. Déjà le bruit de cette expédition se répandait jusqu'en Asie. Le roi de Perse, effrayé de ces préparatifs, écrivit à ses sa-

---

1. Démosthène, *Discours sur la Couronne.*
2. Théopompe, cité par Plutarque, *Démosthène.*

trapes de gagner surtout Démosthène, en lui donnant
tout l'or qu'il voudrait. C'était, dit Plutarque, le
seul homme qui pût susciter des embarras à Philippe, et le tenir embarrassé et comme garrotté dans
les troubles de la Grèce. Tout cela, ajoute le même
auteur, fut découvert dans la suite par Alexandre,
qui trouva à Sardes quelques lettres de Démosthène,
et les registres des satrapes où étaient marquées les
sommes qui lui avaient été payées[1]. L'orateur vivait
alors à Athènes en simple particulier; mais en réalité
il était moins étranger aux affaires qu'il ne le paraissait : il préparait encore des décrets; seulement, au
lieu de les présenter en son nom, il les faisait passer
sous le nom de ses amis.

L'expédition contre les Perses allait commencer : déjà Parménion et Attale avaient été envoyés en
avant, avec une partie des troupes. Ils étaient chargés
d'affranchir les villes grecques de l'Asie Mineure,
quand tout à coup le roi de Macédoine périt assassiné par un de ses gardes, nommé Pausanias (336).
C'était au milieu d'une fête, que Philippe célébrait à
l'occasion du mariage de sa fille Cléopâtre avec le
roi d'Épire; il venait de recevoir des couronnes
d'or de la part de plusieurs grandes villes, au
nombre desquelles se trouvait Athènes. Le héraut,
chargé d'offrir la couronne au nom de cette ville,
avait dit en terminant sa proclamation : « Quiconque ayant attenté aux jours de Philippe viendra se réfugier à Athènes, sera livré à la justice du

1. Plutarque, *Démosthène.*

roi[1]. » Mais ces paroles officielles n'exprimaient pas les véritables sentiments des Athéniens.

Démosthène fut secrètement averti de la mort de Philippe; il sortit de sa retraite, et, pour disposer le peuple à reprendre courage, il alla à l'Assemblée avec un visage rayonnant de joie; il dit que la nuit précédente il avait eu un songe qui promettait quelque grand bonheur aux Athéniens, et, peu de temps après, on vit arriver les courriers qui apportaient la nouvelle de la mort du roi. Les Athéniens offrirent aux dieux des sacrifices d'action de grâces, et, par un décret, ils décernèrent une couronne au meurtrier. En même temps, Démosthène parut en public, couronné de fleurs et vêtu avec magnificence, quoique ce ne fût que le septième jour depuis la mort de sa fille[2]. Phocion cherchait en vain à réprimer ces éclats d'une joie indécente : « C'est une lâcheté, disait-il, de se réjouir de la mort d'un ennemi. D'ailleurs l'armée qui vous a vaincus à Chéronée n'est affaiblie que d'un seul homme[3]. »

On se flattait, à Athènes, de profiter du nouveau règne pour arracher aux Macédoniens l'empire de la Grèce. Démosthène était tous les jours à la tribune, haranguant le peuple et le poussant à la guerre; il écrivait lettres sur lettres aux satrapes de l'Asie Mineure, pour soulever les Perses contre la Macédoine[4]. Il était aussi en correspondance avec Attale, qui con-

1. Diodore de Sicile, XVI, 91 et 92.
2. Plutarque, *Démosthène.*
3. Plutarque, *Phocion,*
4. Plutarque, *Démosthène.*

spirait contre Alexandre, et qui fut tué quelque
temps après. Grâce à l'impulsion donnée par les
Athéniens, l'esprit d'indépendance fermentait dans
toute la Grèce. Les Étoliens avaient décrété le rappel
des exilés de l'Acarnanie, que Philippe avait fait
bannir de leur pays. Les habitants d'Ambracie avaient
chassé les troupes macédoniennes, et donné à leur
ville un gouvernement démocratique. Les Thébains
étaient prêts à expulser la garnison de la Cadmée.
Les peuples du Péloponèse prétendaient se gouverner par leurs propres lois [1]. Tous les Grecs semblaient
d'accord pour s'affranchir, sauf à se disputer ensuite
le commandement.

Mais Alexandre, qu'on croyait désarmer comme
un enfant, montra bientôt qu'il était roi. Quelques
paroles bienveillantes lui concilièrent les Thessaliens.
Il arriva ensuite aux Thermopyles, convoqua l'assemblée des Amphictyons, et parvint à se faire con-
firmer par un décret le commandement suprême des
Grecs. Entouré d'une armée formidable qui répandait partout la terreur, il vint, à marches forcées,
en Béotie, et campa près de la Cadmée. A son approche, les Athéniens commencèrent à réfléchir; ils
lui envoyèrent une ambassade dont Démosthène
faisait partie; mais l'orateur n'alla pas jusqu'au roi
avec ses collègues; arrivé au Cithéron, il retourna
sur ses pas et revint à Athènes. Alexandre accueillit
les députés avec bienveillance, et poursuivit sa marche
jusqu'à Corinthe, où le conseil général des Grecs

1. Diodore de Sicile, XVII, 3.

avait été convoqué. Là il réussit à se faire nommer, comme son père, généralissime de la Grèce, et à faire décréter la guerre contre les Perses (335).

Le jeune roi retourna tranquillement dans ses États; mais il ne fut pas plutôt engagé dans une lointaine expédition contre les Thraces et les Triballes, que la Grèce entière fut encore en mouvement. Les Thébains se faisaient remarquer entre tous par leur exaltation; ils étaient décidés à en finir avec la garnison de la Cadmée. Ils avaient fait appel à tous les peuples grecs : les Péloponésiens firent partir une armée qui s'arrêta à l'isthme de Corinthe, attendant les événements. Les Athéniens n'envoyèrent point de troupes; mais, sur la proposition de Démosthène, ils firent passer aux Thébains une grande quantité d'armes [1]. Aussitôt qu'Alexandre eut appris ce qu'on tramait contre lui, il revint avec la rapidité de la foudre, et l'on sait de quelle épouvante il frappa la Grèce en faisant raser la ville de Thèbes. Il n'y laissa debout que les temples et la maison de Pindare, pour montrer que, tout en punissant ses ennemis, il rendait hommage à la religion et à la civilisation des Grecs.

Les ruines fumantes de Thèbes parlaient plus haut que Démosthène; c'était un argument de plus pour Phocion : « C'est assez, disait-il, que la Grèce ait perdu la ville de Thèbes, sans qu'elle ait encore à pleurer Athènes [2]. » Instruits par l'expérience de

1. Diodore de Sicile, XVII, 8.
2. Plutarque, *Phocion*.

leurs voisins, les Athéniens restèrent tranquilles ;
mais Alexandre voulait des gages de leur sagesse fu-
ture : il demanda qu'on lui livrât les orateurs qui
s'étaient déclarés contre lui, entre autres Lycurgue
et Démosthène. Phocion était d'avis qu'on les sa-
crifiât au salut public ; mais le peuple lui imposa
silence. Démosthène prit la parole, et, par un apologue ingénieusement raconté, il dissuada les Athéniens de se désarmer eux-mêmes en livrant leurs
chefs [1]. Démade, qui se vendait à tous les partis,
parla, dit-on, en faveur des orateurs, moyennant
une somme de cinq talents. Il proposa un décret qui
portait que Démosthène et ses collègues ne seraient
point livrés, mais qu'ils seraient jugés conformément
aux lois, et condamnés s'ils étaient reconnus coupables. Le peuple adopta cette proposition, et envoya Démade lui-même, avec quelques autres députés, auprès du roi, pour faire agréer le décret. Les
Athéniens demandaient, en outre, le droit de recevoir chez eux les Thébains fugitifs. Démade réussit
dans sa mission : il décida Alexandre à se désister
des poursuites dirigées contre les orateurs, et à accorder aux Athéniens tout ce qu'ils demandaient [2].

On voit, par le dénoûment de cette affaire,
qu'Alexandre ne voulait pas traiter les Athéniens à
la rigueur. Il savait que, s'ils ne gagnaient plus de
batailles, c'étaient encore eux qui distribuaient la
gloire parmi les peuples grecs. Il cherchait même à

1. Plutarque, *Démosthène*.
2. Diodore de Sicile, XVII, 15.

flatter leur ambition, mais en la subordonnant à la sienne. Avant de partir pour l'Orient, il dit à Phocion : « Si je meurs, c'est aux Athéniens à commander[1]. »

1. Plutarque, *Phocion*.

CHAPITRE XXIX.

Le décret de Corinthe n'avait pas uni la Grèce entière sous la suprématie macédonienne. Les Spartiates avaient refusé leur suffrage à Alexandre; et, quand ce prince combattit sur les bords du Granique, les mercenaires grecs formaient la plus grande partie de l'armée persane. Il les détruisit presque tous avec sa phalange; les prisonniers furent envoyés en Macédoine et condamnés aux travaux publics, « parce qu'étant Grecs, ils avaient violé le décret que les Grecs avaient rendu, et qu'ils avaient combattu contre la Grèce en faveur des barbares[1]. » En même temps, Alexandre envoyait trois cents panoplies persanes à Athènes, pour décorer le temple de Minerve, et il ordonnait de mettre sur ce trophée une inscription ainsi conçue : « Alexandre, fils de Philippe, et les Grecs, excepté les Lacédémoniens, ont remporté ces dépouilles sur les barbares de l'Asie. »

Dans toute l'Asie Mineure, le vainqueur des Perses se montra le zélé défenseur de la cause hellénique. Partout il détruisait l'oligarchie, et rétablis-

[1] Arrien, *Expédition d'Alexandre*, livre I.

sait le gouvernement démocratique, si cher aux villes
ioniennes. Athènes ne put qu'applaudir à cette politique. A Issus, il y avait encore des mercenaires
grecs dans les rangs des Perses ; mais le grand
conseil hellénique envoya une couronne d'or à
Alexandre, et le félicita de sa victoire [1]. Après la
bataille d'Arbèles, les Spartiates soulevèrent presque tout le Péloponèse contre la domination macédonienne; mais ils furent vaincus par Antipater.
Alexandre, faisant une dédaigneuse allusion à cette
levée de boucliers, disait à ses soldats : « Pendant
que l'empire des Perses tombait sous nos coups, il
s'est livré une bataille de rats en Arcadie [2]. »

Les Athéniens ne prirent aucune part à ce mouvement; Démosthène lui-même, comme l'atteste
un discours de Dinarque, n'excita point ses compatriotes à se joindre à l'entreprise des Lacédémoniens. Après la prise de Suse, Alexandre renvoya à
Athènes les statues d'Harmodius et d'Aristogiton, que
Xerxès avait autrefois emportées en trophée [3]. Mais
la reconnaissance dura peu : tandis que le conquérant macédonien parvenait jusqu'aux extrémités de
l'Orient, les anciens ressentiments se réveillaient à
Athènes. Le parti opposé à la Macédoine releva la
tête, et la voix des orateurs recommença à retentir
dans l'*Agora*. Ce fut alors que Lycurgue accusa un
citoyen nommé Léocrate, qui avait quitté l'Attique
après la bataille de Chéronée.

1. Diodore de Sicile, XVII, 48.
2. Plutarque, *Agésilas*.
3. Arrien, *Expédition d'Alexandre*, III.

L'orateur rappelle ce moment fatal où l'existence même d'Athènes était en question. Tous les citoyens étaient à leur poste; les moins valides et les plus âgés, ceux mêmes que la loi dispensait du service militaire avaient pris les armes et veillaient au salut commun. « Léocrate, ne songeant qu'à lui-même, au milieu du danger public, rassemble tout ce qu'il possède, fait transporter ses meubles et ses esclaves sur une barque, à quelque distance d'un vaisseau qui est à l'ancre près de la côte; à la nuit close, il s'échappe par une porte secrète, accompagné de la courtisane Irénis; il se dirige vers le rivage, gagne le navire et s'enfuit, trahissant et contemplant sans remords l'Acropole et les temples de Minerve protectrice et de Jupiter sauveur [1]. » Cet homme s'était d'abord retiré à Rhodes; puis il était venu s'établir à Mégare, où il demeura plus de cinq ans, et où il s'enrichit par le commerce de grains, violant ainsi la loi de son pays qui défendait aux Athéniens d'importer du blé ailleurs que chez eux. Enfin, après huit ans d'absence, il avait cru pouvoir reparaître impunément dans Athènes, comptant sans doute sur l'influence macédonienne, qu'il croyait encore dominante. Mais l'orateur qui avait fait condamner à mort le général vaincu à Chéronée, ne fit point grâce au citoyen qui avait abandonné la ville après la bataille. Il le traîna devant le peuple, et voulut le faire condamner à mort. On ne sait pas avec certitude le résultat du procès; mais il est probable que

1. Lycurgue, *Discours contre Léocrate.*

l'arrêt de mort fut prononcé, car le biographe des dix orateurs dit que Lycurgue fit condamner tous ceux qu'il accusa[1].

Vers la même époque fut renouvelée l'affaire de *la Couronne* contre Ctésiphon. Quand Démosthène avait été chargé de faire réparer les murs d'Athènes, il avait suppléé, de ses propres deniers, à l'insuffisance de la somme qu'on lui avait allouée. Le peuple lui décerna une couronne d'or, sur la proposition de Ctésiphon. Eschine attaqua le décret comme contraire aux lois, et soutint que Démosthène n'avait point mérité un tel honneur. L'accusation fut intentée sous l'archontat de Charondas, c'est-à-dire l'année même de la bataille de Chéronée; mais l'on ne procéda au jugement que huit ans plus tard, sous l'archontat d'Aristophon (330).

Jamais procès n'avait excité une aussi ardente curiosité. On accourut de toutes les parties de la Grèce pour assister à ces débats; et ce n'était pas seulement le talent des orateurs qui attirait cette multitude : c'est que les événements des dernières années, l'histoire d'Athènes, de la Grèce, de la Macédoine allaient être discutés publiquement, et que les deux partis qui avaient joué un rôle dans ces affaires allaient se trouver en présence et se compter. La fortune avait abattu Démosthène; l'opinion le releva. Il osa ne rien désavouer de son passé, et, devant la puissance macédonienne qui soutenait ouvertement son adversaire, il prouva éloquemment qu'il avait

1. *Biographie des dix Orateurs.*

bien mérité d'Athènes et de la Grèce en conseillant
la guerre contre Philippe. « Ce n'est pas par l'événement qu'il faut juger la conduite d'un homme politi-
tique. Ce sont les dieux qui décident du succès d'une
entreprise ; on doit seulement examiner si tous les
moyens qui étaient en la puissance humaine ont été
employés. Un commandant de marine n'a rien négligé pour le salut de son bâtiment ; il l'a muni de
toute chose nécessaire ; si la tempête vient assaillir
et même briser le vaisseau, est-ce le commandant
qu'il faut accuser du naufrage[1] ? »

Mais Démosthène va plus loin, et c'est là que son
argumentation s'élève jusqu'au sublime. « Quand
même l'avenir, qui était impénétrable, aurait été
tout à coup dévoilé à tous les yeux ; quand même
tous les Athéniens auraient eu la prévision certaine
de leur défaite, et que vous, Eschine, vous l'eussiez
annoncée à grands cris, vous qui n'avez pas ouvert
la bouche, la république n'en aurait pas moins dû
persister dans la voie où elle marchait, si toutefois
elle comptait pour quelque chose sa propre gloire,
le souvenir des ancêtres et le jugement de la postérité. » L'orateur ne réclame pas pour lui-même l'honneur du conseil qu'il a donné : il n'a fait qu'exprimer les sentiments qui étaient dans tous les cœurs,
et il associe tous les Athéniens à sa propre cause,
avec une modestie qui est le comble de l'habileté.
« En voulant me priver d'un honneur éphémère, on
veut vous ravir, à vous, les éloges de tous les siècles.

1. Démosthène, *Discours sur la Couronne.*

Oui, Athéniens, si en condamnant l'auteur du dé_
cret, vous flétrissez ma conduite politique, vous
n'êtes plus les victimes de la fortune; vous déclarez
vous-mêmes que vous avez failli. Mais il n'en est
point ainsi; non, vous n'avez point failli en bravant tous les dangers pour la liberté et le salut de
tous les Grecs : j'en jure par vos ancêtres qui ont
combattu à Marathon, à Platée, à Salamine.... »

Après de telles paroles, la victoire de Démosthène
était assurée ; Eschine n'eut pas même la cinquième
partie des suffrages. Il fut tellement humilié de cette
défaite qu'il sortit aussitôt d'Athènes, et se retira
dans la ville de Rhodes, où il passa le reste de ses
jours à enseigner la rhétorique [1]. A part l'éclat littéraire qui s'attache à l'affaire de la Couronne, c'était
quelque chose de très-remarquable que ce mouvement d'opinion qui avait fait absoudre, avec Ctésiphon, la politique de Démosthène. C'était une réaction de l'esprit national, et comme une revanche de
Chéronée. Antipater feignit d'ignorer ce qui s'était
passé à Athènes, et le bruit en parvint à peine à
Alexandre, qui domptait le nord de l'Asie, et portait sa puissance au delà des bornes du monde
connu.

Le triomphe de Démosthène fut suivi d'une
épreuve à laquelle il ne sut point résister, si l'on en
croit ses ennemis. Le Macédonien Harpalus avait
été chargé, par Alexandre, de la garde du trésor
royal qui avait été déposé dans la citadelle d'Ecba-

---

1. Plutarque, *Démosthène*.

tane[1]. Ce trésor, formé des dépouilles de la monarchie
persane, s'élevait, selon Strabon, à la somme de cent
quatre-vingt mille talents [2], qui peut être évaluée à
un milliard quatre-vingts millions de notre monnaie.
Quand Alexandre fut parti pour l'Inde, Harpalus
puisa à pleines mains dans le trésor, et ne refusa
rien à ses passions. Athénée a raconté ses folles dépenses, son luxe effréné, les sommes énormes qu'il
a dépensées pour des courtisanes [3]. La conduite du
trésorier fut dénoncée à Alexandre par une lettre de
l'historien Théopompe [4]. Le roi revenait vainqueur
des bords de l'Indus, et il punissait sur sa route les
généraux et les satrapes prévaricateurs. Harpalus,
qui ne craignait rien tant que d'être obligé de rendre
des comptes, résolut de quitter l'Asie et de passer
en Grèce ; il partit accompagné de six mille soldats,
emportant plus de cinq mille talents, c'est-à-dire
près de trente millions. Il laissa ses mercenaires au
cap Ténare, en Laconie, prit avec lui une partie de ses trésors, et vint se présenter en suppliant
devant le peuple d'Athènes [5].

Quelques orateurs, séduits par l'or d'Harpalus,
parlèrent en sa faveur, et engagèrent les Athéniens à
le prendre sous leur protection ; mais Démosthène
leur conseilla de le renvoyer sans hésiter, et de ne
pas se jeter dans une guerre désastreuse pour un mo-

1. Arrien, III.
2. Strabon, *Géographie*, XV.
3. Athénée, *Banquet*, XIII.
4. Théopompe, cité par Athénée, *Banquet*, XIII.
5. Diodore de Sicile, XVII, 108.

tif aussi injuste. Les ennemis de Démosthène prétendent que quelques jours après, comme il assistait à l'inventaire des biens d'Harpalus, ses yeux s'arrêtèrent sur une coupe d'or d'un travail admirable; Harpalus le pria de la prendre et de la peser lui-même. L'orateur, étonné du poids, demanda combien elle pouvait valoir : « Elle vaut bien vingt talents, » répondit Harpalus en souriant. Et, la nuit étant venue, il envoya la coupe à Démosthène. « Celui-ci ne résista point, dit Plutarque sans doute sur la foi de Théopompe; mais, frappé de ce présent comme s'il avait reçu garnison chez lui, il passa dans le parti d'Harpalus, et, dès le lendemain matin, le cou bien enveloppé, il se rendit à l'Assemblée. Le peuple lui ordonna de parler; mais il refusa, faisant signe qu'il avait une extinction de voix. Des plaisants, comme il y en avait toujours à Athènes, dirent tout haut que l'orateur avait été pris la nuit, non d'une esquinancie, mais d'une *argyranoie* [1].

Cependant l'affaire d'Harpalus pouvait avoir les plus graves conséquences. Antipater et Olympias, qui gouvernaient la Macédoine pendant l'absence d'Alexandre, avaient demandé au peuple d'Athènes l'extradition du coupable. Les Athéniens ne le livrèrent point; mais ils le chassèrent de la ville. Il alla rejoindre ses mercenaires au cap Ténare, et de là il passa en Crète où il fut assassiné. En l'expulsant, le peuple avait gardé une partie de ses trésors, sous prétexte de les rendre à Alexandre; mais il paraît

1. Plutarque, *Démosthène*.

qu'on s'en servit plus tard dans la guerre lamiaque. Une enquête avait été ordonnée contre les citoyens qui s'étaient laissé corrompre par les présents d'Harpalus. Comme le nom de Démosthène était prononcé, l'orateur alla lui-même au-devant de l'accusation. Il fit adopter un décret qui chargeait l'Aréopage d'informer sur cette affaire, et, avec une hardiesse qui devait faire croire à son innocence, il déclara qu'il se condamnait lui-même au dernier supplice, si l'on prouvait qu'il eût rien reçu d'Harpalus. L'Aréopage, après une enquête minutieuse, déclara qu'il y avait lieu à suivre, et renvoya Démosthène devant le peuple. On sait que le nombre des héliastes variait selon l'importance des causes : cette fois, le tribunal fut composé de quinze cents juges [1]. Dinarque prononça contre Démosthène un discours plein d'amertume et de violence. Hypéride lui-même était au nombre des accusateurs. La loi portait la peine de mort ou une amende de dix fois la somme reçue pour tout citoyen convaincu de corruption. Démosthène fut déclaré coupable, et condamné à une amende de cinquante talents. Il resta dix jours en prison; puis il s'échappa déguisé en femme. On dit qu'en passant devant le temple de Minerve Poliade, il s'écria : « O déesse, comment peux-tu te complaire en la compagnie de ces trois monstres, la chouette, le dragon et la démocratie [2]? » Il se retira d'abord à Trézène, ensuite dans l'île de

---

1. Dinarque, *Discours contre Démosthène.*
2. Plutarque, *Démosthène.*

Calaurie, d'où il écrivit aux Athéniens pour se justifier.

Démosthène a-t-il été condamné justement? Il faut
d'abord mettre hors de cause le discours de Dinarque. Cette harangue, inspirée par la passion, ne
prouve pas plus contre l'orateur, que le discours
d'Eschine sur la Couronne. Un poëte cité par Athénée, Timoclès, accuse aussi Démosthène de corruption [1]; mais combien de calomnies répétées par les
poëtes comiques! Diodore et Plutarque ont admis,
sans examen, la culpabilité de l'orateur; mais Quintilien ne voulait point y croire : « Quand je consi-
dère, disait-il, les généreux conseils qu'il a donnés à
sa patrie et la manière glorieuse dont il a fini ses jours,
je ne puis ajouter foi à toutes les accusations que
ses ennemis ont entassées contre lui [2]. » Pausanias a
justifié ces paroles de Quintilien, en approfondissant
la question, et en démontrant par une preuve sans
réplique l'innocence de Démosthène. Il raconte qu'a-
près l'assassinat d'Harpalus dans l'île de Crète, l'esclave qui était chargé de la garde de ses trésors s'é-
tait enfui à Rhodes; il y fut pris par le Macédonien
Philoxène, qui avait déjà demandé aux Athéniens
l'extradition d'Harpalus. Philoxène questionna cet
esclave, pour savoir de lui les noms de ceux qui
avaient reçu de l'argent de son maître. Il écrivit ensuite aux Athéniens des lettres où il énumérait ceux
qui s'étaient laissé corrompre par Harpalus, avec l'in-

---

1. Athénée, *Banquet*, VIII, 17.
2, Quintilien, *Institutions oratoires.*, XII, 1.

dication de la somme distribuée à chacun d'eux; et,
sur cette liste, il n'a point mis Démosthène, qui était
pourtant, ajoute Pausanias, le plus grand ennemi
d'Alexandre, et par qui Philoxène lui-même avait
été personnellement offensé [1]. Ainsi tombe l'accusation artificieusement construite par Dinarque et par
plusieurs autres orateurs. Si la conduite de Démosthène n'a pas été irréprochable, du moins son nom
est pur de la tache la plus honteuse dont on ait
voulu le souiller.

Mais si Démosthène était innocent, pourquoi a-t-il
été condamné? On craignait Alexandre, et le parti
macédonien voulait se venger de l'échec qu'il avait
éprouvé dans l'affaire de Ctésiphon. Le conquérant
de l'Asie imposait au monde non-seulement sa domination, mais sa divinité. En Macédoine, on s'efforçait de croire à cette divinité d'invention nouvelle;
mais en Grèce on en riait un peu. Plusieurs cités
avaient refusé d'admettre le nouveau dieu. Les Lacédémoniens, feignant d'y consentir, avaient rendu
le décret suivant : « Puisque le bon plaisir d'Alexandre
est d'être dieu, qu'il soit dieu. » Dinarque prétend
que Démosthène conseilla aux Athéniens de ne pas
refuser à Alexandre les honneurs divins [2]; ce qui
n'est nullement vraisemblable. Quant à Lycurgue, il
prit la chose avec sa rudesse accoutumée. Un jour
qu'un orateur disait dans l'Assemblée qu'il fallait élever des autels à Alexandre et lui sacrifier comme à

1. Pausanias, *Corinthie*, 33.
2. Dinarque, *Discours contre Démosthène*.

un dieu : « Quel dieu ! s'écria Lycurgue ; ceux qui
sortiront de son temple devront se purifier des souillures du sacrifice[1]. »

Dans les dernières années d'Alexandre, l'opinion
s'enhardissait peu à peu à Athènes, et s'essayait à
braver la puissance dont on pressentait la chute prochaine. On se plaignait que la Macédoine n'eût point
observé le pacte qu'elle avait fait avec les Grecs à
l'assemblée de Corinthe. Il y a sur ce sujet, dans les
œuvres de Démosthène, une harangue qui n'est pas
de cet orateur, et que Libanius attribue à Hypéride.
Ce discours paraît avoir été prononcé à la fin de la
cxiiiᵉ olympiade (325). La Grèce ne s'était point donnée sans condition à Alexandre : dans le traité qu'on
invoquait, il avait été convenu que toutes les villes
grecques seraient libres et indépendantes, qu'aucun
gouvernement ne pourrait être changé, que la liberté
de la navigation serait assurée à tous les confédérés.
C'était donc un véritable traité d'alliance, où tous
les États avaient stipulé sur le pied d'égalité[2]. Mais
l'exécution du traité avait été laissée à la Macédoine;
et, comme Sparte, après la paix d'Antalcidas, elle
avait fait tourner la convention à son profit; elle
avait exécuté à la rigueur les articles qui lui étaient
favorables, négligé ou violé ceux qui donnaient
des garanties aux Grecs, et changé l'alliance en une
véritable domination. L'auteur du discours proteste
contre ces empiétements; il déclare « que les Athé

1. *Biographie des dix Orateurs.*
2. *Discours contre Alexandre.*

niens ne veulent pas marcher à la suite des autres, »
et il conclut par un appel aux armes.

On ne se bornait point à des paroles : on avait
déjà commencé à agir. Le cap Ténare était devenu un point de rassemblement pour les ennemis d'Alexandre. Les mercenaires licenciés par la
Perse étaient venus s'y joindre aux soldats d'Harpalus. Ce fut un Athénien, Léosthène, aussi connu
par son brillant courage que par son opposition
à la Macédoine, qui fut nommé commandant en
chef. Ce général eut un entretien secret avec le sénat
de Sparte, qui lui donna des armes et cinquante talents pour la solde des troupes; il envoya des députés aux Étoliens, pour les associer à ses projets[1].

Alexandre, conseillé par sa grande âme, avait
voulu se concilier les Grecs par une mesure généreuse : il avait envoyé Nicanor de Stagire proclamer, aux jeux olympiques, le rappel de tous les bannis, à l'exception des homicides et des sacriléges.
L'assemblée applaudit, et plus de vingt mille exilés
rentrèrent dans leurs foyers. Mais les Athéniens et
les Étoliens étaient fort mécontents; ce bienfait même
n'avait fait que les irriter davantage, parce qu'il con-
trariait leurs desseins et leur ambition. Quinte-Curce
dit que les Athéniens seuls ne voulurent pas recevoir
les bannis[2]. Ils ne pardonnaient pas non plus à
Alexandre de les forcer à abandonner l'île de Samos,
qu'ils s'étaient partagée entre eux. Ils n'osaient point

1. Diodore de Sicile, XVII, 3.
2. Quinte Curce, X, 2.

se déclarer ouvertement, parce qu'ils se sentaient les
plus faibles ; mais ils attendaient une occasion favorable[1]. Léosthène était toujours en armes au cap Ténare, et déjà l'on pouvait prévoir la guerre lamiaque.

1. Diodore de Sicile, XVIII, 8.

CHAPITRE XXX.

La *Politique* d'Aristote. — Opinion de ce philosophe sur la démocratie athénienne.

Pendant qu'Alexandre portait ses armes jusqu'aux extrémités de la terre, son maître Aristote, en vrai conquérant du monde intellectuel, s'appropriait toutes les parties de la science, qu'il perfectionnait par sa méthode et qu'il fécondait par son génie. Nous n'avons pas à nous occuper des travaux d'Aristote en métaphysique ou en histoire naturelle ; mais nous devons dire quelques mots de sa *Politique*, qui jette une si vive lumière sur l'organisation des gouvernements anciens. Il s'était préparé à la composition de cet ouvrage en observant les institutions politiques des différents pays. Il avait passé à la cour de Macédoine les premières années de sa jeunesse, et plus tard les six ou sept ans qu'il consacra à l'éducation d'Alexandre. Il avait résidé trois ou quatre ans auprès d'Hermias, tyran d'Atarnée, dont il était l'ami et même le parent, selon quelques auteurs[1]. Il avait vécu longtemps à Athènes, d'abord assistant aux leçons de Platon, puis enseignant lui-même dans le Lycée. Il avait donc vu à l'œuvre la monarchie et la république. Mais lui-même n'était pas toujours resté étranger à la politique. Lorsque Philippe eut fait

1. Diogène de Laërte, *Aristote.*

rebâtir la ville de Stagire qu'il avait détruite, ce fut
Aristote qui donna des lois à sa patrie. On ne sait
point quelle était la nature de cette constitution;
mais il paraît que les Stagirites en furent satisfaits;
car ils fêtaient encore, au xiv⁰ siècle, le jour de
naissance du philosophe qui avait été leur législateur[1].

Aristote avait composé un grand nombre d'ouvrages politiques qui ne nous sont point parvenus. Diogène de Laërte lui en attribue dix-huit, dont le plus
important était un recueil de constitutions anciennes.
Ce livre, dont il ne nous reste que quelques fragments, a été connu en Europe au moins jusqu'au
xii⁰ siècle, et il a sans doute été traduit par les Ara-
bes, comme la plupart des ouvrages d'Aristote. Dans
cette collection, qui serait si précieuse pour l'histoire ancienne, le philosophe avait recueilli cent
cinquante – huit constitutions selon Diogène de
Laërte, et deux cent cinquante-cinq selon Ammonius.
Aristote avait procédé en cette matière comme dans
les sciences naturelles : il avait patiemment observé
les faits, pour en tirer plus tard une théorie générale. Il paraît certain, en effet, que la *Politique* est
un de ses derniers ouvrages. Si l'on ne peut dire
avec précision à quelle époque ce livre a été composé, on sait du moins qu'il est postérieur à la mort
de Philippe, puisqu'il y est question du meurtre de
ce prince. Aristote parle d'une guerre étrangère,

1. M. Barthélemy Saint-Hilaire, Préface de la traduction de
la *Politique*, p. xvij.

qui *tout récemment*, dit-il, est venue troubler la
Crète[1]. Ce passage, qui a embarrassé les commenta-
teurs, ne ferait-il point allusion à l'arrivée d'Harpalus et de sa bande dans cette île? Cet événement
fut comme le signal des guerres dont la Crète a été
le théâtre sous les successeurs d'Alexandre. La composition de la *Politique* se trouverait ainsi placée
l'an 327 avant J. C., ou dans les années suivantes.

Platon et d'autres philosophes avaient spéculé sur
la politique; quelques grands hommes l'avaient pra-
tiquée avec éclat; Aristote le premier en a fait une
science, et, telle qu'il la conçoit, c'est la science fon-
damentale, c'est la plus haute de toutes les sciences.
Il semble au premier coup d'œil qu'Aristote ne fasse
reposer la politique que sur l'intérêt : « L'État, dit-il,
est une association, et le lien de toute association,
c'est l'intérêt[1]. » Mais M. Barthélemy Saint-Hilaire a
très-bien prouvé qu'Aristote ne sépare point l'intérêt
social de la justice[3]. Il ne veut point qu'on recherche
exclusivement ce qui est utile: « C'est, dit-il, une
préoccupation qui ne convient point aux âmes nobles, ni aux hommes libres[4]. » Il dit, il est vrai, que
l'État a pour but d'assurer à ses membres toute la
somme de bonheur que comporte leur condition;
mais il se hâte d'ajouter que le bonheur est toujours
en proportion de la vertu; et, unissant intimement la

1. Aristote, *Politique*, II, 7.
2. Aristote, *Politique*, I, 1.
3. M. Barthélemy Saint-Hilaire, Préface de la traduction de
la *Politique*, p. xxxvij.
4. Aristote, *Politique*, VIII, 3.

morale à la politique, il déclare que la première condition de succès pour l'État, comme pour l'individu,
c'est de rester fidèle à la justice [1].

Pour déterminer la meilleure organisation possible
de la cité, Aristote recherche quels sont les éléments
dont elle se compose, et c'est là qu'il admet, comme
Platon lui-même, le principe de l'esclavage. L'esclave n'est, aux yeux du philosophe, qu'une propriété vivante, un instrument animé : « Si chaque
instrument pouvait travailler de lui-même, comme
les statues de Dédale ou les trépieds de Vulcain, qui
se rendaient à l'assemblée des dieux par un mouvement spontané, si les navettes tissaient toutes seules,
si l'archet jouait tout seul de la cithare, les entrepre-
neurs pourraient se passer d'ouvriers et les maîtres
d'esclaves [2]. » Après une discussion qu'il est inutile
de reproduire tout entière, Aristote conclut que la
nature a créé les uns pour être libres, les autres pour
être esclaves, et que pour ces derniers l'esclavage est
aussi utile qu'il est juste. Au moins la loi romaine,
sous Justinien, en maintenant l'esclavage parce qu'il
était établi, convenait que c'était une violation du
droit naturel [3].

Les esclaves étant ainsi éliminés de l'association
politique, comment les citoyens seront-ils gouvernés?
La première institution que l'on rencontre à l'origine
des sociétés, c'est la royauté : « Si les premiers États,

1. Aristote, *Politique*, VII, 1 et 7.
2. Aristote, *Politique*, I, 2.
3. Servitus est constitutio juris gentium, qua quis dominio
alieno *contra naturam* subjicitur. (*Institutes*, liv. I, tit. III.)

dit Aristote, ont été soumis à des rois, et si les grandes nations le sont encore aujourd'hui, c'est que ces États s'étaient formés d'éléments habitués à l'autorité royale ; en effet, dans la famille, le plus âgé est un véritable roi [1]. » Mais il s'agit de savoir quelle est la meilleure organisation de l'État, et non quelle est la plus ancienne.

La souveraineté appartient, selon Aristote, aux lois fondées sur la raison ; mais, comme la loi est impuissante à tout régler d'avance, et que d'ailleurs il faut pour l'exécuter un pouvoir établi, la souveraineté se délègue à un magistrat unique ou multiple. On ne pourrait même pas faire les lois ou les modifier, si cette magistrature n'existait point. Or cette autorité souveraine ne peut être constituée que de trois façons : il faut qu'elle soit exercée par un seul homme, ou par un petit nombre, ou par la majorité des citoyens [2]. De là cette distinction des trois principaux genres de gouvernements, monarchie, aristocratie, et démocratie : distinction qui était déjà connue avant Aristote, et qui est encore aujourd'hui le point de départ de la science politique.

Ces trois espèces de gouvernements peuvent rester pures, comme elles peuvent se corrompre. Quand le maître unique, le petit nombre ou la majorité gouvernent dans l'intérêt général, la constitution est pure ; quand ils gouvernent dans leur propre intérêt, la constitution est corrompue. Tant que la monar-

1. Aristote, *Politique*, I, 1.
2. Aristote, *Politique*, III, 5.

chie ou le gouvernement d'un seul a pour objet l'intérêt général, elle conserve le nom de royauté ; elle devient tyrannie quand elle n'a pour objet que l'intérêt personnel du prince. Si la minorité gouverne dans l'intérêt public, elle mérite son nom d'aristocratie ; mais, si elle ne travaille que pour elle-même, ce n'est plus qu'une oligarchie. Enfin, quand la majorité n'a en vue que l'intérêt commun, Aristote désigne ce gouvernement du nom générique de tous les gouvernements : il l'appelle *politie* ou république (πολιτεία). Il réserve le nom de démocratie pour la corruption de ce gouvernement, c'est-à-dire pour le cas où il fait la guerre aux riches et ne veille qu'aux intérêts des pauvres [1] : c'est ce que nous appelons la démagogie ou l'*ochlocratie*.

Il y a aussi une autre espèce de gouvernement, qui n'est la corruption d'aucun genre, mais qui se forme du mélange de plusieurs principes opposés : c'est le gouvernement mixte, dont Platon a fait l'éloge, et dont Aristote nous a laissé la théorie : « Il y a, dit-il, trois modes possibles de combinaison. D'abord on peut réunir la législation de l'oligarchie et celle de la démocratie sur une matière quelconque, par exemple sur le pouvoir judiciaire. Dans l'oligarchie on met le riche à l'amende, s'il ne se rend pas au tribunal, et l'on ne paye pas le pauvre pour y assister. Dans la démocratie, au contraire, indemnité aux pauvres, mais point d'amende pour les riches. Le terme commun et moyen de ces institutions diverses, est préci-

1. Aristote, *Politique*, III, 5.

sément la réunion de toutes deux, amende aux riches et indemnité aux pauvres. Un autre mode de
combinaison consiste à prendre une moyenne entre
les principes de l'oligarchie et ceux de la démocratie.
Ici, par exemple, le droit d'entrée à l'assemblée politique s'acquiert sans aucune condition de cens ou
du moins par un cens modique, là par un cens très-
élevé : il faut prendre la moyenne entre les deux.
Enfin, pour la désignation des magistrats, on peut
emprunter à la fois à la loi oligarchique et à la loi
démocratique. Le tirage au sort est une institution
démocratique. Le principe de l'élection, au contraire, est oligarchique ; de même que ne point exiger de cens appartient à la démocratie, et qu'en
exiger un appartient à l'oligarchie. Le gouvernement
mixte puisera dans l'un et dans l'autre système : à
l'oligarchie il empruntera l'élection, à la démocratie
la suppression du cens[1]. » L'exercice gratuit des
fonctions publiques est aussi un moyen de fondre
ensemble l'aristocratie et la démocratie. Le principe
populaire est la faculté pour tous d'arriver aux emplois ; le principe aristocratique est de ne les confier
qu'aux citoyens éminents. Cette combinaison s'établit d'elle-même, si les emplois ne sont pas lucratifs :
les pauvres, qui n'auraient rien à gagner, préfére-
ront s'occuper de leurs intérêts personnels ; les riches accepteront le pouvoir, parce qu'ils peuvent se
passer d'une indemnité[2].

1. Aristote, *Politique*, **IV**, 7.
2. Aristote, *Politique*, **V**, 7.

C'est à cette théorie du gouvernement mixte que se rattache un passage qui a justement attiré l'attention des publicistes modernes, celui où Aristote fait ressortir l'importance politique de la classe moyenne. « Tout État renferme trois classes de citoyens, les riches, les pauvres, et ceux dont la fortune tient le milieu entre les deux extrêmes. Si l'on admet que la modération et le milieu en toutes choses sont préférables, il s'ensuit évidemment, qu'en fait de fortunes, la moyenne propriété est aussi la plus convenable. Elle sait se plier aux ordres de la raison, tandis qu'on l'écoute difficilement quand on a la conscience de sa supériorité en beauté, en force, en naissance, en richesse, ou quand on souffre, sous tous ces rapports, d'une infériorité excessive [1]. »

L'extrême opulence et l'extrême misère paraissent à Aristote également dangereuses pour la cité : l'une menace toujours la liberté publique, et l'autre la propriété privée. Celui qui a été nourri dans l'abondance de toute chose, s'enivre d'orgueil, et ne s'accoutume point à obéir, même à l'école. D'un autre côté, ceux qui manquent de tout sont humbles à l'excès : en sorte que les uns ne savent pas commander et obéissent en esclaves, tandis que les autres n'obéissent à aucune autorité, et ne savent commander qu'en despotes. Il n'y a plus alors dans la cité que des maîtres et des esclaves; il n'y a plus d'hommes libres. Ici la haine ou l'envie, là l'orgueil et le dédain ; nulle part cette affection réciproque,

---

1. Aristote, *Politique*, IV, 9.

et cette communauté d'intérêts qui est la base naturelle de l'État. Ce qu'il faut à une association politique, ce sont des êtres égaux et semblables autant
qu'il est possible : c'est ce qu'on ne trouve guère
que dans les situations moyennes. Les États le
mieux administrés sont donc ceux où la classe
moyenne est plus nombreuse et plus puissante que
les deux autres réunies, ou du moins que chacune
d'elles prise à part. En se rangeant de l'un ou de
l'autre côté, elle rétablit l'équilibre. Dans un État
où les uns possèdent beaucoup et où les autres
n'ont rien, il ne peut s'établir que la démagogie absolue, l'oligarchie pure ou la tyrannie.

« Ces observations, ajoute Aristote, doivent nous
faire comprendre pourquoi la plupart des gouvernements sont ou démagogiques ou oligarchiques.
Presque partout les fortunes moyennes sont fort
rares ; et tous ceux qui dominent dans les cités, que
ce soient les riches ou les pauvres, étant toujours
également éloignés du moyen terme, attirent à eux
tout le pouvoir, et constituent l'oligarchie ou la
démagogie. En outre, les séditions et les luttes étant
fréquentes entre les pauvres et les riches, jamais le
pouvoir, quel que soit le parti qui triomphe, ne re-
pose sur l'égalité et sur le droit commun ; comme il
est le prix du combat, le vainqueur qui le saisit en fait
nécessairement un des deux gouvernements extrêmes.
C'est ainsi que les peuples mêmes qui ont eu tour à
tour la haute direction des affaires de la Grèce, n'ont
songé qu'à faire prévaloir le principe de leur propre
constitution : ils ont imposé aux États qui leur étaient

soumis tantôt l'oligarchie, tantôt la démocratie, ne s'inquiétant point du bien-être de leurs tributaires, et préoccupés seulement de leurs propres intérêts[1]. »

Quel est au fond le système personnel d'Aristote? Quel est le gouvernement qu'il préfère? Il paraît incliner vers l'aristocratie tempérée, qui laisse aux citoyens toute l'égalité compatible avec l'inégalité naturelle des facultés humaines. Il admet aussi, comme une rare exception, la royauté absolue et viagère déférée à un individu dont la supériorité est incontestable. Mais ce serait mal juger la hauteur du génie d'Aristote, que de le croire systématiquement attaché à telle ou telle forme politique. Tous les gouvernements, pourvu qu'ils restent purs, lui paraissent susceptibles de réaliser la vraie fin de la politique, c'est-à-dire le bonheur du genre humain par l'ordre et la justice. Si l'on ne peut dire avec certitude quel est le gouvernement que préfère Aristote, on sait parfaitement quels sont ceux dont il ne veut pas : ce sont les gouvernements corrompus qui n'agissent que dans l'intérêt des gouvernants. Et parmi ces gouvernements dégénérés, le Stagirite établit des degrés : « Le pire de tous, dit-il, doit être la corruption du premier et du plus divin des gouvernements, la tyrannie, qui prend le masque de la royauté. Après la tyrannie vient l'oligarchie, qui est si loin de l'aristocratie. Enfin la démagogie paraît à Aristote le plus supportable des mauvais gouvernements[2]. »

1 Aristote, *Politique*, IV, 9.
2. Aristote, *Politique*, IV, 2.

Pour empêcher que les institutions politiques ne
se corrompent, ou qu'elles ne soient violemment
renversées, Aristote indique avec soin les précautions
à prendre et les écueils à éviter. Quand c'est l'aristocratie qui gouverne, la sollicitude de l'État doit se
porter principalement sur les pauvres. Parmi les
emplois publics, il faut leur accorder ceux qui sont
rétribués ; il faut punir tout outrage des riches à leur
égard beaucoup plus sévèrement que les outrages
des riches entre eux. C'est surtout sous cette espèce
de gouvernement qu'il faut veiller à ce que les fonctions publiques n'enrichissent jamais ceux qui les
occupent. « Les citoyens ne s'irritent pas d'être
exclus des emplois, parce que cette exclusion se
compense pour eux par l'avantage de vaquer à leurs
propres affaires; mais ils s'indignent de penser que
les magistrats volent les deniers publics ; car alors
on a un double motif de se plaindre, on est à la
fois privé du pouvoir et du profit qu'il procure. »
Dans les démocraties, on doit, avant tout, rassurer
les riches sur la jouissance de leurs biens. On doit empêcher qu'on n'en vienne non-seulement au partage
des propriétés, mais même au partage de l'usufruit;
ce qui a lieu dans quelques États par des moyens
détournés. Aristote ne veut pas non plus qu'on ac-
corde aux riches, même quand ils le demandent, le
droit de subvenir aux dépenses publiques considérables, mais sans utilité réelle, telles que les représentations théâtrales et les fêtes aux flambeaux[1].

1. Aristote, *Politique*, V, 7.

Sous toute espèce de gouveruement, le premier soin qu'il faut prendre est de ne point déroger à la loi, et de se garder d'y porter même les plus légères atteintes. L'illégalité mine sourdement la constitution d'un pays, de même que de petites dépenses souvent répétées finissent par ruiner les fortunes. Il faut veiller aussi à ce qu'il ne s'élève dans l'État aucune supériorité qui dépasse une certaine mesure. Aristote veut qu'on donne aux fonctions publiques peu d'importance et une longue durée, plutôt qu'une autorité très-étendue avec une courte existence : car, dit-il, le pouvoir est corrupteur, et tout homme n'est pas capable de supporter la prospérité. D'un autre côté, comme les innovations peuvent menacer l'État en s'introduisant d'abord dans les mœurs privées, une magistrature doit être chargée de veiller sur ceux dont la vie est peu d'accord avec les lois établies.

Il ne faut pas croire cependant qu'Aristote soit complétement opposé à toute espèce d'innovation; sa haute raison ne saurait admettre un tel système. « L'innovation, dit-il, a profité à toutes les sciences, à la médecine qui a secoué ses vieilles pratiques, à la gymnastique, et généralement à tous les arts auxquels' s'appliquent les facultés humaines. Et, comme la politique doit prendre rang parmi les sciences, il est clair que le même principe lui est applicable. » L'histoire vient ici à l'appui de la théorie. « Nos ancêtres vi. vaient dans la barbarie : les anciens Grecs ne marchaient qu'armés; ils vendaient entre eux leurs femmes. Ce qui nous reste des lois antiques est d'une

étrange simplicité. A Cumes, par exemple, la loi sur
le meurtre déclarait l'accusé coupable dans le cas où
l'accusateur produisait un certain nombre de témoins,
qui pouvaient être pris parmi ses propres parents. »
C'est le système des *conjuratores*, qu'on retrouve au
moyen âge dans les lois germaniques. « L'humanité,
reprend Aristote, doit en général chercher non ce
qui est antique, mais ce qui est bon. Nos premiers
pères, qu'ils soient sortis du sein de la terre,
ou qu'ils aient survécu à quelque catastrophe, res-
semblaient probablement au vulgaire et aux ignorants
de nos jours. En outre, la raison nous dit que les
lois écrites ne sont pas faites pour l'éternité, et
qu'en certaines circonstances elles doivent être mo-
difiées. »

Mais l'esprit éminemment pratique d'Aristote ne
pouvait pas non plus méconnaître les dangers de
l'innovation. « On ne saurait, dit-il, être trop circonspect en pareille matière. Si l'amélioration dé-
sirée est peu importante, il est clair que, pour éviter la
funeste habitude de changer trop facilement les lois
établies, il faut savoir pardonner quelques imperfections au législateur ou au gouvernement; car alors
vous ferez moins de bien en changeant la loi pour
l'améliorer, que vous ne ferez de mal en habituant
les esprits à la désobéissance. On pourrait même rejeter comme inexacte la comparaison de la politique
avec les autres sciences. L'innovation est tout autre
chose dans les lois que dans les arts : la loi, pour se
faire obéir, n'a d'autre puissance que celle de l'habitude, et l'habitude ne se forme qu'avec le temps,

de telle sorte que changer légèrement les lois existantes pour en établir de nouvelles, c'est affaiblir
d'autant la force même de la loi[1]. »

Plusieurs critiques ont remarqué qu'Aristote n'a
point parlé du gouvernement de la Macédoine, et
qu'il a dit peu de chose de celui d'Athènes. Ce silence et cette réserve s'expliquent par la position
personnelle du philosophe : il était le sujet du roi de
Macédoine et l'hôte des Athéniens. Sa raison ne
pouvait consentir à approuver certains excès dont il
avait été le témoin, et sa prudence ne lui permettait
pas de les attaquer ouvertement. Mais il y a, dans la
Politique, telle phrase générale qui peut être consi-
dérée comme la censure indirecte de ces gouvernements que l'auteur paraît passer sous silence. Quand
Aristote insiste sur les inconvénients et les périls du
pouvoir arbitraire, quand il redoute les hasards de
l'hérédité royale[2], on peut croire qu'il pense à la
Macédoine, qui n'aura pas toujours des Alexandres.
Quant au gouvernement athénien, le sens même que
le philosophe a donné au mot démocratie, qu'il prend
toujours en mauvaise part, est déjà un préjugé dé-
favorable. Souvent ses axiomes généraux tombent
d'aplomb sur les compatriotes de Démosthène, témoin cette phrase qui place la république athénienne
au plus bas degré de l'échelle démocratique : « Si
les laboureurs sont les plus nombreux, c'est la première de toutes les démocraties; si les artisans et les

1. Aristote, *Politique*, II, 5.
2. Aristote, *Politique*, III, 10. — V, 8.

mercenaires sont en plus grand nombre, c'est la dernière[1]. » Mais Aristote ne parle pas toujours à mots couverts du gouvernement athénien; il dit clairement que ce gouvernement s'est corrompu, en s'éloignant de ses institutions primitives. Comme Platon, comme Isocrate, comme tous les grands esprits de cette époque, l'auteur de la *Politique* est plein de respect pour Solon ; il apprécie admirablement l'œuvre de ce législateur, et il signale la décadence de la république athénienne dès l'époque de la guerre médique. « Le peuple, dit-il, enorgueilli des victoires qu'il avait remportées, écarta des fonctions publiques les meilleurs citoyens, pour livrer les affaires à des démagogues corrompus.... Éphialte mutila les attributions de l'Aréopage; Périclès alla jusqu'à donner un salaire aux juges ; et, à leur exemple, chaque démagogue porta, par degrés, la démocratie au point où nous la voyons aujourd'hui[2]. »

C'est encore une allusion au gouvernement athénien, que ce passage sur la démocratie dégénérée où la loi a perdu sa souveraineté, et où c'est la multitude qui gouverne à coups de décrets : « Le peuple alors est un monarque à mille têtes[3]. Et dès qu'il est roi, il veut agir en roi : il rejette le joug de la loi; il se fait despote, et il a bientôt des flatteurs. Cette démocratie est, dans son genre, ce que la tyrannie est à la royauté. De part et d'autre, c'est le même esprit,

1. Aristote, *Politique*, IV, 10.
2. Aristote, *Politique*, II, 9.
3. Μόναρχος γὰρ ὁ δῆμος γίνεται σύνθετος εἷς ἐκ πολλῶν. (Aristote, *Politique*, IV, 4.)

la même oppression des bons citoyens : ici les décrets, là les ordres arbitraires. Le démagogue et le
flatteur ont entre eux une ressemblance frappante :
tous deux ont un crédit sans bornes, l'un sur le
tyran, l'autre sur le peuple ainsi corrompu ; tous
deux cherchent à étendre la puissance qu'ils servent,
pour l'exploiter à leur profit[1]. »

Aristote se complaît dans ce rapprochement du
flatteur et du démagogue : c'est une hache à deux
tranchants dont il frappe à la fois Athènes et la Macédoine. Quoiqu'il rendît justice au génie d'Alexandre, et qu'il lui sût gré d'avoir fait tourner ses
conquêtes au profit de la science, le philosophe ne
pouvait lui pardonner bien des actes despotiques,
entre autres sa conduite envers Callisthène. Il ap-
préciait l'humeur facile des Athéniens et la vivacité
de leur esprit; mais il ne pouvait fermer les yeux
sur les scandales de l'*Agora*. Lui-même, à la fin, se
crut menacé. L'esprit qui avait immolé Socrate, parut
se réveiller après la mort d'Alexandre. Aristote, qui
enseignait depuis treize ans dans le Lycée, quitta la
ville, et alla finir ses jours à Chalcis : « O Athéniens,
s'écria-t-il en partant, je ne vous laisserai pas commettre un second attentat contre la philosophie. »

1. Aristote, *Politique*, IV, 4.

CHAPITRE XXXI.

Guerre lamiaque. — Antipater détruit la démocratie à Athènes. —
Mort d'Hypéride et de Démosthène.

A peine la mort d'Alexandre était-elle connue à
Athènes, que le peuple s'agitait, croyant que le
moment était venu de reconquérir son indépendance
et son ancienne suprématie sur toute la Grèce. Les
citoyens les plus sages, Phocion à leur tête, et tous
ceux qui possédaient quelque chose, conseillaient la
paix ; mais les démagogues poussaient vivement à la
guerre : ils persuadèrent le plus grand nombre, ces
gens qui ne vivaient que de leur solde, et pour lesquels, comme disait un jour Philippe, la guerre était
une paix et la paix une guerre. Un décret fut rendu,
par lequel le peuple athénien appelait tous les Grecs
à combattre pour la liberté commune. Tous les citoyens étaient forcés de prendre part au service actif
jusqu'à l'âge de quarante ans. Trois tribus étaient
chargées de la garde de l'Attique ; les sept autres devaient se tenir prêtes à marcher hors du
territoire [1]. Tandis que la place publique retentissait
de cris d'enthousiasme, Phocion fronçait le sourcil,
comme à son ordinaire, et prévoyait de sinistres
événements. Un des orateurs populaires, s'étant levé,
lui demanda tout haut : « Quand donc conseillerez-

1. Diodore de Sicile, XVIII, 10

vous aux Athéniens de faire la guerre ? » Ce sera, répondit Phocion, quand je verrai les jeunes gens rester fermes à leur poste, les riches contribuer selon leur fortune, et les orateurs s'abstenir de voler les deniers publics [1].

Des députés furent envoyés à toutes les villes grecques, pour les engager à s'unir aux Athéniens. Démosthène, qui était encore en exil, se joignit à l'ambassade et l'aida de son éloquence. Ce fut alors qu'un de ses parents, Damon le Pæonien, le fit rappeler par le peuple. On lui envoya à Égine une galère à trois rangs de rames, et son retour à Athènes fut un véritable triomphe. On trouva même un moyen d'éluder le jugement qui l'avait condamné à l'amende : on lui donna cinquante talents, sous prétexte d'une fête religieuse qu'il était chargé de célébrer [2].

Tout avait été préparé pour la guerre, même avant la mort d'Alexandre. Léosthène avait réuni dans le Péloponèse une troupe nombreuse de mercenaires. Les Athéniens lui avaient fait passer des armes et une partie de l'argent d'Harpalus. Il était entré dans l'Étolie, qui lui avait fourni sept mille hommes. De là, il avait expédié des émissaires aux peuples voisins, pour les engager à secouer le joug de la Macédoine. Quand la guerre fut déclarée, le peuple athénien envoya à Léosthène un renfort de deux mille mercenaires, et de plus cinq mille fantassins et cinq cents

1. Plutarque, *Phocion*.
2. Plutarque, *Démosthène*.

cavaliers pris parmi les citoyens. Les Béotiens prirent parti pour la Macédoine, parce qu'ils craignaient que la ville de Thèbes, dont ils s'étaient partagé les dépouilles, ne se relevât de ses ruines[1]. Les Corinthiens se tinrent tranquilles; leur citadelle était occupée par une garnison macédonienne; et, quoique la plupart des Péloponésiens eussent pris les armes, Sparte resta neutre, sans doute parce qu'Athènes était à la tête de la ligue.

Léosthène vint occuper les Thermopyles. Un grand nombre de Thessaliens se joignirent à l'armée grecque, et Antipater vaincu alla s'enfermer dans la ville de Lamia, position importante, près du confluent de l'Achéloüs et du Sperchius. Léosthène, ayant vainement tenté d'emporter la place, résolut de la prendre par famine; mais il fut blessé à mort par les assiégés, et remplacé par Antiphile. Léonat, étant venu de l'Asie Mineure au secours d'Antipater, dégagea la ville de Lamia; mais, poussé dans un marais par Antiphile, il fut vaincu et tué. Les Grecs croient alors que tout est fini, que la cause de la liberté est gagnée. La plupart des auxiliaires se dispersent, et presque tout le poids de la guerre retombe sur les Athéniens. Ils sont vaincus dans deux batailles navales, près des îles Échinades, par l'amiral macédonien Clitus. Bientôt Antipater, après avoir fait sa jonction avec Cratère, qui venait venger Léonat, est vainqueur près de Cranon, en Thessalie (322). Les Grecs découragés voulaient négocier;

1. Diodore de Sicile, XVIII, 11.

Antipater déclara qu'il ne traiterait point avec la ligue, et qu'il fallait que chaque ville en particulier lui envoyât des députés. Cette proposition n'ayant point été acceptée, les Macédoniens prirent une à une toutes les villes de Thessalie, et isolèrent ainsi les Athéniens de tous leurs alliés[1]. La bataille de Cranon, selon la remarque de Polybe, avait décidé sans retour du sort de la Grèce.

A Athènes, on avait rendu de grands honneurs aux restes de Léosthène et de ceux qui étaient tombés avec lui. Hypéride avait prononcé leur éloge funèbre. « On conçoit, dit M. Villemain, combien ce dernier effort de la Grèce pour revivre à la liberté, cette dernière libation du sang athénien pour la patrie commune devait inspirer le généreux orateur. Mais que nous reste-t-il de ces sentiments et de cette éloquence? Un fragment recueilli au hasard par un scoliaste du moyen âge[2]. »

Cependant Antipater s'avançait rapidement. Déjà, il était dans la Cadmée, et il se préparait à entrer dans l'Attique. A son approche, Démosthène et Hypéride abandonnèrent la ville. Tous les regards étaient tournés vers Démade, et l'on disait qu'il fallait l'envoyer auprès d'Antipater pour négocier la paix. Mais Démade gardait le silence : condamné trois fois pour avoir enfreint les lois, il avait été déclaré infâme (ἄτιμος), et ne pouvait haranguer le peuple dans aucune assemblée. On se hâta de le

1. Diodore de Sicile, XVIII, 12 et suiv.
2. M. Villemain, *Essai sur l'oraison funèbre.*

réhabiliter par un décret, et on l'envoya en ambassade avec Phocion et quelques autres. Antipater
donna audience à ces députés, et accueillit Phocion
avec une bienveillance particulière; mais il répondit
qu'il ne traiterait avec les Athéniens que lorsqu'ils se
seraient rendus à discrétion. C'était la réponse qu'Antipater lui-même avait reçue, lorsque, assiégé dans
Lamia, il avait demandé à traiter avec les Grecs.
Athènes, ne pouvant résister, fut forcée de se soumettre, sans réserve, à la volonté d'Antipater. Le
vainqueur déclara qu'il était prêt à traiter avec les
Athéniens, à condition qu'ils lui livreraient Démosthène et Hypéride; qu'ils rétabliraient l'ancien gouvernement, où le pouvoir appartenait aux riches;
qu'ils payeraient les frais de la guerre, et qu'ils rece-
vraient garnison dans le port de Munychie[1].

Les députés se résignaient à ces conditions, et les
regardaient comme assez favorables dans l'état où
Athènes était tombée; un seul d'entre eux, Xénocrate, les trouvait insupportables : «Antipater, dit-il,
nous traite fort doucement pour des esclaves, mais
très-durement pour des hommes libres.» Phocion
suppliait le Macédonien d'abandonner l'article sur
la garnison de Munychie : « O Phocion, lui répondit Antipater, nous voulons te faire plaisir en toutes
choses, excepté en celles qui causeraient ta ruine et
la nôtre[2]. »

Le traité fut conclu : Athènes conserva son terri-

---

1. Diodore, XVIII, 18. — Plutarque, *Phocion*.
2. Plutarque, *Phocion*.

toire; les citoyens gardèrent leurs propriétés; mais
le gouvernement fut changé : la démocratie fut abolie, et, comme l'avait dit Antipater, le pouvoir fut
mis entre les mains des riches. Les charges publiques
et même le droit de suffrage furent exclusivement
réservés à ceux qui possédaient plus de deux mille
drachmes (1920 francs). Les citoyens dont la fortune
atteignait le cens fixé étaient au nombre d'environ
neuf mille : eux seuls furent déclarés dépositaires de
la souveraineté, et la république dut se gouverner
désormais d'après les lois de Solon. C'était une restauration conforme aux idées d'Aristote. Pour débarrasser la ville de cette multitude qui se trouvait
exclue de l'*Agora*, le gouvernement macédonien
donna des terres à ceux qui voulurent bien s'établir
en Thrace; il y en eut plus de vingt-deux mille
qui quittèrent ainsi leur patrie. Les Samiens furent
rétablis dans la possession de leur ville et de leur
territoire[1].

Ce qui blessa le plus les Athéniens, ce fut de voir
une garnison macédonienne s'établir dans le port de
Munychie. Cette garnison était commandée par Ményllus, très-honnête homme, dit Plutarque, et ami
particulier de Phocion[2]; elle se conduisit avec beaucoup de modération. Mais, pour un peuple aussi
amoureux de sa liberté, la seule présence de ces soldats étrangers était une cruelle blessure. Combien les
Athéniens durent regretter Philippe et Alexandre;

1. Diodore de Sicile, XVIII, 18.
2. Plutarque, *Phocion*.

qui leur avaient épargné une telle humiliation ! Antipater disposait de tout dans la ville en maître absolu. Il faisait nommer aux principaux emplois les citoyens les plus riches et les plus considérés. Mais ceux qui paraissaient mécontents, séditieux et amis des nouveautés, il les tenait éloignés de toute magistrature ; il les laissait ainsi se dessécher et se flétrir par cette oisiveté qui les condamnait à l'impuissance ; ou bien, les reléguant dans leurs domaines, il leur enseignait, dit Plutarque, à aimer la campagne et à bien cultiver leurs terres. Xénocrate de Chalcédoine, qui avait été adjoint à l'ambassade de Phocion, payait tribut comme étranger domicilié ; Antipater voulut lui donner le droit de cité ; mais Xénocrate refusa cet honneur, en disant qu'il ne prendrait jamais aucune part à un gouvernement qu'il avait vu s'établir avec douleur, et qu'il avait combattu de toutes ses forces [1].

Ce n'était point assez pour Antipater d'avoir écrasé la démocratie athénienne ; il voulait se venger des orateurs qui l'avaient armée naguère, et qui pouvaient la ranimer. Plutarque dit, qu'après la fuite d'Hypéride et de Démosthène, Démade les avait fait condamner à mort par un décret du peuple. Les deux orateurs, qui étaient frappés du même coup, n'avaient pas toujours vécu en bonne intelligence. On raconte qu'Hypéride avait autrefois composé des mémoires pour accuser Démosthène ; celui-ci en fut informé ; dans une visite qu'il fit à Hypéride malade,

---

1. Plutarque, *Phocion*.

il surprit ce libelle entre ses mains, et laissa éclater son indignation. « Tant que tu seras mon ami, lui répondit Hypéride, je ne me servirai point de ces mémoires ; mais si nous nous brouillons jamais, voilà ce qui me préservera de tes attaques [1]. » Quand Démosthène fut accusé de s'être laissé corrompre par Harpalus, Hypéride se joignit aux accusateurs ; mais, après la guerre lamiaque, le malheur les réconcilia, et tous deux s'efforçaient d'échapper aux satellites d'Antipater.

Pour retrouver la trace de ses victimes, le Macédonien avait envoyé ses plus fidèles agents sous la conduite d'un certain Archias, surnommé *Phygadotheras*, c'est-à-dire limier des fugitifs. Cet homme découvrit à Égine Hypéride, Aristonique de Marathon, et Himérée, frère de Démétrius de Phalère, qui tous trois s'étaient réfugiés dans le temple d'Ajax ; il les arracha de leur asile, et les envoya à Antipater ; celui-ci était alors à Cléone, où il les fit mourir ; on dit même qu'il fit couper la langue à Hypéride [2]. D'autres ont raconté que c'était l'orateur lui-même qui s'était déchiré la langue avec ses dents, afin qu'il ne pût rien découvrir des secrets de son parti. Ses restes, laissés sans sépulture, furent enlevés par ses parents, qui les enterrèrent secrètement dans l'Attique.

Démosthène s'était retiré dans l'île de Calaurie, et ayait cherché un asile dans le temple de Neptune.

1. *Biographie des dix Orateurs.*
2. Plutarque, *Démosthène.*

Archias passa aussitôt dans cette île, et, étant descendu à terre avec quelques soldats de Thrace, il
alla droit au temple. Là il conseilla à Démosthène de
se lever et de se laisser conduire vers Antipater, as-
surant qu'il ne lui serait fait aucun mal. L'orateur
restait immobile à la place où il était assis ; il déclara
qu'il ne céderait point à ces promesses. Alors Archias,
qui jusque-là avait parlé avec une extrême douceur,
se laisse emporter à la colère et à la menace. « Bien,
dit Démosthène, tu parles comme véritablement inspiré par le trépied de Macédoine ; tout à l'heure tu
parlais comme un comédien. » C'était une allusion
à la profession qu'Archias avait autrefois exercée.
« Mais, continua Démosthène, attends un peu que
j'aie écrit à ceux de ma maison pour leur donner mes
derniers ordres. »

En prononçant ces paroles, il entra dans l'intérieur du temple, et, prenant ses tablettes comme pour
écrire, il porta le poinçon à sa bouche, et l'y tint assez longtemps, ainsi qu'il avait coutume de faire
lorsqu'il composait ; puis, se couvrant de son manteau, il pencha la tête. Les soldats qui étaient à la
porte s'imaginaient qu'il tremblait devant la mort,
et l'accusaient de lâcheté. Archias s'approche, le
presse de se lever, et, lui répétant ses premiers discours, lui promet de le réconcilier avec Antipater.
Démosthène, sentant que le poison qu'il a pris
commence à agir, se découvre, se lève, et fixant ses
regards sur Archias : « Maintenant, lui dit-il, tu
peux, quand tu voudras, jouer le rôle de Créon dans
la tragédie, et jeter ce cadavre au dehors sans lui

rendre les honneurs de la sépulture. Pour moi, con-
tinua-t-il en se tournant vers l'autel, ô Neptune, ô
mon unique protecteur, je sors encore vivant de
votre saint temple sans l'avoir profané; mais Antipater et les Macédoniens n'ont pas eu ce respect pour
votre sanctuaire; autant qu'il était en eux, ils l'ont
souillé par ma mort[1]. » En achevant ces mots, il
demanda qu'on le soutînt, parce qu'il tremblait et
chancelait. Il essaya de marcher, et, comme il passait
devant l'autel, il tomba en poussant un profond
soupir : l'orateur avait trouvé un asile inviolable.

Tel est le récit de Plutarque. Lucien, qui a traité
le même sujet plutôt en rhéteur qu'en historien, a
mêlé à ces faits quelques circonstances de son invention. Il a supposé entre Archias et Démosthène un
dialogue qui tombe quelquefois dans la déclamation,
mais qui finit par un trait plein d'énergie. L'orateur
mourant dit à Archias : « Traîne maintenant ce cadavre à ton maître; pour Démosthène, jamais tu ne
l'y conduiras. J'en jure.... » Il allait sans doute en
jurer par les mânes des guerriers morts à Marathon;
mais la douleur lui coupe la voix, et il expire[2].

Cette fin tragique purifia la mémoire de Démosthène et désarma ses ennemis. Peu de temps après,
les Athéniens lui élevèrent une statue de bronze, et
ordonnèrent par un décret que l'aîné de sa famille
serait désormais nourri dans le Prytanée aux dépens
du trésor public. De grands honneurs lui furent

1. Plutarque, *Démosthène*.
2. Lucien, *Éloge de Démosthène*.

aussi rendus dans d'autres parties de la Grèce, surtout dans l'île de Calaurie, où il était mort. Son
tombeau avait été placé dans l'enceinte même du
temple de Neptune, où Pausanias le visita au second
siècle de l'ère chrétienne[1].

1. Pausanias, *Corinthie*, 33.

Il y avait trois ans qu'Athènes subissait le joug
d'Antipater ; elle s'ennuyait de voir toujours une garnison étrangère dans le port de Munychie. Comme
Phocion était en grand crédit auprès de la cour de
Macédoine, on le priait souvent de solliciter d'Antipater le rappel de ses soldats ; mais Phocion éludait
toujours cette demande, soit qu'il désespérât de réussir, soit plutôt, comme dit Plutarque, qu'il vît que
le peuple était devenu plus sage et plus facile à conduire, depuis qu'il était tenu en bride par la crainte
que cette garnison lui inspirait. La seule chose qu'il
demanda à Antipater et qu'il obtint, ce fut qu'un
plus long délai fût accordé à la république pour le
payement des sommes qu'elle devait à la Macédoine.
On s'adressa alors à Démade, qui était du parti macédonien, non par conviction, mais par intérêt.
Antipater disait souvent « que de deux amis qu'il
avait à Athènes, Phocion et Démade, il n'avait jamais pu ni obliger l'un à rien recevoir, ni assouvir
l'avidité de l'autre[1]. » Démade, qui ne doutait de
rien, partit avec son fils pour la Macédoine ; il fut
d'abord bien accueilli ; mais bientôt il se trouva gra-

1. Plutarque, *Phocion.*

vement compromis par la découverte de certaines
lettres. Il avait écrit à Perdiccas, qui présidait la régence en Asie, pour l'engager à retourner en Europe,
et à se jeter sur la Macédoine et la Grèce, qui ne tenaient plus, disait-il, qu'à un fil, et encore à un fil
vieux et pourri : c'était ainsi qu'il désignait Antipater. Plutarque dit que ces lettres furent interceptées
par Cassandre, qui fit arrêter Démade et son fils, et
les poignarda de ses propres mains.[1]. Selon Diodore,
les lettres furent trouvées dans les archives royales,
après la mort de Perdiccas ; Démade et son fils furent livrés à la justice et condamnés à mort[2].

Cependant Antipater avait réuni tous les pouvoirs
depuis la mort de Perdiccas, et c'était lui qui régnait
sous le nom de Philippe Arrhidée et du fils posthume
d'Alexandre. Comme il touchait au terme de sa vie,
il légua la régence et le commandement suprême des
troupes à Polysperchon, l'un des plus anciens capitaines macédoniens. En même temps, il nomma son
fils Cassandre chiliarque. C'était la seconde dignité
de l'empire; Cassandre voulait avoir la première.
A peine son père eut-il expiré (319), qu'il in-
trigua avec les principaux gouverneurs de provinces, pour renverser Polysperchon. Celui-ci, afin
de se défendre contre ses ennemis, résolut de se concilier les Grecs en les affranchissant. Il publia, au
nom des deux jeunes rois, un édit qui abolissait les
gouvernements oligarchiques établis par Antipater, et

1. Plutarque, *Démosthène* et *Phocion.*
2. Diodore de Sicile, XVIII, 48.

rendait aux villes grecques leur ancienne liberté. Tous les bannis étaient rappelés, à l'exception des assassins et des sacriléges. La ville d'Orope redevenait indépendante ; mais l'île de Samos était rendue aux Athéniens[1].

Nicanor, créature de Cassandre, avait succédé à Ményllus comme chef de la garnison qui occupait toujours Munychie.. Les Athéniens, à la nouvelle du décret qui avait remis la Grèce en liberté, croyaient qu'ils allaient enfin voir partir les Macédoniens ; mais Nicanor les trompa par de perfides négociations ; il obtint quelques jours de délai ; et, au lieu de se préparer à partir, il fit entrer la nuit de nouveaux soldats dans le port de Munychie ; il parvint ainsi à augmenter sa garnison, au point d'être en état de soutenir un siége contre ceux qui viendraient l'attaquer.. Il fut même bientôt assez fort pour prendre l'offensive : il fit une sortie nocturne et s'empara du Pirée. On se figure quelle fut l'irritation des Athéniens, quand le lendemain matin ils s'aperçurent qu'au lieu d'avoir recouvré le port de Munychie, ils avaient perdu celui du Pirée.

Le peuple envoya des députés à Nicanor pour se plaindre de ce qui venait de se passer, et pour réclamer l'indépendance de la ville aux termes de l'édit. Le commandant répondit que c'était avec Cassandre qu'il fallait négocier ; quant à lui, il ne pouvait qu'exécuter les ordres qui lui avaient été donnés. Sur ces entrefaites, une lettre d'Olympias prescrivit à Nica-

---

1. Diodore de Sicile, XVIII, 56.

nor de rendre aux Athéniens Munychie et le Pirée.
Le rusé Macédonien promit d'évacuer ces deux places; mais, sous divers prétextes, il ajourna l'exécution de sa promesse. On apprit bientôt qu'Alexandre,
fils de Polysperchon, était entré en Attique avec une
armée; les Athéniens s'imaginaient avoir enfin gagné
leur cause. Ils croyaient qu'Alexandre venait leur
restituer le Pirée et Munychie; mais le fils de Polysperchon les occupa pour son propre compte, comme
deux postes utiles en temps de guerre[1]. Le peuple
fut un peu déconcerté, mais il n'en fit pas moins sa
révolution démocratique. Il se réunit en assemblée
générale, destitua les magistrats en charge, et les remplaça par les hommes les plus ardents du parti populaire.

Ce fut alors que Phocion perdit le commandement,
qu'il avait exercé depuis la fin de la guerre lamiaque.
Jamais l'assemblée n'avait été composée avec plus
d'irrégularité. Tous ceux qui avaient été exclus du
gouvernement par Antipater, étaient rentrés derrière
Alexandre; les étrangers s'étaient mêlés aux citoyens,
ainsi qu'un grand nombre d'hommes notés d'infamie[2]. Par la composition de l'assemblée, on peut juger de la bonté des choix qu'elle a faits. C'était bien
la dernière de ces démocraties qu'Aristote a définies
dans sa *Politique*.

En temps de révolution, un général ou un magistrat destitué est toujours suspect, et, après lui avoir

1. Diodore de Sicile, XVIII, 64 et 65.
2. Plutarque, *Phocion*.

ôté sa place, on en veut à sa vie. Phocion fut accusé de trahison par l'orateur Agnonidès; mais il parvint à échapper, et, avec la plupart de ses amis, il se ré-fugia dans le camp qu'Alexandre avait établi près du Pirée. Le fils de Polysperchon reçut ces suppliants avec bienveillance et les recommanda à son père, à qui ils allèrent demander un asile. Mais le peuple s'adressa de son côté à Polysperchon, pour récla-mer l'extradition de Phocion et la restitution de Mu-nychie et du Pirée. Le régent, qui était alors en Phocide, écouta favorablement les demandes des Athéniens. Il répondit d'une manière évasive sur la question des ports; quant à Phocion et à ses amis, il les fit arrêter, les envoya enchaînés à Athènes, et laissa le peuple maître de les condamner ou de les absoudre [1].

Les victimes, dit Plutarque, furent conduites par Clitus à Athènes, en apparence pour y être jugées, mais en effet pour y être mises à mort; car elles étaient condamnées d'avance. Leur entrée dans la ville était déjà un commencement d'exécution : on les conduisit dans des charrettes le long du Céramique jusqu'au théâtre, où Clitus les retint jusqu'à ce que les archontes eussent convoqué le peuple.

Cette assemblée, qui allait décider de la vie du plus vertueux des Athéniens, n'était pas plus régu-lièrement constituée que celle qui l'avait dépouillé de ses honneurs. On n'en avait exclu ni les étrangers, ni les esclaves, ni les hommes notés d'infamie. On

1. Diodore de Sicile, XVIII, 66.

commença par lire publiquement les lettres royales
qui déclaraient que Phocion et ses amis étaient coupables de trahison, mais que le jugement était renvoyé au peuple; qui pouvait seul disposer de la vie
des citoyens. Cette lecture faite, Clitus présenta les
prisonniers à l'assemblée. En reconnaissant Phocion,
les meilleurs citoyens baissèrent les yeux, et, se
couvrant la tête, laissèrent échapper quelques larmes. Il y en eut même un qui osa dire tout haut que
puisque le peuple était juge d'une affaire aussi importante, il fallait commencer par faire sortir de
l'assemblée les esclaves et les étrangers. Mais la multitude se mit à crier à l'oligarchie, et ne souffrit pas
que le tribunal fût épuré[1].

Le principal chef d'accusation contre Phocion et
son parti, c'était d'avoir, après la guerre lamiaque,
travaillé à asservir la patrie et à détruire la démocratie et les lois. L'accusateur parla tant qu'il voulut,
parce qu'il flattait les passions du plus grand nombre; mais quand Phocion se leva pour se défendre,
il éclata un tel tumulte dans l'assemblée qu'il fut
impossible à l'accusé de se faire entendre[2]. Cependant
Phocion parvint un moment à dominer le désordre :
« O Athéniens ! s'écria-t-il, comment voulez-vous
nous faire mourir ? Est-ce justement ou injustement ? » Quelques-uns ayant répondu : Justement,
« eh bien, repartit Phocion, comment pouvez-vous
vous assurer que c'est justement, si vous ne daignez

1. Plutarque, *Phocion.*
2. Diodore de Sicile, XVIII, 66.

pas nous entendre? » A ces paroles, le silence se
rétablit un instant : Phocion essaya de disputer sa vie
à ses accusateurs ; mais bientôt, voyant que le tumulte recommençait, il renonça à se défendre, et
dit : « O Athéniens ! je confesse que je vous ai fait
de grandes injustices, et je me condamne moi-même
à la mort pour toutes les fautes que j'ai commises
dans le gouvernement ; mais pour ceux-ci, ajouta-
t-il en montrant ses coaccusés, pourquoi les ferez-
vous mourir, puisqu'ils ne vous ont fait aucun tort
et qu'ils ne sont point coupables? » Le peuple répondit en criant : « C'est parce qu'ils sont tes amis[1]. »

Depuis ce moment, Phocion ne prononça plus
une seule parole, et il attendit tranquillement ce qui
allait être décidé. Agnonidès lut le décret qu'il avait
préparé : le peuple devait juger, à la pluralité des
suffrages, si les accusés étaient coupables ; et, s'ils
étaient déclarés tels, ils devaient être exécutés
sans délai. Quelques-uns des plus furieux voulaient
qu'on ajoutât au décret que Phocion serait appliqué
à la torture avant d'être exécuté. Mais Agnonidès,
voyant que Clitus n'approuvait pas cette rigueur, et
jugeant lui-même que c'était une cruauté inutile :
« Athéniens ! dit-il, quand nous aurons entre les
mains un scélérat comme Callimédon, nous l'appli-
querons à la torture ; mais je n'ai garde de proposer
une telle chose contre Phocion. » Une voix osa répondre : « Tu as bien raison, Agnonidès ; car si nous
donnons la torture à Phocion, qu'est-ce que nous te

1. Plutarque, *Phocion*.

ferons donc à toi ? » Le décret fut adopté à une immense majorité. On alla ensuite aux voix sur la culpabilité des accusés. Phocion fut déclaré coupable,
ainsi que quatre autres citoyens dont Plutarque nous
a conservé les noms, Nicoclès, Thudippos, Hégé-
mon et Pythoclès. Démétrius de Phalère, Callimédon, Chariclès et quelques autres furent condamnés
par contumace.

Quand l'arrêt eut été prononcé, les condamnés
furent conduits dans la prison, où ils devaient subir
leur supplice. Les compagnons de Phocion, émus
par la douleur de leurs parents et de leurs amis, qui
venaient sur leur passage leur adresser un dernier
adieu, s'abandonnaient aux larmes et aux gémisse-
ments. Phocion seul était aussi ferme de cœur et de
visage que lorsqu'il sortait de l'assemblée pour aller
commander l'armée, et que les Athéniens l'accompagnaient jusqu'à sa maison pour lui faire honneur.
Un de ses amis lui ayant demandé s'il avait quelque
chose à faire dire à son fils : « Oui sans doute, répondit-il, j'ai quelque chose d'important à lui mander,
c'est qu'il ne cherche jamais à se venger des Athéniens, et qu'il perde le souvenir de leur injustice[1]. »
Il permit à ses compagnons de boire le poison avant
lui. Quand tous les autres eurent vidé la coupe
fatale, la ciguë étant venue à manquer, l'exécuteur
dit qu'il n'en broierait pas davantage, si on ne lui
donnait douze drachmes : c'était le prix de chaque
dose. Pour éviter tout retard, Phocion appela un

---

1. **Plutarque**, *Phocion.*

de ses amis, et le pria de donner cette somme à l'exécuteur, « puisqu'on ne pouvait pas mourir à Athènes sans qu'il en coûtât rien. »

Mais la mort de Phocion ne suffisait point à ses ennemis : ses restes mêmes furent condamnés à l'exil. Aussi aucun des amis qui lui survivaient n'osa-t-il seulement toucher à son corps : il fut porté par des mains mercenaires au delà du territoire d'Éleusis. Là on lui dressa un bûcher, qu'on alluma avec du feu pris sur la terre de Mégare. Une femme de cette ville, qui assistait par hasard à ces funérailles, éleva, à l'endroit même où le corps avait été brûlé, un cénotaphe, sur lequel elle fit les libations accoutumées. Puis, cachant dans sa robe les ossements qu'elle avait pieusement recueillis, elle les porta la nuit dans sa maison, et les enterra sous son foyer en prononçant ces paroles : « O mon cher foyer, je dépose dans ton sein ces restes précieux d'un homme de bien. Conserve-les fidèlement, pour les rendre un jour au tombeau de ses ancêtres, quand les Athéniens seront devenus plus sages. »

Ce fut ainsi que Phocion alla rejoindre Démosthène dans la tombe. Tristes vicissitudes des discordes civiles, où tous les partis sont frappés tour à tour, et qui rappellent cette parole de Socrate, que lorsqu'on veut se mêler des affaires publiques, la première précaution à prendre, c'est de se préparer à la mort !

CHAPITRE XXXIII.

Cassandre établit à Athènes une timocratie modérée.— Administration de Démétrius de Phalère. — Athènes sous Démétrius Poliorcète.— Rétablissement de la démocratie.

La fièvre démagogique, qui avait ressaisi les Athéniens, ne tarda pas à tomber. Cassandre entra dans le Pirée, avec trente-cinq vaisseaux et trente mille soldats que lui avait fournis Antigone. Il fut reçu par Nicanor, qui lui livra le Pirée, et resta lui-même chargé de la garde de Munychie. Polysperchon n'eut pas plutôt appris cet événement, qu'il envahit l'Attique avec une armée nombreuse. Il entreprit de bloquer Cassandre; mais, manquant de vivres et prévoyant que le siége serait long, il laissa dans l'Attique une partie de ses troupes, sous le commandement de son fils Alexandre, et, avec le reste de l'armée, il se dirigea vers le Péloponèse, où plusieurs peuples s'étaient déclarés contre lui[1]. Resserrés entre deux ennemis qui vivaient à leurs dépens, les Athéniens n'avaient d'autre consolation que cette démocratie effrénée qui avait immolé les meilleurs citoyens, et qui sentait elle-même son impuissance à sauver la république.

Quand Polysperchon eut échoué au siége de Mégalopolis, et que sa flotte eut été battue dans l'Hel-

1. Diodore de Sicile, XVIII, 68.

lespont par celle d'Antigone, un des principaux
Athéniens osa dire, dans l'assemblée, que l'intérêt
public était de traiter avec Cassandre. Là-dessus il
s'éleva un débat des plus orageux, entre ceux qui
soutenaient cette proposition et ceux qui la repous-
saient. Mais il fallut céder à la nécessité : on décréta
que des négociations seraient ouvertes. Des députés
furent envoyés à Cassandre, et bientôt la paix fut
conclue aux conditions suivantes : les Athéniens faisaient alliance avec le fils d'Antipater ; la ville conservait son indépendance, son territoire et ses vaisseaux ; les citoyens gardaient leurs propriétés. La
démocratie, que Polysperchon avait rétablie, était
supprimée ; et l'on revenait au principe qui avait
prévalu après la guerre lamiaque : il fallait avoir
une certaine fortune pour participer au gouvernement. Mais le cens, qu'Antipater avait fixé à vingt
mines ou deux mille drachmes, était abaissé à dix
mines (environ neuf cent soixante francs). Le Pirée
était libre ; mais Munychie devait être occupée par
Cassandre jusqu'à la fin de la guerre contre les rois.
Enfin un citoyen d'Athènes, désigné par Cassandre,
devait être investi de l'administration de la ville[1]. Ce
fut Démétrius de Phalère qui fut choisi ; il entra immédiatement en fonction (318).

Démétrius de Phalère était un orateur et un philosophe distingué. Il appartenait à l'école péripatéticienne ; car il avait été disciple de Théophraste, qui
avait succédé à Aristote, quand ce philosophe s'était

---

1. Diodore de Sicile, XVIII, 74.

retiré à Chalcis. Il a composé un grand nombre d'ouvrages dont Diogène de Laërte nous a conservé les
titres, entre autres cinq livres sur les lois athéniennes,
deux sur les citoyens d'Athènes, deux sur la manière
de conduire le peuple, deux sur la politique, un sur
les lois, deux sur la rhétorique, deux sur l'art militaire, et plusieurs livres séparés sur des personnages
célèbres, tels que Socrate, Artaxerce, Homère et
Aristide[1]. Ces ouvrages portaient sans doute l'em-
preinte des traditions péripatéticiennes. On reconnaît
d'ailleurs l'influence du Stagirite dans le gouvernement de Démétrius, dans son administration pacifi-
que et bienveillante, dans ses efforts pour réconcilier les différentes classes de citoyens. Les conditions
mêmes que Cassandre avait faites aux Athéniens,
n'auraient pas été désavouées par Aristote; car elles
constituaient un de ces gouvernement mixtes qu'il
avait tant recommandés : c'était une transaction
entre l'oligarchie et la démocratie modérée.

L'abaissement du cens augmenta beaucoup le
nombre des citoyens. Athénée nous a transmis un
fragment d'un auteur nommé Ctésiclès, dans lequel
il est question d'un dénombrement ordonné par Démétrius de Phalère : la population athénienne comprenait alors vingt et un mille citoyens, douze mille
de plus que sous Antipater, dix mille métèques et
quatre cent mille esclaves[2]. La richesse publique avait
suivi la même progression; car, si l'on en croit

1. Diogène de Laërte, *Démétrius de Phalère.*
2. Athénée, *Banquet*, VI, 103.

Duris de Samos, les revenus de l'État s'élevaient à douze cents talents[1].

C'est sans doute à cette époque qu'il faut rapporter les honneurs rendus à la mémoire de Phocion. Plutarque dit que les Athéniens lui élevèrent une statue de bronze, et qu'après avoir rouvert la patrie à ses ossements, ils lui donnèrent la sépulture aux dépens du trésor public. Ses accusateurs furent accusés à leur tour; Agnonidès fut condamné à mort. Les deux autres, Épicure et Démophile étaient parvenus à s'échapper; le fils de Phocion les rencontra plus tard, et les immola aux mânes paternels[2]. Il n'en est pas de cette expiation du meurtre de Phocion comme des regrets attribués aux Athéniens après la mort de Socrate. Ici tout s'explique par la révolution qui vient de s'accomplir. C'était la démagogie qui avait immolé Phocion; ce fut la l'aristocratie modérée qui réhabilita sa mémoire; et c'était à Démétrius de Phalère qu'il appartenait de le venger, puisqu'il avait été lui-même condamné par contumace en même temps que ce grand citoyen.

Il serait injuste de juger Démétrius de Phalère d'après quelques épigrammes recueillies par Athénée. On l'a accusé d'aimer le luxe et les plaisirs, de se teindre les cheveux, de se farder le visage, d'inventer des modes, de donner des repas somptueux et de visiter les courtisanes célèbres. Nous ne savons jusqu'à quel point ces reproches étaient fondés.

1. Athénée, *Banquet*, XII, 60.
2. Plutarque, *Phocion*.

Les mœurs, qui n'avaient jamais été très-pures à Athènes, même aux plus beaux temps de la république, étaient alors tombées dans une corruption profonde, et Démétrius n'était sans doute pas homme à les régénérer. Ce qui est certain, c'est que les dix années qu'a duré son gouvernement ont été, pour sa patrie, une période de repos et de prospérité, dont elle avait grand besoin après tant de misère et d'agitation.

Cette époque n'est pas sans gloire littéraire : ce n'est plus le temps des grandes créations, de la poésie originale, de la philosophie spiritualiste, de l'éloquence passionnée. C'est alors que fleurit la *Comédie nouvelle*, sous Diphile, Ménandre et Philémon. La doctrine d'Épicure, qui réduisait tout à la matière, envahissait la plupart des âmes, tandis que le stoïcisme, inauguré par Zénon, n'avait de prise que sur un petit nombre d'esprits fortement trempés. Démétrius lui-même, comme orateur, n'était pas de la famille d'Hypéride et de Démosthène. « Le premier, dit Cicéron, il altéra le véritable caractère de l'éloquence ; sa diction manquait de nerf et de vigueur, mais elle était pleine de grâce et d'élégance. Il n'enfonçait pas l'aiguillon dans l'âme de ses auditeurs, comme Eupolis l'a dit de Périclès ; mais il les laissait éblouis et charmés de son esprit[1]. »

L'enthousiasme populaire fut tel pour Démétrius, qu'on érigea en son honneur jusqu'à trois cent soixante statues d'airain. Diogène de Laërte dit que

1. Cicéron, *Brutus*, IX.

ces monuments furent terminés en moins de trois cents jours. Quelques-unes de ces statues étaient équestres ; d'autres étaient élevées sur des chars attelés de deux chevaux [1]. Démétrius remplissait ainsi toutes les places, toutes les promenades, si bien que, selon la remarque de Fontenelle, il avait le plaisir de ne rencontrer que lui-même quand il se promenait dans la ville [2].

Mais tant de popularité ne peut durer toujours. Au bout de dix ans, la prospérité publique commençait à paraître monotone, et Athènes éprouvait le besoin de tenter de nouvelles aventures. Antigone et son fils, un autre Démétrius, que ses inventions dans l'art des siéges ont fait surnommer *Poliorcète*, s'efforçaient d'enlever la Grèce à l'influence de Cassandre et de Ptolémée ; et, pour se faire des partisans, ils affectaient de rendre aux villes la liberté qu'elles avaient perdue. En 307, le fils d'Antigone partit d'Éphèse, avec cinq mille talents et deux cent cinquante vaisseaux. Il se dirigea vers Athènes, et entra dans le Pirée, sans que personne s'y opposât : on avait pris sa flotte pour celle de Ptolémée. En vain Démétrius de Phalère et Denys, commandant de la garnison de Munychie, mirent sur pied des troupes nombreuses. Quelques soldats eurent bientôt franchi les murailles du côté du rivage ; ils aidèrent plusieurs de leurs camarades à pénétrer dans l'intérieur de la place ; ce fut ainsi que le Pirée fut

1. Diogène de Laërte, *Démétrius de Phalère*.
2. Fontenelle, *Dialogues des morts*.

enlevé. Denys se retira dans Munychie, et Démétrius
de Phalère dans l'intérieur de la ville[1].

Le Poliorcète fit annoncer par un héraut, que son
père Antigone l'avait envoyé pour rendre la liberté
aux Athéniens, pour chasser la garnison qui occupait leur citadelle, et pour rétablir le gouvernement
démocratique. A ces mots qui flattaient leur passion
secrète, les Athéniens jettent leurs boucliers à leurs
pieds, et applaudissent avec transport. Ils saluent le
fils d'Antigone du nom de libérateur, et ils le
pressent de descendre sur le rivage. Les prétendus amis de Démétrius de Phalère montrèrent
peu de constance politique; car ils furent tous d'avis,
dit Plutarque, que puisque l'autre était déjà le maître, il fallait le recevoir, quand même on serait
assuré qu'il ne ferait rien de tout ce qu'il promettait;
et, sans plus attendre, ils lui envoyèrent des députés
pour lui faire leur soumission[2].

Un sauf-conduit fut donné à l'ancien administra-
teur, qui se réfugia à Thèbes, et plus tard en Égypte
auprès de Ptolémée. Les trois cent soixante statues,
qu'il laissait derrière lui dans la ville, ne devaient pas
longtemps rester debout. Ceux qui les avaient élevées
avec tant de zèle, se chargèrent de les détruire plus
vite encore. Quelques-unes furent vendues; d'autres
furent jetées à l'eau; plusieurs furent brisées, et l'on
en fit des meubles destinés aux plus vils usages. Il
n'y en eut qu'une de conservée : ce fut celle qui était

1. Diodore de Sicile, **XX**, 45.
2. Plutarque, *Démétrius*.

dans la citadelle, à l'abri de la fureur populaire[1].
Démétrius de Phalère supporta noblement son malheur. Quand il apprit que les Athéniens avaient
abattu ses statues, il dit qu'il les défiait d'abattre
son courage. Les uns disent qu'après avoir été bien
accueilli en Égypte, il fut exilé dans la Thébaïde, et
qu'il mourut de la morsure d'un aspic. D'autres
prétendent qu'il fut nommé gardien de la bibliothèque d'Alexandrie, et qu'il oublia l'ingratitude de ses
contemporains près des morts illustres dont il étu-
diait les écrits.

Athènes était restée à Démétrius Poliorcète. Celui-ci n'avait voulu entrer dans la ville, qu'après
avoir pris et rasé le fort de Munychie. Il réunit le
peuple en assemblée générale, et déclara que l'ancienne démocratie était rétablie[2], c'est-à-dire que le
cens était aboli, et que tous les Athéniens avaient le
droit de prendre part aux délibérations publiques,
d'exercer les magistratures et de siéger dans les tribunaux. Par suite de cette révolution, le nombre
des citoyens dut s'augmenter encore, et atteindre le
chiffre d'environ trente mille. Deux nouvelles tribus
furent ajoutées aux dix anciennes : on donna à l'une
le nom de Démétrius, et à l'autre celui d'Antigone.
Comme chaque tribu nommait cinquante sénateurs,
le sénat fut désormais composé de six cents membres; ce qui permettait de satisfaire un plus grand
nombre d'ambitions.

1. Diogène de Laërte, *Démétrius de Phalère.*
2. Diodore de Sicile, **XX**, 46.

Il y avait une chose qui ne charmait pas moins les Athéniens que cette restauration de la démocratie ; Démétrius leur avait promis que son père Antigone leur enverrait cent cinquante mille mesures de blé, et le bois nécessaire pour la construction de cent galères à trois rangs de rames. Ce n'était pas la première fois qu'Athènes subsistait des largesses de l'étranger : elle avait reçu de l'argent de Cassandre ; elle en avait reçu de Ptolémée ; elle en a reçu également de Lysimaque, comme l'atteste un décret qui nous est resté [1]. Ainsi ce peuple, qui se croyait libre, acceptait l'aumône des rois.

Pour témoigner leur reconnaissance à Démétrius, les Athéniens descendirent jusqu'au dernier degré de l'adulation. Ils donnèrent les premiers à Antigone et à son fils le nom de rois, qui avait été réservé jusque-là aux seuls descendants de Philippe et d'Alexandre. Et ce ne fut point assez de les appeler rois : ils les honorèrent du titre de *dieux sauveurs*. A la place de l'archonte éponyme, ils créaient tous les ans un prêtre des dieux sauveurs, au nom duquel étaient rendus tous les décrets et tous les actes publics. Ils élevèrent un autel à l'endroit où Démétrius était descendu de son char, et ils ordonnèrent que son portrait, ainsi que celui de son père, serait tracé, à côté de l'image de Minerve et de Jupiter, sur le voile sacré que l'on portait en procession aux grandes Panathénées [2].

---

1. Décret publié à la suite de la *Biographie des dix Orateurs*.
2. Plutarque, *Démétrius*.

La plupart de ces ingénieuses nouveautés étaient l'œuvre d'un ancien démagogue, nommé Stratoclès. Cet homme fit décider, par un décret, que ceux qui seraient envoyés par le peuple vers Antigone et Démétrius, au lieu d'avoir le titre d'ambassadeurs, seraient appelés *théores*, comme ceux qui conduisaient les pompes solennelles au temple d'Apollon et de Jupiter Olympien. Stratoclès voulait apparemment donner raison à Aristote, et montrer combien un démagogue peut aisément se transformer en courtisan.

Un autre Athénien, jaloux de Stratoclès, fit décréter que toutes les fois que Démétrius viendrait dans la ville, on le recevrait avec les honneurs qu'on rendait à Cérès et à Bacchus. Le mois de *Munychion*, qui tombait au commencement du printemps, fut appelé *Démétrion*. Les *Dionysiaques* ou fêtes de Bacchus furent changées en *Démétriades*. Quand les orateurs publics oubliaient ainsi leur devoir et la dignité de leur pays, c'était la comédie qui les rappelait à la modération et au bon sens. Le poëte Philippide disait, en parlant de Stratoclès : « Celui qui a transféré aux hommes les honneurs qui ne sont dus qu'aux dieux, celui-là ruine l'autorité du peuple[1]. » Le poëte avait raison ; car ces honteuses flatteries étaient mortelles à la liberté, plus encore que l'oligarchie d'Antipater ou le despotisme des trente tyrans.

Pendant que Démétrius était à Athènes, il épousa

---

1. Philippide, cité par Plutarque, *Démétrius*.

Eurydice, qui descendait, dit-on, de Miltiade. Les Athéniens regardèrent ce mariage comme un très-grand honneur que le fils d'Antigone faisait à leur ville, quoiqu'il eût déjà plusieurs femmes, entre autres Phila, fille d'Antipater. C'était celle qu'il honorait le plus, sans lui être plus fidèle; car ces différents mariages ne l'empêchaient pas d'avoir un commerce criminel avec plusieurs femmes libres, et d'entretenir un grand nombre de courtisanes [1].

Antigone voulut arracher son fils à ces désordres, en l'envoyant contre Ptolémée à la conquête de l'île de Cypre. Démétrius quitta la Grèce à regret, et remporta sur la flotte égyptienne une victoire qui assurait à son père, avec la possession de Cypre et de la Syrie, la prépondérance maritime. Ce fut alors qu'Antigone ceignit le diadème, et donna lui-même à son fils le titre de roi, titre que Ptolémée prit de son côté, pour se consoler de sa défaite. Démétrius, voulant associer les Athéniens à sa gloire, leur envoya douze cents armures complètes, qu'il avait choisies parmi les dépouilles des vaincus. Il alla ensuite faire le siége de Rhodes, où il se signala par l'invention de nouvelles machines (304).

Mais tandis que le Poliorcète réduisait les Rhodiens aux dernières extrémités, Cassandre faisait des incursions dans l'Attique. Les Athéniens étaient, comme dans tous les temps, divisés en deux partis. La faction démocratique, opposée à Cassandre, appela Démétrius à son secours. Celui-ci, après avoir forcé

1. Plutarque, *Démétrius*.

les Rhodiens d'accepter son alliance, vint, avec une
flotte nombreuse, au secours de l'Attique. Non-seulement il chassa Cassandre de ce pays; mais il le
poursuivit jusqu'aux Thermopyles, où il le vainquit;
puis il s'empara d'Héraclée. En revenant sur ses pas,
il donna la liberté à tous les Grecs en deçà des Thermopyles; il conclut une alliance avec les villes béotiennes, et rendit aux Athéniens les forteresses de
Phylé et de Panacte, qui étaient les boulevards de
l'Attique[1].

Le peuple d'Athènes avait déjà prodigué tant
d'honneurs au fils d'Antigone, qu'il ne savait plus
qu'inventer pour le remercier de ses bienfaits; mais
l'imagination des démagogues était inépuisable. On
lui assigna pour demeure les dépendances du Parthénon. Plutarque et Athénée ont raconté comment
il a souillé, par ses débauches, l'asile de la chaste
déesse, qu'il appelait sans façon sa sœur aînée :
« C'est lui, dit Philippide, qui a pris l'Acropole
pour une hôtellerie, et qui a introduit des courtisanes dans le temple d'une vierge[2]. »

Un décret du peuple ayant déplu à Démétrius, les
Athéniens ne se contentèrent point d'annuler ce décret; ils citèrent en justice ceux qui l'avaient proposé ou appuyé; ils condamnèrent les uns à l'exil,
les autres à la mort; et ils déclarèrent, par un nouveau décret, que ce qu'ordonnerait désormais le roi
Démétrius serait réputé juste et saint. Était-ce donc

1. Plutarque, *Démétrius*.
2. Philippide, cité par Plutarque, *Démétrius*.

là ce peuple qui jadis avait fait mettre à mort son
ambassadeur, pour avoir salué le roi des Perses en
se prosternant à la manière orientale[1] ?

L'exemple d'Athènes entraîna le reste de la Grèce.
Les Argiens chargèrent Démétrius de présider aux
grandes fêtes de Junon. La ville antique de Sicyone
fut rebâtie sous le nom de Démétriade. Les Thébains, comme les Athéniens, élevèrent un temple à
Vénus-Lamia : c'était la courtisane qui avait le plus
d'empire sur Démétrius. L'assemblée générale des
Grecs se réunit dans l'isthme de Corinthe, et le fils
d'Antigone fut proclamé chef suprême du corps hellénique, comme l'avaient été Philippe et Alexandre,
auxquels il se croyait fort supérieur, enivré qu'il
était par sa fortune et par les adulations dont il était
entouré.

Un auteur cité par Athénée, Démocharès, qui,
par sa mère, était neveu de Démosthène, dit que
les Athéniens poussèrent la flatterie à l'égard de
Démétrius plus loin qu'il ne l'aurait lui-même voulu.
Un jour, fatigué de tant de bassesse, il s'écria qu'on
ne trouvait plus à Athènes ni énergie, ni grandeur
d'âme. En effet, que pouvait-il penser, quand on
venait à sa rencontre en chantant des chœurs
ainsi conçus : « Toi seul tu es le véritable dieu; les
autres dorment ou voyagent, ou même n'existent
pas. Tu es le fils que Neptune a eu de Vénus.
Tu surpasses tous les hommes par ta beauté; tu
es, par ta bonté envers tous, l'ami sincère du

---

1. Plutarque, *Démétrius.* — *Athénée*, *Banquet*, VI, 64.

peuple ; c'est à toi seul enfin que s'adressent nos prières[1]. »

Quand l'air retentissait de ces paroles, les Athéniens, au fond de l'âme, commençaient à se lasser du dieu sauveur, et ils n'attendaient que l'occasion de s'en débarrasser : elle ne se fit pas attendre longtemps. Antigone et Démétrius furent vaincus à Ipsus par les autres chefs qui s'étaient partagé l'empire d'Alexandre (301). Le père fut tué dans l'action ; le fils, qui avait rallié dix-neuf mille hommes, se réfugia à Éphèse, d'où il partit bientôt pour la Grèce. Il avait laissé à Athènes la plus grande partie de ses vaisseaux, son argent, et l'une de ses femmes, Deidamie, fille du roi des Molosses, qu'il avait épousée à Argos. Il comptait, pour réparer ses affaires, sur l'amitié des Grecs et surtout sur la fidélité des Athéniens. Déjà il était parvenu à la hauteur des Cyclades, lorsqu'une galère athénienne se présenta, portant les ambassadeurs de la république qui venaient à sa rencontre : on lui signifia que la ville lui était fermée, comme aux autres rois, par un décret du peuple ; on ajouta que sa femme Deidamie avait été renvoyée à Mégare, avec tous les honneurs dus à son rang[2].

A cette nouvelle, Démétrius entra d'abord dans une si violente colère qu'il n'était plus maître de lui-même ; mais bientôt, comprenant qu'il n'avait pas la force de se venger d'une telle perfidie, il se con-

---

1. Athénée, *Banquet*, VI, 62.
2. Plutarque, *Démétrius*.

tenta de se plaindre aux Athéniens avec modération, et de réclamer ses vaisseaux, entre autres une galère merveilleuse qui comptait jusqu'à seize rangs de rames. Quand on eut fait droit à sa demande, il fit voile vers l'isthme de Corinthe, où il apprit que toute la Grèce s'était soulevée contre lui. Il se dirigea vers la Chersonèse, et de là en Asie, où il s'efforça de rétablir sa fortune.

Depuis la bataille d'Ipsus, Cassandre régnait sur la Macédoine et sur la Grèce septentrionale. Il ne désespérait pas de s'avancer plus au sud, et de reprendre possession d'Athènes. Il était soutenu, dans cette ville, par le démagogue Lacharès, qu'il engagea à usurper l'autorité absolue. Lacharès suivit ce conseil; il profita d'une sédition qui s'était élevée dans Athènes, et il s'empara du pouvoir. Ce fut, dit Pausanias, de tous les tyrans connus le plus cruel et le plus impie [1]. Démétrius s'imagina que s'il paraissait à l'improviste devant la ville, il pourrait y entrer facilement. Il repassa donc la mer, et se jeta sur l'Attique; maître d'Éleusis et de Rhamnonte, il ravagea tout le pays, bloqua les ports, et réduisit la ville à la famine : le médimne de sel s'y vendait quarante drachmes, et le boisseau de blé trois cents [2]. Lacharès, qui n'était soutenu que par une partie du peuple, fut obligé d'abandonner Athènes, et s'enfuit en Béotie. Il emportait avec lui les boucliers d'or de la citadelle, et les précieux ornements qu'il

1. Pausanias, *Attique*, 25.
2. Plutarque, *Démétrius*.

avait détachés de la statue de Minerve. Quelques
habitants de Coronée le tuèrent, pour s'emparer de
ses richesses.

Quoique les Athéniens eussent décrété la peine
de mort contre quiconque proposerait de traiter
avec Démétrius, ils ouvrirent les portes de la ville
les plus voisines du camp de ce prince, et lui envoyèrent des ambassadeurs. Démétrius entra dans
Athènes; il assembla tout le peuple dans le théâtre,
qu'il environna de soldats. Il parut lui-même sur
l'estrade où se plaçaient les acteurs. Les Athéniens
étaient frappés de terreur; ils s'attendaient aux plus
terribles vengeances[1]. Mais les premières paroles de
Démétrius dissipèrent toutes les craintes; car il n'é-
leva point la voix comme un homme en colère;
mais, du ton le plus doux et dans les termes les plus
modérés, il leur adressa quelques plaintes, leur par-
donna, leur rendit ses bonnes grâces, leur donna
cent mille mesures de blé, et, pour toute vengeance,
il rétablit la démocratie (297).

Le peuple battait des mains, et témoignait sa joie
par toutes sortes d'acclamations. L'orateur Démo-
clyde, qui était d'intelligence avec Démétrius, proposa de lui livrer le Pirée et Munychie. Le décret fut adopté; mais Démétrius ne s'en contenta
point : de sa propre autorité, il occupa le Musée,
colline située en face de la citadelle, dans l'ancienne
enceinte de la ville; il le fortifia et y mit une garnison[2].

---

1. Plutarque, *Démétrius*.
2. Pausanias, *Attique*, 25

Deux ans après cette révolution, Démétrius profita des troubles de la Macédoine pour s'y faire proclamer roi (295). Alors son orgueil ne connut plus
de bornes : Plutarque dit qu'il retint deux ans entiers les ambassadeurs des Athéniens sans leur donner audience. Quand il eut été détrôné par Pyrrhus, roi d'Épire (287), Athènes se déclara contre
lui. Olympiodore, à la tête d'une troupe de jeunes
gens et de vieillards, chassa du Musée la garnison
macédonienne; il reprit le Pirée et Munychie; il affranchit Éleusis et tout le territoire de l'Attique[1]. Les
Athéniens rayèrent des registres publics le nom de
Diphilus, qui était alors désigné prêtre des dieux
sauveurs, et ils rétablirent l'archonte éponyme[2]. Ils
croyaient avoir reconquis leur indépendance; mais,
comme Démétrius les menaçait encore, ils furent
obligés d'invoquer le secours de Pyrrhus. Plus tard,
quand le roi d'Épire eut succombé victime de son
ambition, la famille de Démétrius s'affermit sur le
trône de Macédoine. Son fils, Antigone de Goni
voulut dominer la Grèce et vint attaquer Athènes;
il s'en empara, et mit une garnison dans le Musée (268). La démocratie athénienne n'existait donc
plus que de nom : impuissante à se préserver elle-
même, elle était définitivement condamnée à subir
une influence étrangère.

1. Pausanias, Attique, 26.
2. Plutarque, Démétrius.

CHAPITRE XXXIV.

Athènes et la ligue achéenne. — Premières relations des Athéniens avec les Romains.

Les Grecs avaient appris, à leurs dépens, qu'ils n'avaient d'autre moyen de défendre leur liberté que de réunir leurs forces contre l'ennemi commun. Que pouvaient en effet ces petites républiques, séparées les unes des autres, en face de ces puissantes monarchies qui s'étaient formées du démembrement de l'empire d'Alexandre? Aussi, au III° siècle avant l'ère chrétienne, n'est-ce plus par des efforts isolés, mais par des tentatives de fédération, qu'on travaille à lutter contre la Macédoine. Les Spartiates, qui avaient résisté même à Alexandre, cherchèrent à rallier les peuples grecs contre Antigone de Goni; mais beaucoup de villes refusèrent leurs secours aux Lacédémoniens, persuadées qu'ils voulaient dominer la Grèce et non l'affranchir[1]. Les Étoliens, qui avaient pris une grande part à la guerre lamiaque, avaient formé une ligue assez puissante dès le temps de la domination d'Antipater; mais cette ligue, organisée par un peuple grossier et accoutumé à vivre de rapine, s'occupait autant de piller ses voisins que de se défendre contre la tyrannie étrangère. Les Éto-

1. « Reparantibus deinde Spartanis bellum, auxilium multæ « civitates negaverunt, existimantes dominationem eos, non li- « bertatem Græciæ quærere. » (Justin, XXIV, 1.)

liens s'étaient même alliés à Antigone, lui abandonnant le nord et l'est de la Grèce, à condition de dominer eux-mêmes dans l'occident.

La ligue achéenne, qui remontait aux temps les
plus anciens, mais qui se renouvela en la cxxiv^e olympiade (285-281), s'annonça sous de meilleurs auspices[1]. En 251, Aratus de Sicyone délivra sa patrie
du tyran qui l'opprimait, et, pour l'empêcher de tomber sous le joug d'Antigone, il l'associa à la ligue
achéenne. L'année suivante, il fut nommé stratége
des Achéens. Ce fut alors qu'il résolut de détruire
dans toute la Grèce la domination macédonienne
et les tyrannies particulières, de rétablir l'autonomie dans toutes les villes, de les agréger à la
ligue achéenne, et d'en faire une grande fédération, capable de résister à toutes les attaques étrangères.

La conception d'un tel projet révélait dans Aratus,
non pas ce patriotisme étroit qui avait armé les Grecs
les uns contre les autres, mais un dévouement éclairé
à la patrie hellénique. C'était un esprit vraiment politique, et pour lequel l'histoire n'était pas une leçon
perdue. Il comprenait tout ce que les Grecs avaient
perdu de forces dans ces luttes intestines; il compa-
rait les villes isolées aux membres d'un même corps,
qui languissent dispersés, et pour lesquels l'union est
la vie[2].

Mais tous les peuples ne sont pas également propres

1. Polybe, II, 8.
2. Plutarque, *Aratus*.

au système fédératif. Il faut, pour le pratiquer, un
esprit patient, désintéressé, étranger aux soupçons
jaloux, qui inspire la confiance et qui l'éprouve, qui
ne veuille pas tout plier à ses caprices, tout façon-
ner à son image, et qui soit prêt à sacrifier à la communauté son opinion et son intérêt. Ces qualités,
qui ne sont jamais communes, étaient fort rares dans
l'ancienne Grèce; les Athéniens surtout les connais-
saient peu. Ce peuple, par ses défauts et par ses qualités mêmes, était inhabile à tenir sa place dans une
association : il ne savait pas subordonner sa person-
nalité aux exigences de l'intérêt général.

Plus l'entreprise était difficile, plus elle tentait
Aratus : il s'y dévoua tout entier. Quand il eut délivré Corinthe, Mégare, Trezène, Épidaure, il voulut
s'avancer dans la Grèce centrale; il parcourut l'Attique, et jeta ses Achéens dans l'île de Salamine. Il
renvoya libres et sans rançon les prisonniers athéniens; ce qui fut, dit Plutarque, comme la première
semence de leur révolte contre les Macédoniens [1]. Il
s'occupa ensuite d'affranchir Argos et Mégalopolis.
Antigone de Goni étant mort, et son successeur Démétrius II s'étant brouillé avec les Étoliens, Aratus
parvint à réunir les deux ligues (237). Mais ce qu'il
rêvait surtout, c'était la délivrance d'Athènes, plus
asservie que jamais à la puissance macédonienne depuis l'avénement du nouveau roi. Plusieurs fois il
attaqua le Pirée sans succès; mais, loin de se rebuter
de ces échecs, il revenait toujours à la charge, avec

---

1. Plutarque, *Aratus.*

une sorte de passion : Plutarque le compare à un amant malheureux, qui ne se lasse point de faire de nouvelles tentatives auprès de sa maîtresse.

Dans une de ces expéditions contre l'Attique, les Achéens furent vaincus près de Phylé, par Bithys, l'un des lieutenants de Démétrius; le bruit se répandit qu'Aratus avait été fait prisonnier; d'autres disaient qu'il avaient été tué. Diogène, qui commandait au Pirée, envoya à Corinthe une lettre par laquelle il ordonnait aux Achéens de se retirer de cette ville, attendu qu'Aratus n'existait plus. Aratus lui-même était à Corinthe, quand on y reçut la lettre qui annonçait sa mort. Les envoyés de Diogène s'en retournèrent tout confus. Au premier bruit de la mort d'Aratus, les Athéniens s'étaient couronnés de fleurs, pour faire leur cour aux Macédoniens. Aratus, qui venait les délivrer, fut tellement irrité de leur ingratitude, qu'il s'avança avec une armée pour ravager leur territoire; mais il se laissa fléchir par leurs prières, et ne leur fit aucun mal.

A la mort de Démétrius (233), les Athéniens furent tout heureux de s'appuyer sur Aratus pour recouvrer leur liberté; ils l'appelèrent à leur secours. Celui-ci, quoiqu'il ne fût pas cette année-là stratége des Achéens, et qu'il fût malade, se fit porter en litière, pour répondre à l'appel des Athéniens. Lorsqu'il fut arrivé dans la ville, il persuada à Diogène, qui commandait la garnison, de rendre au peuple le Pirée, la forteresse de Munychie, le cap Sunium et l'île de Salamine, moyennant la somme de cent cinquante talents; et, sur cette somme, Aratus en fournit

vingt de son bien propre[1]. Après le départ des Macédoniens, Athènes conclut une alliance avec les
Achéens; mais au fond elle les méprisait, et elle n'attendait qu'une occasion pour s'en séparer.

La ligue achéenne était parvenue à son apogée en
229, l'année même où les Romains, portant la guerre
en Illyrie, frappaient, pour ainsi dire, aux portes de
la Macédoine et de la Grèce. C'était le moment, pour
les Grecs, de rester plus unis que jamais : ils retombèrent dans leurs anciennes divisions. Sparte, que la
réforme de Cléomène n'avait pas régénérée, était
restée jusque-là étrangère à la ligue. Cléomène arracha aux Achéens les villes arcadiennes, et les vainquit, près de Dymes, en bataille rangée (224). Cependant il rendit les prisonniers sans rançon; et il
offrait même de restituer les places qu'il avait prises,
si on voulait le nommer chef suprême de la ligue.
Aratus, cette fois mal inspiré, fit rejeter ces propositions, et, pour échapper à la suprématie de Sparte, il
fit donner le commandement à Antigone Doson, qui
avait succédé à Démétrius II. Il en résulta que les
Lacédémoniens furent écrasés à Sellasie (222), mais
que la plus grande partie de la Grèce retomba sous
le joug de la Macédoine.

Les Étoliens profitèrent de la mort d'Antigone Doson et de la jeunesse de son successeur, Philippe III,
pour se séparer des Achéens, et aspirer à la domination du Péloponèse[2]. Ils allaient partout pillant les

1. Plutarque, *Aratus* et *Agis et Cléomène*.
2. Polybe, IV, 2.

villes associées à la ligue achéenne. Aratus voulut les
arrêter; mais il fut vaincu à Caphies (221). Il fut
donc réduit à recourir encore une fois au dangereux
secours de la Macédoine, et, comme il avait appelé
Antigone contre les Spartiates, il appela Philippe
contre les Étoliens. Ce prince vint soutenir les
Achéens, mais au prix de leur liberté; et Aratus s'a-
perçut avec douleur qu'en voulant donner un protecteur à la ligue, il lui avait donné un maître.

Tandis que Philippe mettait dans sa dépendance
toute la Grèce, excepté trois peuples, les Étoliens,
les Spartiates et les Athéniens, les Romains continuaient leurs progrès dans les îles et sur les côtes de
l'Illyrie; ils prenaient pied au nord-ouest de la péninsule hellénique. Il n'y avait qu'un moyen de résister
à cette puissance nouvelle qui s'élevait en Occident,
c'était l'union intime de tous les peuples grecs et de
la Macédoine. Cette union n'existant point, la victoire
de Rome était assurée.

Ce fut en vain que Philippe, après la bataille de
Cannes, conclut un traité d'alliance avec Annibal,
pour enlever l'Illyrie aux Romains (215). Vaincu à
l'embouchure de l'Aoüs (214), il vit une partie des
Grecs se déclarer contre lui. Athènes surtout était
poussée du côté de Rome par sa vieille haine contre
la Macédoine. Aussi, quand la guerre recommença,
Philippe voulut-il se venger des Romains en attaquant la patrie de Démosthène (200). Le consul
Sulpicius avait envoyé, pour préserver Athènes, vingt
galères et des troupes, sous le commandement de
Claudius Centho. Le roi de Pergame, Attale, et les

Rhodiens vinrent aussi au secours de cette ville.
Lorsque Attale entra dans le Pirée, pour renouveler
son alliance avec les Athéniens, tous les citoyens
avec leurs femmes et leurs enfants, tous les prêtres
revêtus de leurs insignes, et, selon l'expression de
Tite Live, les dieux eux-mêmes, sortis de leurs de-
meures, allèrent au-devant du prince et le reçurent
comme en triomphe [1].

L'Assemblée fut convoquée, et Attale devait prendre la parole devant le peuple; mais il jugea plus
convenable d'exposer ses desseins dans une lettre,
qui fut lue publiquement. Il rappelait les services
qu'il avait déjà rendus à la république, et tout ce
qu'il avait fait contre la Macédoine; il engageait les
Athéniens à profiter des circonstances, et à commencer eux-mêmes la guerre dont Philippe les menaçait. Les députés des Rhodiens furent ensuite
entendus, et parlèrent dans le même sens; la guerre
fut votée à une immense majorité. Des honneurs
extraordinaires furent décernés au roi de Pergame
et aux Rhodiens. C'est alors qu'il est fait mention
d'une nouvelle tribu, qui fut nommée *Attalide*. Il
paraît que les tribus *Démétriade* et *Antigonide*, sup-
primées à la chute de Démétrius Poliorcète, n'a-
vaient pas été remplacées; car Tite Live, en rappelant la création de la tribu *Attalide*, dit qu'elle fut
ajoutée aux dix anciennes. Ce fut sans doute à cette
époque que, pour compléter le nombre douze,
on créa la tribu *Ptolémaïde*, en mémoire de Pto-

---

1. Tite Live, XXXI, 14.

lémée Philadelphe, qui avait été l'allié des Athéniens[1]. Une couronne d'or fut décernée au peuple
rhodien, avec le droit de cité athénienne[2].

Grâce à ces alliances, l'Attique fut à l'abri de ces
incursions perpétuelles qui la menaçaient du côté de
l'isthme de Corinthe. En même temps, les pirates
qui venaient de Chalcis infester les côtes orienta-
les, n'osaient plus doubler le cap Sunium, ni même
s'aventurer au delà de l'Euripe. Les Romains surpri-
rent la ville de Chalcis et la pillèrent. Philippe, à son
tour, essaya de surprendre Athènes; mais, la trouvant en bon état de défense, il fut obligé de renoncer à son entreprise. Il se vengea de cet échec, en
brûlant les maisons de campagne et les gymnases qui
étaient autour de la ville; il n'épargna pas même les
tombeaux.

Après une tentative malheureuse sur Éleusis, le
roi de Macédoine revint encore assiéger Athènes,
et ne réussit pas mieux que la première fois. Repoussé honteusement par les assiégés, il ravagea de
nouveau les campagnes. Mais, cette fois, il ne respecta
rien de ce qui devrait être inviolable même pendant
la guerre : il fit brûler et démolir tous les temples
qui décoraient les bourgs de l'Attique. « Ce pays, dit
Tite Live, était riche en monuments de ce genre,
par l'abondance du marbre qu'il possédait et par
le génie des artistes qui savaient le mettre en œuvre.
Ce ne fut point assez pour Philippe de raser les tem-

1. Pausanias, *Attique*, 5.
2. Tite Live, XXXI, 15.

ples et de renverser les statues des dieux : il fit
mettre en pièces les pierres qui étaient restées en-
tières, afin qu'il ne restât pas même de vestige des
monuments qu'il avait détruits. Quand le Macédonien eut ainsi satisfait sa colère, ou plutôt quand il
ne trouva plus rien qui pût servir à la satisfaire, il
se retira en Béotie [1]. »

Quelle philippique Démosthène aurait composée
sur un tel sujet! Malheureusement il n'avait pas
laissé d'héritier de son génie. Cependant les orateurs
ne manquaient pas dans l'*Agora*. Tite Live nous a retracé le tableau de ces dernières assemblées, où la
faconde inépuisable des démagogues était soutenue
par la faveur populaire [2]. L'historien romain nous a
aussi conservé le décret qui fut rendu contre le roi
de Macédoine, après les dévastations dont l'Attique
avait été le théâtre : « Toutes les statues de Philippe,
toutes les images de ses ancêtres seront détruites;
leurs noms seront effacés, avec tous les titres dont ils
ont été honorés. Les fêtes, les sacrifices, les sacer-
doces établis en leur honneur seront abolis. Toutes
les fois que les prêtres offriront aux dieux des prières
pour la prospérité de la république, ils chargeront
d'anathèmes Philippe, ses enfants, son royaume,
ses armées, ses flottes, en un mot tout ce qui appartient au nom macédonien. » On ajouta à ce décret

1. Tite Live, XXXI, 26.
2. Nec unquam ibi desunt linguæ promptæ ad plebem conci-
tandam : quod genus, quum in omnibus liberis civitatibus, tum
præcipue Athenis, ubi oratio plurimum pollet, favore multitu-
dinis alitur. (Tite Live, XXXI, 44.)

« que tout ce qui serait proposé dans la suite de
flétrissant et d'ignominieux pour Philippe, serait
agréé par le peuple; et que quiconque oserait dire
ou faire quelque chose en faveur de Philippe ou
contre ces décrets infamants, pourrait être tué sur-
le-champ sans autre forme de procès. » Enfin le
décret finissait par ces mots : « Que tout ce qui avait
été ordonné contre les Pisistratides aurait force de loi
contre Philippe [1]. »

Les Athéniens étaient persuadés que le roi de Macédoine ne se relèverait jamais d'un tel décret. Heureusement les Romains et le roi de Pergame lui
faisaient une guerre plus redoutable. C'était une coalition où chacun combattait avec les armes qui lui
étaient propres : Attale fournissait les vaisseaux,
Rome les soldats, et Athènes les décrets. En rompant
ainsi avec la Macédoine, la république athénienne
se jetait sans retour entre les bras de Rome ; mais
qu'aurait-elle pu faire pour reconquérir son indépendance? La conduite récente de Philippe avait
prouvé que la Macédoine n'était pas digne de
posséder Athènes. Et, si cette ville ne devait plus
s'appartenir à elle-même, n'était-ce pas aux Romains
qu'en revenait le légitime héritage?

1. Tite Live, XXXI, 44.

CHAPITRE XXXV.

La liberté des villes grecques proclamée après la bataille de Cynocéphales. — Athènes sous la domination romaine.

Tacite, dans un discours qu'il prête à l'empereur
Claude, a heureusement opposé le génie des Grecs
à celui des Romains. « Pourquoi, dit-il, Lacédémone
et Athènes, jadis si puissantes par les armes, sont-
elles tombées, si ce n'est pour avoir repoussé les
vaincus comme des étrangers. Le principe de la politique romaine, au contraire, consiste à s'assimiler
comme citoyens ceux qu'on vient de combattre
comme ennemis [1]. » Le caractère des Romains semble, au premier abord, moins favorable à la liberté
que celui des Grecs; mais, sous ces formes rudes et
austères, il y a au fond plus de respect pour les
droits de la nature humaine. Le Grec, esclave de ses
propres caprices, n'aimait la liberté que pour lui-
même; le Romain, quoique plus tenace dans sa volonté, comprenait davantage la liberté des autres.
Pénétrez dans l'intérieur de la cité romaine, et vous
y trouverez les droits des différents ordres de citoyens mieux déterminés et mieux garantis que chez

1. Quid aliud exitio Lacædemoniis et Atheniensibus fuit,
quanquam armis pollerent, nisi quod victos pro alienigenis ar-
cebant? At conditor noster Romulus tantum sapientia valuit, ut
plerosque populos eodem die hostes, dein cives, habuerit. (Tacite, *Annales*, XI, 24.)

les Grecs, les magistrats mieux obéis, le pouvoir plus
fort et par conséquent plus capable de maintenir la
liberté. C'est là ce qui explique les progrès de Rome
au dehors, et surtout la durée de sa puissance.

Après la bataille de Cynocéphales (197), où deux
systèmes militaires furent en présence et où la légion
l'emporta sur la phalange, Rome tenait dans sa main
deux nations si longtemps rivales, la Macédoine et
la Grèce : elle affaiblit l'une et affranchit l'autre. On
sait au milieu de quel enthousiasme Flamininus fit
proclamer, aux jeux isthmiens, la liberté de toutes
les villes helléniques (196). Athènes n'était pas la dernière à témoigner sa reconnaissance aux libérateurs
de la Grèce. Quelques années plus tard, pendant la
guerre d'Antiochus, il y avait parmi les Athéniens un
parti qui voulait vendre la ville au roi de Syrie ; mais
la majorité des citoyens appela les Romains à son
secours, et, sur l'accusation d'un certain Léon, le
chef de ce mouvement, Apollodore, fut condamné
à l'exil[1]. Les Achéens, qui étaient restés fidèles à
Rome, envoyèrent des auxiliaires pour défendre le
Pirée, tandis qu'Antiochus s'emparait de Chalcis et
de l'Eubée tout entière (192).

Les Romains n'eurent point de peine à triompher
d'Antiochus et des Étoliens qui avaient cherché à diviser la Grèce. Le roi de Macédoine, qui se souvenait
encore de Cynocéphales, avait soutenu Rome contre
le roi de Syrie. Quand le successeur de Philippe,
Persée, osa recommencer la guerre contre les Ro-

---

1. Tite Live, XXXV, 50.

mains, le peuple d'Athènes interdit aux Macédoniens l'entrée de son territoire[1]. Après la victoire de Pydna (168), Paul Émile parcourut la Grèce. Il visita le temple de Delphes et l'antre de Trophonius; il traversa l'Euripe de Chalcis à Aulis, où s'étaient jadis réunis les mille vaisseaux d'Agamemnon ; mais le principal but de son voyage, c'était Athènes, « cette ville, dit Tite Live, toute pleine de souvenirs et de monuments. Avec quelle curiosité il contempla l'Acropole, les ports, ces longs murs qui joignaient le Pirée à la ville, les arsenaux, les images des grands hommes, les statues des dieux et des héros, en un mot tous ces chefs-d'œuvre, aussi remarquables par la richesse de la matière que par le génie des artistes[2]! »

Avant de quitter Athènes, Paul Émile offrit un sacrifice à Minerve, protectrice de la cité. En même temps, il demanda aux Athéniens un philosophe distingué pour achever l'éducation de ses enfants, et un habile peintre pour diriger les préparatifs de son triomphe. On lui désigna Métrodore, qui, par un heureux privilége, excellait à la fois dans la peinture et dans la philosophie. Parmi les dépouilles de Persée, Paul Émile réserva pour ses fils les livres de la bibliothèque du roi. Ainsi commençait à s'accomplir

1. Tite Live, XLI, 23.
2. Athenas inde ventum est, plenas quidem et ipsas vetustate famæ, multa tamen visenda habentes : arcem, portus, muros Piræum urbi jungentes, navalia, magnorum imperatorum monumenta, simulacra deorum hominumque, omni genere et materiæ et artium insignia. (Tite Live, XLV, 27.)

l'alliance entre le génie guerrier des Romains et la
civilisation hellénique.

Depuis la bataille de Pydna, la Macédoine n'existait
plus comme royaume, ni même comme nation. Les
Macédoniens furent déclarés libres ; mais le pays fut
divisé en quatre régions, qui eurent chacune un
conseil particulier. Il n'était pas permis aux habitants de chaque district de contracter mariage, ni
de vendre ou d'acheter des immeubles hors de leur
territoire [1]. Telle était l'indépendance que Rome
donnait aux vaincus : elle ne laissait point les peuples s'enivrer, comme disait Platon, à la coupe de
la liberté ; pour que ce breuvage ne fût plus fatal,
elle le versait désormais avec une modération salutaire [2].

La ligue achéenne n'existait plus que de nom,
depuis la mort de Philopœmen, qui avait cherché à
la ranimer. Pendant la guerre de Persée, les Achéens
avaient offert aux Romains de combattre avec eux ;
c'était Polybe qui avait été chargé de l'ambassade [3] ;
mais le consul Marcius avait refusé un secours dont
il se défiait. Après la bataille de Pydna, le sénat fit
conduire à Rome plus de mille Achéens qui lui étaient
suspects ; supposant sans aucun fondement qu'ils
avaient été condamnés par leurs compatriotes, il les
dispersa dans plusieurs villes d'Étrurie. Polybe, qui

1. Tite Live, XLV, 29.
2. Commune concilium gentis nullum esset, ne improbum
vulgus a senatu aliquando libertatem salubri moderatione da-
tam ad licentiam pestilentem traheret. (Tite Live, XLV, 18.)
3. Polybe, XXVIII, frag. 7.

était du nombre des exilés, fut traité avec moins de
rigueur : les deux fils de Paul Émile, Fabius et Scipion, obtinrent pour lui la permission de rester à
Rome. Ce fut alors que l'illustre Achéen commença
à étudier la politique romaine, et comprit que la
Grèce n'avait plus qu'à se résigner.

Les Athéniens semblaient sincèrement attachés à
la fortune de Rome. Depuis qu'ils avaient échappé à
la domination macédonienne, ils ne songeaient qu'à
vivre tranquilles ; ils ne prenaient plus aucune part
aux affaires générales de la Grèce, et ils étaient tombés, à cet égard, dans une indifférence que Polybe
leur a reprochée [1]. Cependant ils n'avaient pas renoncé à l'ambition de s'agrandir, et ils cherchaient
à tourner à leur profit l'alliance romaine. Ils avaient
rétabli leur domination dans les îles de Délos et
de Lemnos. Ils voulaient aussi s'emparer du territoire d'Haliarte, ancienne ville de Béotie. Trois ans
après la défaite de Persée, ils envoyèrent des ambassadeurs à Rome (165). Ils priaient le sénat de les reconnaître comme légitimes possesseurs de Délos et
de Lemnos. Quant au pays d'Haliarte, ils demandaient qu'on le rétablît dans son ancien état, ou
qu'on leur en donnât la domination. Polybe regarde
cette dernière prétention comme exorbitante, comme
contraire à la justice et au droit public. Le sénat ne
changea rien à la situation d'Haliarte ; mais il accorda aux Athéniens Délos et Lemnos [2].

1. Polybe, V, 21.
2. Polybe, XXX, frag. 11.

Les idées grecques commençaient à s'infiltrer dans
l'esprit des Romains, et à adoucir la rudesse de leurs
mœurs. Mais partout où pénètre une civilisation supérieure, il y a un parti qui s'attache à défendre
les vieilles coutumes, et qui représente chaque innovation comme un sacrilége. Le préteur Pompo-
nius fit un rapport au sénat contre les philosophes et
les rhéteurs grecs, qui étaient venus s'établir à Rome
(161). Un sénatus-consulte enjoignit au préteur de les
faire sortir de la ville[1]. Quelques années plus tard,
(156), il arriva à Rome une nouvelle ambassade athénienne, composée de Carnéade, de Diogène et de
Critolaüs. Ces trois personnages représentaient en
commun la république qui les avait envoyés ; mais
chacun en particulier représentait une des sectes
philosophiques les plus célèbres : Carnéade appartenait à l'école académique ; Diogène professait le
stoïcisme ; Critolaüs était péripatéticien. L'objet officiel de leur mission était de demander la remise d'une
amende de cinq cents talents, à laquelle les Athéniens avaient été condamnés pour avoir pillé la ville
d'Orope ; mais il est permis de croire qu'ils venaient
en même temps protester contre le décret d'expulsion qui avait frappé leurs compatriotes. Pendant leur
séjour à Rome, ils s'efforcèrent de convertir à leurs
doctrines les jeunes gens des plus nobles maisons.

Les Romains reçurent avec enthousiasme l'enseignement qui leur était offert. Un des principaux sé-

---

1. Aulu-Gelle, *Nuits attiques*, XV, 11. — Suétone, *des Rhéteurs illustres*, 1.

nateurs, Caïus Acilius, traduisait en latin les discours des trois Grecs et les répandait dans toute la
ville. Carnéade surtout eut un succès prodigieux.
« Il avait, dit Cicéron, une incroyable puissance de
parole et une richesse d'expression inépuisable. Jamais il ne soutint une opinion sans l'établir victorieusement; jamais il n'en combattit une sans la
renverser de fond en comble[1]. » Mais, sous cette éloquence irrésistible, il n'y avait aucune conviction
arrêtée. Un jour, Carnéade avait fait l'éloge de la
justice; ses auditeurs admiraient la force de ses arguments : « Demain, leur dit-il, je parlerai contre
la justice, et tout aussi bien[2]. » Cet étrange abus de
la parole pouvait être bon à Athènes, où le goût et
l'habitude de ces joutes oratoires les faisaient regarder
comme un pur exercice de l'esprit. Mais la gravité
romaine pesait scrupuleusement les phrases que les
rhéteurs grecs prodiguaient avec indifférence. On
fut indigné de la conduite de Carnéade, et le plus
ferme défenseur des anciennes maximes, le vieux
Caton, résolut de débarrasser Rome de la philosophie
grecque, comme d'une peste publique.

L'ancien censeur se rendit au sénat; il reprocha à
cette assemblée de retenir trop longtemps les ambassadeurs athéniens : « Ce sont, dit-il, des hommes capables de prouver tout ce qu'ils veulent. La subtilité
de leurs raisonnements rend la vérité problématique.
Il faut expédier leur affaire au plus tôt. Qu'ils

---

1. Cicéron, *de l'Orateur*, II, 38.
2. Lactance, *Institutions divines*, V, 14.

retournent ensuite dans leur pays; qu'ils instruisent
tant qu'ils voudront les enfants des Grecs; mais
que ceux des Romains n'écoutent ici que les lois
et les magistrats, comme ils le faisaient avant l'arrivée de ces étrangers[1]. » La majorité du sénat
partageait l'avis de Caton; on se hâta d'examiner
l'affaire; l'amende des Athéniens fut réduite à cent
talents, et, au grand regret de leurs nouveaux disciples, les trois philosophes retournèrent dans leur
pays.

Caton continua de lutter, tant qu'il vécut, contre
l'influence hellénique. Il avait pour maxime qu'il
suffisait de jeter un coup d'œil sur les lettres grecques, mais qu'il ne fallait pas les approfondir[2]. Les
Grecs lui semblaient l'espèce la plus méchante et la
plus indocile; il n'épargnait pas même Socrate, et,
deux siècles et demi après la mort du philosophe, il
recommençait son procès : « C'était, disait-il, un
diseur de vaines paroles, un mauvais citoyen qui
avait cherché à se rendre le tyran de sa patrie, en
abolissant les anciennes coutumes et en répandant
des opinions dangereuses[3]. » Caton recommandait à
son fils de se défier de tout ce qui était Grec : « Re-
tenez bien ceci, lui écrivait-il, c'est un oracle qui
vous parle : toutes les fois que cette nation nous
communiquera ses arts, elle corrompra tout; et le
mal est sans remède, si elle nous envoie ses méde-

---

1. Plutarque, *Caton l'Ancien.*—Pline, *Hist. natur.*, VII, 31.
2. Satis esse litteras Græcorum inspicere, non perdiscere.
(Pline, *Hist. natur.*, XXIX, 7.)
3. Plutarque, *Caton l'Ancien.*

cins : ils ont juré entre eux d'exterminer tous les barbares par la médecine [1]. »

A cette sortie bizarre contre les médecins, ne serait-on pas tenté de croire que le grave censeur était poussé contre eux par une certaine jalousie de métier? car on se rappelle que Caton avait la prétention de guérir toute sa maison par des remèdes de son invention, que sa femme et son fils furent victimes de cette dangereuse manie, et qu'il lui fallut toute la force de son tempérament pour ne pas y succomber lui-même. Quant à cette fameuse maxime, qu'il suffit de jeter un coup d'œil sur les lettres grecques, ne viendrait-elle pas de ce que Caton s'était appliqué au grec fort tard et n'avait jamais pu parvenir à l'apprendre?

Mais les générations nouvelles ne tenaient aucun compte des anathèmes du vieux Caton, et la civilisation grecque faisait tous les jours de nouveaux progrès dans Rome, en dépit des lois et des magistrats. C'est sans doute à cette influence qu'il faut attribuer le retour des Achéens dans leur pays. Il y avait dix-sept ans qu'ils avaient été transportés en Italie, et il n'en restait plus qu'un petit nombre. Scipion Émilien, à la prière de Polybe, sollicita Caton en leur faveur. L'inflexible ennemi des Grecs consentit au renvoi des Achéens, mais non sans exprimer le dédain qu'ils lui inspiraient. « Sénateurs, dit-il, on croirait vraiment que nous n'avons rien à faire, nous qui disputons tout un jour pour savoir si quelques

1. Pline, *Hist. natur.*, XXIX, 7.

misérables vieillards de Grèce seront enterrés par
nos fossoyeurs ou par ceux de leur pays[1]. » Les
Achéens furent renvoyés dans leurs foyers (450).

C'était le temps où les Macédoniens faisaient un
dernier effort pour reconquérir leur indépendance.
Après la défaite d'Andriscus, qui s'était donné pour
le fils de Persée, la Macédoine fut réduite en province
romaine (147). En Achaïe, le retour des bannis avait
rendu l'espoir au parti national. La ligue attaqua les
Spartiates, qu'elle regardait comme des alliés douteux. Rome déclara que Sparte, Argos, Corinthe, et
quelques autres villes ne faisaient plus partie de la
confédération : c'était la dissolution même de la ligue.
Les Achéens furieux osèrent se heurter contre Rome.
La bataille de Scarfée, celle de Leucopétra et la prise
de Corinthe décidèrent du sort de la Grèce. Cette
contrée devint une province romaine (146), et fut
appelée *Achaïe*, du nom qui avait jeté le plus d'éclat
sur ses derniers moments.

Le vainqueur de Corinthe, Mummius, fit raser les
murs de toutes les villes qui avaient pris part à la
guerre contre Rome, et il en désarma les habitants.
Dix commissaires furent envoyés par le sénat, pour
régler avec le consul les affaires de la Grèce. Partout
la démocratie fut abolie, et les magistrats durent
être choisis désormais parmi les plus riches. Toute
la Grèce fut soumise au tribut; il fut défendu aux
citoyens des différents États de posséder des terres
hors de leur pays. Le sénat interdit toutes les assem-

1. Plutarque, *Caton l'Ancien.*

blées fédératives qui existaient en Achaïe, en Phocide et en Béotie. Cependant quelques années plus tard, les Romains eurent pitié des Grecs : ils leur permirent de rétablir les anciennes assemblées qui avaient lieu chez certains peuples, et ils autorisèrent les particuliers à posséder des terres hors des limites de leur pays. Ils remirent aussi toutes les amendes que Mummius avait imposées aux vaincus[1].

Athènes était restée complétement étrangère au soulèvement des Achéens. Elle paraît même s'être résignée de bonne grâce à n'être plus qu'une ville romaine. Quoiqu'elle eût obtenu par privilége le titre de cité libre, que Pline lui donne au premier siècle de l'ère chrétienne[2], elle était soumise à l'autorité du préteur, et elle avait échangé son indépendance politique contre une simple liberté municipale. Mais elle se consolait, en initiant les vainqueurs à la civilisation de la Grèce. Elle acceptait le partage qu'avait fait la Providence entre les deux cités reines de l'antiquité, et que le poëte latin a exprimé en si beaux vers[3] : à Rome la puissance matérielle, la conquête du monde par le glaive et par les lois; à Athènes la palme des arts et l'empire des esprits.

---

1. Pausanias, *Achaïe*, 36.
2. Pline, *Hist. natur.*, III.
3. Virgile, *Énéide*, VI, v. 814 et suiv.

CHAPITRE XXXVI.

Athènes se révolte contre Rome au temps de la guerre de Mithridate.
— Le tyran Aristion. — Prise d'Athènes par Sylla. — Athènes
pendant les guerres civiles et sous les premiers empereurs.

Athènes, en vieillissant, semblait devenue plus
sage : elle était restée fidèle à Rome pendant les guerres d'Antiochus, de Persée et de la ligue achéenne.
Mais, à l'époque de la guerre de Mithridate, elle se
laissa entraîner par un esprit de vertige qui rappelait
les plus mauvais jours de son histoire. Le roi de Pont,
après avoir soumis l'Asie Mineure, avait envoyé son
plus jeune fils, Ariarathe, conquérir la Thrace et la
Macédoine ; en même temps, son général Archélaüs, à la tête d'une flotte nombreuse, s'emparait
des Cyclades, de l'Eubée et de toutes les autres îles
de la mer Égée. Athènes se déclara pour Mithridate ;
elle était poussée dans cette voie fatale par un sophiste nommé Aristion.

Cet homme était, dit-on, fils d'une esclave, et n'a-
vait été admis que par grâce au nombre des citoyens.
Sorti de l'école péripatéticienne selon les uns, et,
selon les autres, de l'école d'Épicure, il était devenu
très-influent dans la ville, et il employa tout son crédit à faire des partisans à Mithridate, auquel il s'était
vendu [1]. Les Athéniens avaient alors avec les Romains

---

1. Posidonius, cité par Athénée, *Banquet*, V, 48.

un différend dont l'histoire n'explique point les causes; mais il paraît que l'affaire était assez grave; car Athènes avait été condamnée à l'amende, et ses magistrats avaient été interdits de leurs fonctions. Aristion disait aux Athéniens que, s'ils acceptaient l'alliance du roi de Pont, non-seulement ils seraient exemptés de l'amende qui leur avait été infligée, mais que le gouvernement démocratique serait rétabli et rouvrirait les sources de la prospérité publique. Le peuple se laissa prendre à ces belles promesses, et Aristion fut envoyé en ambassade à Mithridate. Les principaux citoyens se retirèrent à Rome, entre autres le chef de l'Académie, Philon, qui fut un des maîtres de Cicéron[1].

La flotte du roi de Pont avait pris possession des îles de la Grèce. Un de ses généraux, Métrophane, pilla le temple de Délos, qui jusqu'alors, sans murailles et sans armes, avait été protégé par la religion des peuples. Aristion eut sa part de ces trésors sacrés, et il revint à Athènes avec une escorte de deux mille hommes que lui avait donnée Archélaüs. Le peuple le reçut avec ces témoignages d'enthousiasme qu'il prodiguait à toutes ses idoles. Le lendemain de son arrivée, Aristion réunit tous les citoyens; il monta à la tribune qui avait été construite pour les préteurs romains devant le portique d'Attale[2] : là il fit un pompeux discours en l'honneur de Mithridate, qui devait, disait-il, anéantir les Romains, et il finit par exhor-

1. Cicéron, *Brutus*, 89.
2. Athénée, *Banquet*, V, 49.

ter le peuple à constituer le gouvernement de la république. Aristion fut proclamé stratége. Le sophiste,
après avoir remercié ses concitoyens de l'honneur
qu'ils lui faisaient, ajouta : « Puisque vous m'avez
élu votre chef, il est juste que j'aie seul autant de
pouvoir que vous en avez tous ensemble. » Et, pour
exercer sur-le-champ les droits qui lui étaient confé-
rés, il désigna lui-même les magistrats qui devaient
gouverner sous ses ordres [1].

Les Athéniens s'aperçurent qu'ils s'étaient donné,
non pas un stratége, mais un tyran. Les citoyens riches, les honnêtes gens, qui étaient restés dans la
ville, étaient accusés comme partisans secrets des
Romains, et, sous ce prétexte, les uns étaient mis à
mort, les autres étaient envoyés à Mithridate. Aristion
s'enrichissait en confisquant leurs biens. Un des premiers actes du tyran fut de livrer Athènes au roi de
Pont. Archélaüs vint jeter l'ancre dans le Pirée ; il en
fit comme sa place d'armes, et de là il allait partout
soutenir contre les Romains tous les peuples de la
Grèce.

Dès que Sylla parut à la tête des légions, la plupart des villes grecques lui envoyèrent des ambassadeurs et lui ouvrirent leurs portes. Athènes seule,
sous le joug d'Aristion et d'Archélaüs, fut obligée
de résister. Sylla attaqua le Pirée en personne, et fit
en même temps assiéger la ville par une division de
son armée. Le bois, dont il faisait une grande con-

---

1. Appien, *Guerre mithridratique*, ch. 4. — Posidonius, cité
par Athénée, *Banquet*, V, 50 et 51.

sommation pour ses machines étant venu à lui manquer, il fit couper les belles allées de l'Académie,
qui avaient entendu les discours de Platon, et celles
du Lycée toutes pleines du souvenir d'Aristote.
Comme Sylla avait aussi besoin d'argent, il mit les
temples à contribution; il se fit apporter d'Épidaure
et d'Olympie les plus précieuses offrandes consacrées
à Esculape et à Jupiter. Les Amphictyons s'étaient
assemblés à Delphes; il leur écrivit que ce qu'ils
avaient de mieux à faire, c'était de lui envoyer les
trésors d'Apollon : « car, disait-il, ces trésors seront
plus en sûreté entre mes mains; et, si je suis obligé
de m'en servir, j'en rendrai la valeur après la
guerre [1]. »

Un Phocéen, nommé Caphis, fut chargé d'aller à
Delphes recevoir tous ces trésors. Il exposa en pleurant, devant les Amphictyons, la mission qui lui
avait été confiée. Un des assistants prétendit avoir
entendu, au fond du sanctuaire, le son de la lyre d'A-
pollon. Caphis transmit le fait à Sylla, pour l'engager à renoncer à son projet. « Comment, répondit
le général, n'avez-vous pas compris que la musique
est un signe de joie, et non pas de colère? Il ne faut
point hésiter à prendre ces trésors, puisque le dieu
les donne lui-même avec plaisir. » Tout fut envoyé
au camp romain. Il y avait, dit Plutarque, un tonneau d'argent si gros et si pesant qu'il fallut le mettre en pièces. En voyant arriver toutes ces richesses,
Sylla dit, en plaisantant, qu'il ne pouvait plus douter

1. Plutarque, *Sylla.*

de la victoire, puisque c'étaient les dieux eux-mêmes qui payaient ses soldats[1].

La ville d'Athènes, pressée au dehors par les Romains, était au dedans victime de la plus hideuse tyrannie. La famine, plus meurtrière que la guerre, réduisait les habitants aux dernières extrémités. Le médimne d'orge valait mille drachmes ; on était réduit à se nourrir d'herbes, de racines et des plus vils aliments. Aristion, aussi cruel que dissolu, insultait à la misère publique par son luxe et par ses débauches. Son insolence n'épargnait pas même les dieux · il laissa s'éteindre, faute d'huile, la lampe sacrée qui devait brûler toujours dans le sanctuaire de Minerve. La grande prêtresse lui ayant demandé une demi-mesure d'orge pour échapper à la faim, il lui envoya une demi-mesure de poivre. Les sénateurs et les prêtres vinrent se jeter à ses pieds pour le conjurer d'avoir pitié de la ville et de traiter avec Sylla ; il les écarta à coups de flèches. Plus tard, désespérant lui-même, il envoya deux ou trois compagnons de ses débauches pour négocier avec les Romains. Comme ces ambassadeurs ne faisaient aucune proposition formelle, et qu'ils se contentaient de louer outre mesure Thésée, Codrus et les exploits des Athéniens dans la guerre médique, Sylla les interrompit : « Mes beaux harangueurs, leur dit-il, rengainez tous ces discours de rhétorique ; car je ne suis pas venu ici pour apprendre votre histoire, mais pour châtier votre révolte[1]. »

1. Diodore de Sicile, fragment du livre XXXVIII.

Sur ces entrefaites, quelques espions, étant entrés dans la ville, entendirent des vieillards qui s'entretenaient dans le Céramique. Ils blâmaient le tyran de ce qu'il négligeait de garder une partie de la muraille qui répondait au lieu appelé *Heptachalcos*. C'était, disait-on, le seul endroit par lequel l'ennemi pût emporter la ville. Cette conversation fut aussitôt rapportée à Sylla. Dès la nuit suivante, le général alla lui-même reconnaître les lieux, et, voyant qu'en effet la muraille était accessible de ce côté, il ordonna l'assaut. Athènes fut prise par là, comme les vieillards l'avaient prévu (87). Sylla fit abattre la muraille depuis la porte du Pirée jusqu'à la porte Sacrée; il fit aplanir le terrain et entra dans la ville, au bruit des trompettes et au milieu des cris des soldats, à qui il avait promis le pillage. Athènes fut inondée de sang. Outre ceux qui tombèrent sous les coups des Romains, il y en eut qui se donnèrent eux-mêmes la mort; car ils n'espéraient point de grâce de Sylla, dont la cruauté était connue. Cependant le vainqueur se laissa fléchir par les prières de quelques sénateurs qui étaient dans son camp, et par les supplications de deux émigrés athéniens, Midias et Calliphon. Il arrêta les massacres, en disant « qu'il pardonnait au grand nombre en faveur du petit, et qu'il faisait grâce aux vivants en faveur des morts[1]. »

Aristion, voyant la ville prise, s'était retiré dans l'Acropole, où il fut assiégé par Curion. La disette

---

1. Plutarque, *Sylla.*

le força de se rendre ; il fut mis à mort avec les principaux complices de sa tyrannie. Quelques jours après, Sylla se rendit maître du Pirée, il en brûla l'arsenal et toutes les fortifications [1]. Il détruisit aussi, selon le témoignage de Strabon, les longs murs qui s'étendaient sans interruption l'espace de quarante stades, et qui joignaient la ville au Pirée [2].

Les victoires de Chéronée et d'Orchomène ruinèrent les espérances du roi de Pont, et achevèrent de rétablir la domination romaine dans toute la Grèce. Quand Sylla eut fait la paix avec Mithridate, il revint à Athènes, où il se fit initier aux grands mystères. Il se réserva les dépouilles opimes de la Grèce, en faisant enlever, pour son propre usage, la bibliothèque d'Apellicon de Téos, où se trouvaient la plupart des livres d'Aristote et de Théophraste. Cette bibliothèque fut transportée à Rome. Là, dit-on, le grammairien Tyrannion mit en ordre presque tous ces livres, et en laissa prendre des copies à Andronicus de Rhodes, qui les publia. Ce fut alors que commencèrent à se répandre les écrits d'Aristote et de Théophraste, jusque-là peu connus même des péripatéticiens [3]. Les malheurs de la Grèce tournaient ainsi au profit de sa gloire littéraire. Quelques années après la prise d'Athènes, quand Rome était aux pieds de Sylla, Cicéron, jeune encore, s'éloigna d'une ville où il n'y avait plus de place que pour un seul homme, et il vint, dans la patrie de Démo-

1. Plutarque, *Sylla*.
2. Strabon, *Géographie*, IX, 1.
3. Strabon, XIII. 1. — Plutarque, *Sylla*.

sthène et de Platon, puiser comme à leur source l'éloquence et la philosophie.

On vit des Romains s'établir à Athènes, y devenir citoyens, juges, et même membres de l'Aréopage, comme le prouvent un passage de Cicéron[1] et une inscription citée par Meursius[2]. Pendant la guerre civile de César et de Pompée, Athènes prit parti pour la cause républicaine. Calénus, lieutenant de César, vint l'assiéger; il n'eut pas de peine à s'emparer du Pirée, dont les fortifications avaient été détruites par Sylla : ce n'était plus qu'un chétif village, qui ne s'étendait qu'aux environs du port et autour d'un temple de Jupiter Sauveur[3]. Quoique le Pirée fût pris, les Athéniens continuèrent de se défendre dans la ville; ils n'ouvrirent leurs portes à Calénus qu'après avoir appris la défaite de Pompée (48). Ils implorèrent la clémence de César, qui leur fit grâce en disant : « Combien de fois faudra-t-il vous pardonner vos fautes en faveur de vos ancêtres[4]? »

Les meurtriers de César furent bien accueillis en Grèce (44); Athènes éleva des statues à Brutus et à Cassius, à côté de celles d'Harmodius et d'Aristogiton. Tandis que Cassius allait soulever la Syrie, Brutus resta à Athènes, et, au milieu des préparatifs de la guerre civile, il semblait absorbé dans ses études philosophiques : tous les jours, il s'entretenait avec Théomneste, de l'école académique, et avec Cratippe

---

1. Cicéron, *Discours pour L. Cornelius Balbus.*
2. Meursius, *de l'Aréopage*, ch. 5.
3. Strabon, *Géographie*, IX, 1.
4. Appien, *Guerres civiles*, II, 13.

le péripatéticien. Il enrôla dans son parti tous ces jeunes Romains qui se trouvaient à Athènes pour perfectionner leur éducation, entre autres le fils de Cicéron, qui donnait alors de brillantes espérances, et le fils d'un affranchi, que le dévouement paternel faisait élever comme un patricien, Horace, qui était venu dans cette ville pour apprendre, comme il le dit lui-même, à distinguer la ligne droite de la ligne courbe, et pour chercher la vérité dans les bois d'A-cadémus [1].

Après la défaite du parti républicain, Athènes se déclara pour Antoine, qui se glorifiait du surnom de *Philhellène;* elle lui rendit les mêmes honneurs qu'à Bacchus, et lui offrit d'épouser la déesse protectrice de la ville. Le triumvir s'empressa d'accepter, à con-dition que les Athéniens fourniraient la dot, qu'il fixa lui-même à mille talents. Par affection pour Antoine, Athènes se mit aux genoux de Cléopâtre; aussi fut-elle traitée en vaincue après la bataille d'Ac-tium. Lorsque Auguste visita la Grèce, l'an 21 avant J. C., il enleva aux Athéniens l'île d'Égine et la ville d'Érétrie, et il leur défendit de vendre le droit de cité, comme ils le faisaient auparavant.

Sous Tibère, Germanicus, traversant la Grèce, l'an 18 de l'ère chrétienne, donna à Athènes une mar-que particulière de considération. « Par égard, dit Tacite, pour une cité ancienne et alliée, il y parut avec un seul licteur. » Pison, l'ennemi de Germanicus, affecta, au contraire, d'entrer dans Athènes avec un

1. Horace, *Ep.* II, 2.

appareil menaçant. Il adressa aux habitants une san-
glante invective, où il blâmait indirectement le fils
de Drusus « d'avoir, à la honte du nom romain,
traité avec un excès de bonté, non les Athéniens (il
n'en restait plus après tant de désastres), mais une
populace, vil ramas de toutes les nations, qui avait
été l'alliée de Mithridate contre Sylla et d'Antoine
contre Auguste [1]. » Il allait fouiller jusque dans leur
ancienne histoire; il leur reprochait les revers qu'ils
avaient éprouvés en combattant la Macédoine, et les
violences qu'ils avaient exercées contre leurs concitoyens. Ce qui redoublait son animosité, c'était un
grief personnel qu'il avait contre eux : la ville venait
de lui refuser la grâce d'un certain Théophile, que
l'Aréopage avait condamné comme faussaire.

Le christianisme commençait à se lever sur le
monde, et Athènes était restée fidèle aux traditions
païennes. Les citoyens éclairés se partageaient entre
l'Académie, le Lycée, le Portique et l'école d'Épicure ; mais la multitude avait conservé, plus que partout ailleurs, les anciennes superstitions. L'an 49 de
J. C., saint Paul vint à Athènes, pour échapper aux
persécutions qui le menaçaient dans d'autres villes.
Il éprouva une émotion profonde et comme une colère intérieure, en voyant combien l'esprit des Athéniens était attaché à l'idolâtrie. On lit dans les livres
saints qu'il s'entretenait dans la synagogue avec les
Juifs et ceux qui craignaient Dieu ; ce qui prouve
que le culte hébraïque était libre à Athènes. Tous les

---

1. Tacite, *Annales*, II, 53-55.

jours, il venait sur la place publique disserter avec
ceux qui s'y rencontraient. Accoutumée à la lutte ardente des passions humaines, jamais l'*Agora* n'avait
entendu si pures et si sublimes dissertations. La doctrine chrétienne frappa les esprits par sa nouveauté.
Le caractère des Athéniens n'était pas changé, comme
l'attestent les *Actes des apôtres*, d'accord sur ce
point avec Thucydide et Démosthène : « Ceux qui
résidaient à Athènes, citoyens ou étrangers, passaient
tout leur temps à dire ou à entendre quelque chose
de nouveau [1]. » On se pressa autour du nouvel orateur, et on le conduisit à l'Aréopage, pour qu'il pût
y développer plus complétement son système religieux.

Ce fut alors que saint Paul, si heureusement inspiré, tira l'exorde de son discours de ces autels
construits jadis par Épiménide, sur lesquels on disait
encore l'inscription gravée plus de six siècles auparavant : *Au Dieu inconnu.* « O Athéniens, s'écria l'a-
pôtre, ce Dieu que vous adorez sans le connaître,
c'est celui que je vous annonce ; c'est le Dieu du ciel
et de la terre, qui n'habite point dans les temples
bâtis par les hommes.... C'est en lui que nous avons
la vie et le mouvement; et, comme l'ont dit quelques-uns de vos poëtes, nous sommes les enfants de
Dieu. » Et quand le saint orateur eut achevé d'exposer
les mystères de la foi nouvelle, et la chute, et la ré-
demption, et le jugement suprême, et la résurrection
des morts, les Athéniens se regardèrent étonnés. A

---

1. *Actes des apôtres*, chap. XVII, vers. 24 et suiv.

ces mots de résurrection des morts, quelques-uns
s'étaient pris à rire; mais d'autres avaient dit à Paul :
« Nous vous entendrons une autre fois sur ce point. »
Dès cette première assemblée, quelques-uns em-
brassèrent la foi chrétienne, entre autres Denys,
membre de l'Aréopage, et une femme nommée Da-
maris. Ainsi Athènes commençait à s'affranchir de
ses idoles, et, au moment où elle avait perdu son indépendance politique, la liberté lui venait d'en haut.
Saint Paul continua ses prédications dans d'autres
villes grecques; mais bientôt un ordre venu de Rome
donna le signal de la guerre contre les chrétiens, et
Athènes retomba sous le joug de ses dieux.

A l'instant même où commençait la persécution
religieuse, un caprice de Néron remit la Grèce en
liberté (65). L'empereur lui-même vint aux jeux
isthmiques, renouveler la proclamation de Flamininus. Cet acte de Néron a été diversement jugé par
les anciens : Pausanias le bénit comme un bienfait
réel; Dion Cassius, au contraire, ne voit dans l'affranchissement de la Grèce qu'une scène de théâtre.
Quelques particuliers reçurent de l'empereur des
gratifications, qu'ils perdirent sous le règne de Galba.
Du reste, la confiscation des biens des riches, le
pillage des temples, le meurtre des personnages les
plus distingués, telles furent, selon Dion Cassius, les
prémices de cette prétendue liberté[1].

A la voix de Néron, les Athéniens avaient encore
une fois rétabli le gouvernement démocratique. Les

_____

1. Dion Cassius, LXIII, 11.

autres villes grecques se croyaient redevenues des républiques ; mais bientôt elles retombèrent dans leurs anciennes dissensions, et Vespasien, maître de l'empire, remit la Grèce sous la domination romaine (73). Cette fois la démocratie athénienne était tombée pour ne plus se relever. Vespasien avait prononcé son arrêt : « Les Grecs ont désappris la liberté[1]. »

Mais si Athènes, comme les autres villes grecques, avait désappris la liberté, elle n'avait désappris ni les arts, ni les lettres, ni la philosophie. Adrien, qui lui avait voué un culte particulier, la proclama la mère de toute science ; il releva ses temples, la dota d'une bibliothèque, et laissa son nom à une des tribus. Marc Aurèle fonda plusieurs chaires publiques à Athènes. Valérien répara ses murs[2], pour défendre contre les barbares le sanctuaire de l'antique civilisation. Enfin, à travers toutes les vicissitudes de l'Empire, Athènes conserva toujours cette suprématie intellectuelle qui avait subjugué ses vainqueurs, et qui devait se transmettre jusqu'à nos jours comme l'héritage du genre humain.

1. Pausanias, *Achaïe*, 17.
2. Zonare, *Annales*, XII, 26.

FIN.

TABLE.

FIN DE LA TABLE.

Imprimerie de Ch. Lahure (ancienne maison Crapelet)
rue de Vaugirard, 9, près de l'Odéon.

Lightning Source UK Ltd.
Milton Keynes UK
UKHW021847140219
337217UK00005B/307/P